Méthode de français

Anne-Lyse DUBOIS

Martine LEROLLE

Professeurs à l'Alliance française de Paris

Avec la collaboration de Fabienne GALLON

www.hachettefle.fr

Crédits photographiques

AFP/ p. 19 Frederick M. Brown (Justin Timberlake), Frazer Harrison (Gong Li)
AKG/ p. 47 Erik Bohr (téléphone)
Corbis/ p. 19 Rune Hellestad (Audrey Tautou) ; p. 25 Peter M. Fisher ; p. 30 Anna Peisl/zefa (3) ; p. 47 Alison Wright (théière), Christian Schmidt/zefa (fauteuil) ; p. 51 Chris Collins (ordinateur), Matthias Kulka/zefa (ballon), W. Cody (palette) ; p. 83 Rick Gomez (2), Simon Marcus (2), Pinto/zefa (3) ; p. 98 Etsa ; p. 113 Markus Moellenberg/zefa ; p. 115 Alain Nogues (Mac/Val) ; p. 127 Iris Coppola/zefa (techno) ; p. 129 Frank Robichon/epa (déguisement)
Gamma/ p. 53 Martin Pope/Camerapress (Sabine Kuegler) ; p. 86 Gaillarde Raphaël (Guillaume Musso) ; p. 95 Lionel Flusin/Eyedea Presse (Grand Corps Malade) ; p. 104 Quitemelle Pascal/Grandeur nature/Hoa-Qui (gîte) ; p. 105 Philippe Roy/Hoa-qui (place Royale), Repérant Dominique/Hoa-Qui (pont de Pierre)
Getty/ p. 9 Dorling Kindersley (Nantes), Gallo Images (Lyon), Robert Harding (Montpellier), Robert Harding (Lille), Dorling Kindersley (Rennes) ; p. 10 Digital Vision (café), Photographer's Choice (terrasse) ; p. 11 Tetra images ; p. 12 Riser DCM ; p. 13 Absodels, Riser DCM, Digital Vision ; p. 17 Blasius Erlinger/Stone, Yukmin ; p. 24 Taxi ; p. 26 Gary John Norman/Taxi ; p. 30 Ryan McVay/Stone (2) ; p. 32 Stephanie Carter ; p. 36-37 Robert Harding, Aurora, The Image Bank, Altrendo, The Image Bank, hemis.fr, Gallo Images, Dorling Kindersley, Photographer's Choice, StockFood Creative ; p. 50 Stone ; p. 62 hemis.fr, Sylvain Grandadam/Photographer's Choice, De Agostini Picture Library ; p. 69 David Murray (baguette) ; p. 70 Tony Metaxas, Patrick Ryan (1), Stephen Swintek (2) ; p. 72 Dan Kenyon (chanteur), Matt Carr/Photonica ; p. 73 Steve Cole ; p. 76 Photographer's Choice ; p. 77 Taxi ; p. 83 Roger Wright (fille) ; p. 88-89 Taxi, Stone+, Photographer's Choice, Panoramic Images, Steve Cole, Taxi ; p. 101 StockFood Creative ; p. 102 Stock4B ; p. 103 Michael Rosenfeld ; p. 108 Photographer's Choice (1), Stone (2), Bernd Opitz/Taxi (3) ; p. 111 Antonio M. Rosario ; p. 114-115 amana images, Photographer's Choice, Digital Vision, Digital Vision, The Image Bank, Stockbyte, Photographer's Choice, Laurie Rubin ; p. 120 Ranald Mackechnie/Photonica ; p. 121 Dave King (tee-shirt) ; p. 124 Taxi (a), Charles Gullung/Taxi (b), Guy Vanderelst (c), Carlos Davila (d) ; p. 125 Jack Louth; p. 127 Catherine Ledner (skater), Elizabeth Young (grunge) ; p. 128 Photographer's Choice ; p. 129 Michelle Pedone (femme) ; p. 131 Steve West ; p. 134 Michael Cogliantry ; p. 140-141 Image Source, Stone, Photonica, Stone+, DG
Jupiter Images/ p. 17 Comma Image ; p. 104 Bouffier (accrobranche) ; p. 121 Photoobjects (sac)
Marie-Claire/ p. 49 Thomas Dhellemmes (sac) ; p. 121 (jupe et écharpe)
Opale/ p. 34 B. Cannarsa
Photononstop/ p. 21 Mauritius ; p. 30 Tips (1), Christian Arnal (4) ; p. 47 Chromazone (vase) ; p. 49 Mauritius (couverts), Guy Bouchet-Cardinale (masque) ; p. 55 Mauritius ; p. 69 Pascal Bouclier (pain au chocolat) ; p. 69 Mauritius (croissant), Guy Marché (sandwich) ; p. 109 Sime
Reuters/ p. 19 Alessandro Garofalo (Ronaldo)
Rue des archives/ p. 59 Tal
Sipa/ p. 140 Warrin (famille Sarkozy)

p. 112 © Le Musée au printemps - collection Musée de Montmartre

Tous nos remerciements, pour leur autorisation de reproduction à titre gracieux :
- à l'Association francophone d'amitié et de liaison et au ministère de la Culture et de la Communication (affiches p. 63) ;
- aux magazines *L'Équipe, Questions de femmes* et *Phosphore* (couvertures p. 21).

Nous avons fait notre possible pour obtenir les autorisations de reproduction des textes et documents publiés dans cet ouvrage. Dans le cas où des omissions ou des erreurs se seraient glissées dans nos références, nous y remédierions dans les éditions à venir.

Avec la participation de :
Judith Humery, pour les pages *Culture, cultures*
Véronique Kizirian, pour la rubrique *Phonétique*
Élisabeth Massacret, pour les pages *Lecture*

Couverture : Amarante
Création maquette intérieure : Amarante
Mise en page : Amarante/Barbara Caudrelier
Édition : Aurélie Mousnier
Secrétariat d'édition : Claire Dupuis
Illustrations : Sébastien Camus (pages *Scénario*), Raphaël Delerue, Margaux Motin, Vincent Rio
Recherche iconographique : Magali Bru
Cartographie : Hachette éducation

ISBN 978-2-01-155561-8

http://www.hachettefle.fr

Avant-propos

Scénario est une méthode de français pour faux-débutants et débutants de langue proche ou de LV2, destinée à des apprenants adultes ou grands adolescents.
Scénario 1 couvre le niveau A1 du *Cadre européen commun de référence pour les langues* (CECR) et aborde le début du A2. Il permet de se présenter au DELF A1.
Le livre de l'élève ***Scénario 1*** comprend 5 modules de 4 leçons.

Scénario met en œuvre une démarche actionnelle innovante, qui allie une approche par compétences et un apprentissage linguistique approfondi et rigoureux.

✖ Un apprentissage approfondi
Chaque leçon comprend :
- une double page **Comprendre et agir**, qui propose un travail de compréhension à partir de documents déclencheurs écrits et oraux ;
- une double page **Pause langue**, qui traite et systématise les points de langue, à travers une démarche de conceptualisation impliquant un retour aux documents de *Comprendre et agir*, des tableaux présentant les règles, la conjugaison, l'emploi, et des exercices d'appropriation. La grammaire est suivie d'une rubrique de vocabulaire, qui permet d'approfondir la thématique du point de vue lexical, et d'une rubrique de phonétique toutes les deux leçons.

✖ Une approche par compétences, avec :
- 5 pages **Écoute** (une par module), dont les contenus enregistrés sur CD ne sont pas transcrits dans le livre. Elles visent à mettre en place des stratégies d'écoute et fonctionnent comme des tests de compréhension orale ;
- 5 pages **Lecture**, qui présentent des genres littéraires différents, pour s'entraîner à la compréhension écrite globale et pour acquérir des stratégies de lecture ;
- des activités de production orale et écrite dans les rubriques *Action !* des leçons et dans les pages **Scénario** ;
- la mise en place d'une compétence culturelle tout au long des modules et à la fin de chaque module dans les doubles pages **Culture, cultures**. Celles-ci permettent la contextualisation de l'apprentissage par l'étude de documents authentiques, en lien avec l'Europe et le monde francophone, et la réflexion interculturelle au sein de la classe.

✖ Une démarche actionnelle innovante, dans :
- les rubriques *Action !* déjà mentionnées ;
- les 5 doubles pages **Scénario** qui terminent les modules et qui proposent l'élaboration d'un scénario dont la réalisation se fera dans le cinquième épisode, en conclusion du dernier module. Il s'agit d'imaginer et d'incarner des personnages fictifs et de créer une fiction (le déroulement d'une enquête), à vivre en français tout au long de cinq épisodes.

Ces trois axes font par ailleurs l'objet d'une évaluation très complète :

- ✖ évaluation des compétences dans les pages **Évaluation DELF** du livre de l'élève ;
- ✖ **autoévaluation** et **portfolio** dans le cahier d'exercices ;
- ✖ **tests** dans le guide pédagogique.

Tous ces points sont illustrés dans le *Mode d'emploi* p. 6-8.

À tous, donc, bonne enquête et bonne année avec **Scénario** *!*

TABLEAU DES CONTENUS

	LEÇON 0	MODULE 1 *Bien dans sa peau* p. 14-39		MODULE 2 *Mon monde à moi* p. 40-65	
		LEÇONS 1-2	LEÇONS 3-4	LEÇONS 5-6	LEÇONS 7-8
Objectifs communicatifs et fonctionnels	× Saluer, prendre congé × Compter × Épeler	× Se présenter et présenter quelqu'un × Demander et donner des informations personnelles × Rédiger un mél simple	× Faire une description physique × Décrire le caractère de quelqu'un et un état physique × Exprimer des goûts × Demander et donner des nouvelles × Rédiger un courrier amical	× Parler de ses loisirs et de ses centres d'intérêt × Décrire un objet × Parler du temps (1) × Écrire une carte postale	× Présenter sa famille × Parler des relations familiales × Parler du pays où on vit/dont on vient × Situer un pays ou une ville × Parler d'événements passés × Décrire un logement
Contenus linguistiques – Grammaire	× Les présentatifs *c'est/ce sont* × Les articles indéfinis	× Les verbes *être* et *avoir* × Les verbes en *-er* × Les pronoms personnels sujets × Les pronoms personnels toniques × Les articles définis (+ le pluriel des noms) × L'adjectif interrogatif *quel*	× Le verbe *aller* (+ *à*) × L'adverbe interrogatif *comment* × L'accord des adjectifs × La négation *ne... pas* × *Oui, non, si* × Les articles contractés *au* et *aux* (1)	× Les verbes *faire, sortir, lire, écrire* × Les articles contractés *du* et *des* × Les articles partitifs (1) × Les trois formes de la question × *Qu'est-ce que* et *quel* × Le pronom sujet *on* × Article défini ou indéfini ? × L'adjectif démonstratif	× Les adjectifs possessifs × Le passé composé avec *avoir* et *être* × Les prépositions et les noms de pays × La question avec *où* et *d'où* × Les verbes *venir* et *vivre* × La négation *un, une, des > de*
Contenus linguistiques – Lexique	× L'alphabet × Les nombres jusqu'à 69 × Les jours de la semaine	× Les adjectifs de nationalité × Les nombres de 70 à 100 × Les mois de l'année	× Le vocabulaire du visage et du corps × Les adjectifs de la description physique et psychologique × La douleur et les sensations : *avoir chaud, avoir faim, avoir mal à...*	× Les loisirs × La fréquence × Les souhaits : *bonne chance, bonnes vacances, bon courage...* × L'appréciation : *c'est* + adjectif × La matière, les formes, les dimensions, les couleurs × *Il fait beau/chaud...*	× La famille × Les pays × Les animaux × Le logement × Les points cardinaux × Les nombres après 100
Contenus linguistiques – Phonétique	L'alphabet phonétique international (A.P.I.)	× Rythme et mélodie × Les sons [y] et [u]	× Rythme et mélodie × L'accentuation	× La liaison × Le son [ɔ̃] et l'opposition [ɔ̃]/[ɔn]	× L'intonation × L'opposition [ə]/[e] : *j'ai/je* × Liaison et enchaînement
Contenus socioculturels	× Des villes de France	× La France, ses régions, ses symboles × Dire *tu* ou *vous* ?		× Le monde de la francophonie	
Écoute		p. 24		p. 50	
Lecture		p. 34		p. 60	
Évaluations		p. 25 et 35		p. 51 et 61	
Culture		*Bienvenue en France !* p. 36-37		*La francophonie* p. 62-63	
Projet		*Épisode 1 : La disparition* p. 38-39		*Épisode 2 : L'enquête progresse* p. 64-65	
Annexes		Tableau de conjugaison p. 144-145		Précis grammatical p. 146-150	

MODULE 3 Journées chargées p. 66-91		MODULE 4 Prendre l'air p. 92-117		MODULE 5 Se ressembler, se rassembler p. 118-143	
LEÇONS 9-10	LEÇONS 11-12	LEÇONS 13-14	LEÇONS 15-16	LEÇONS 17-18	LEÇONS 19-20
* Parler de ses activités quotidiennes * Aborder quelqu'un * Fixer un rendez-vous * Dire l'heure * Exprimer une demande poliment * Faire un achat simple * Parler d'activités futures	* Parler de son parcours scolaire et professionnel * Exprimer des interdictions et des obligations, donner des conseils et des ordres * Donner les raisons et le but d'une action	* Proposer une sortie * Accepter ou refuser une proposition * Comprendre et donner des informations biographiques simples * Faire une liste de courses ou d'ingrédients * Aller au restaurant	* Parler de ses vacances * Raconter une anecdote, un problème survenu * Exprimer une réaction * Comprendre l'histoire d'un site historique ou touristique * Parler du temps qu'il fait (2)	* Exprimer la préférence * Acheter un vêtement, des chaussures, des accessoires * Donner son avis * Parler de ses goûts vestimentaires * Comparer des façons de s'habiller	* Annoncer un événement * Faire une invitation * Indiquer un itinéraire * Parler de ses projets
* Le présent continu * Le futur proche * Les verbes *pouvoir* et *vouloir* * La question avec *quand* * Les verbes pronominaux au présent * Les pronoms personnels COD * Les verbes en *-ir*	* Les formes les plus simples de l'obligation et de l'interdiction (*il faut, il est interdit de* + infinitif, *devoir*) * L'impératif (positif et négatif) * *Ne... plus, ne... jamais* * *C'est/Il est* * *Pourquoi ? Parce que* * *Pour* + infinitif	* Les pronoms relatifs *qui* et *que* * Les indicateurs temporels : *depuis, il y a, pendant, du... au* * L'expression de la quantité : les articles partitifs (2), les quantités précises, la question avec *combien (de)*	* Sensibilisation à l'imparfait *(il était, c'était, il y avait, il faisait)* * Le pronom *y* (lieu) * Le passé récent * Le passé composé des verbes pronominaux * Le pronom relatif *où*	* *Trop (de), assez (de)* * La place des adjectifs * Le pronom *en* COD * La comparaison : *plus, moins, aussi* + adjectif/adverbe + *que* * Les pronoms personnels COI	* Le futur simple, *quand* + futur * L'hypothèse sur le présent * Le discours indirect au présent
* Les moments : *hier, aujourd'hui, demain..., après* + nom, *avant de* + infinitif * L'heure * Les moyens de transport : *en/à* * La chronologie : *d'abord, et, puis, ensuite...* * Les activités quotidiennes	* Les études * Le monde du travail et les professions (masculin/féminin) * Les nombres ordinaux	* Les sorties et événements culturels et sportifs * Les aliments et les courses pour l'alimentation	* *Il pleut, il fait frais* * La localisation : les lieux * Les repères historiques * Les sentiments * La conséquence : *alors, donc*	* Vêtements et accessoires * Tailles et pointures * *Je préfère, je pense que, je trouve que...* * La politesse : *je voudrais, j'aimerais, vous pourriez ?* * Les adjectifs d'appréciation * Les différents styles de vêtements	* Les verbes et expressions de localisation * Fêtes et événements * Félicitations et invitations
* Les sons [ø] et [œ]	* Les lettres non prononcées	* Le *e* non prononcé dans l'expression de la quantité * Les sons [ɔ̃] et [ɑ̃]	* L'opposition [e] et [ɛ]	* Les sons [ɛ̃] et [ɑ̃] * Les sons [s] et [ʒ]	* Les sons [k] et [g] * Le *e* non prononcé dans les formes verbales du futur
* Les rythmes de vie en France * L'organisation des études * Le monde du travail		* Les loisirs et les nouvelles pratiques culturelles des Français		* Les rituels sociaux * La mode et le commerce équitable * La nouvelle typologie de la famille * Les relations amicales * La fête	
p. 76 p. 86 p. 77 et 87 *Chacun son rythme* p. 88-89 *Épisode 3 : À sa recherche* p. 90-91		p. 102 p. 112 p. 103 et 113 *Nouveau monde, nouveaux loisirs* p. 114-115 *Épisode 4 : Un nouveau témoin* p. 116-117		p. 128 p. 138 p. 129 et 139 *La famille dans tous ses états* p. 140-141 *Épisode 5 : Retrouvailles ?* p. 142-143	
Lexique p. 151-158		Carte de France p. 159		Carte de la francophonie p. 160	

MODE D'EMPLOI

Structure du livre de l'élève

- Une leçon 0
- 5 modules de 4 leçons

- En complément dans chaque module :
  - une page d'écoute
  - une page de lecture
  - deux pages d'évaluation DELF
  - une double page de culture
  - une double page de projet : le scénario

- En fin d'ouvrage : annexes

Pages d'ouverture des modules

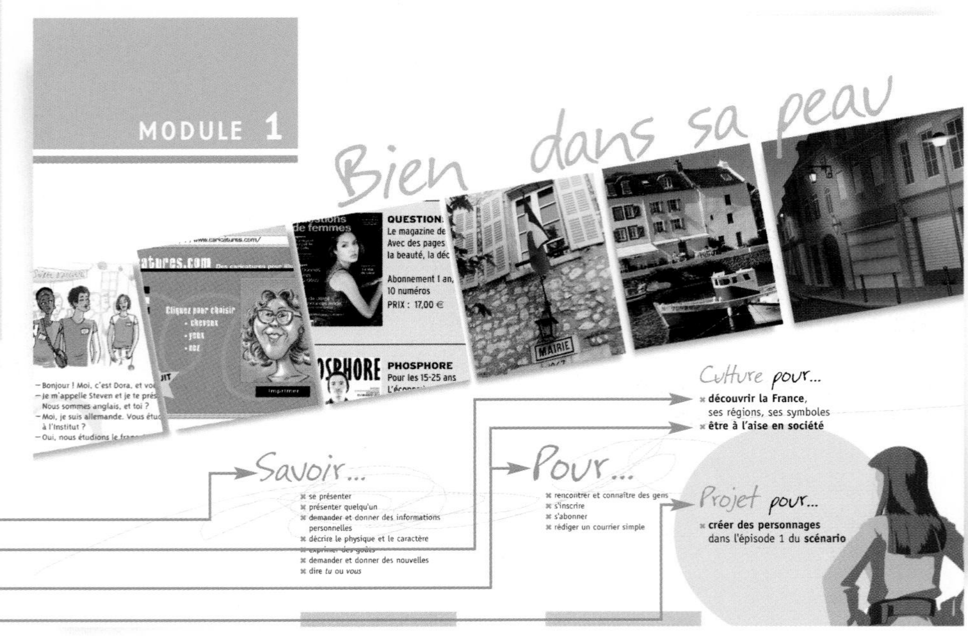

Le contrat d'apprentissage

Des contenus fonctionnels et culturels au service d'**objectifs actionnels**, qui culminent dans le **projet.**

Module 2 *Mon monde à moi*
Module 3 *Journées chargées*
Module 4 *Prendre l'air*
Module 5 *Se ressembler, se rassembler*

Pages finales des modules

Une double page de projet pour réinvestir ses acquis de façon ludique et motivante.

Le projet propose la construction d'un scénario à partir de la création de personnages virtuels et d'une fiction en **5 épisodes**.

- Situation
- Tâche par groupes
- Mise en commun
- Jeu de rôles
- Aide à l'expression
- Production de documents écrits

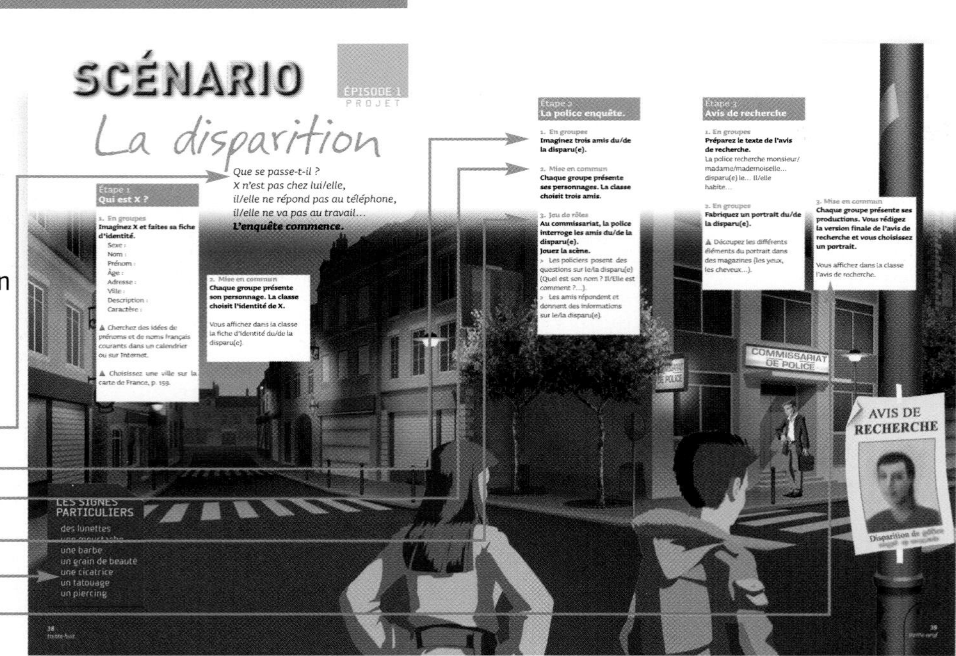

Module 2 *L'enquête progresse*
Module 3 *À sa recherche*
Module 4 *Un nouveau témoin*
Module 5 *Retrouvailles ?*

Dans chaque leçon

Mise en place de l'apprentissage

Une double page Comprendre et agir

- Documents déclencheurs écrits et oraux
- Activités de compréhension
- Aide à l'expression : actes de parole, vocabulaire
- Réinvestissement des acquis : productions orale et écrite

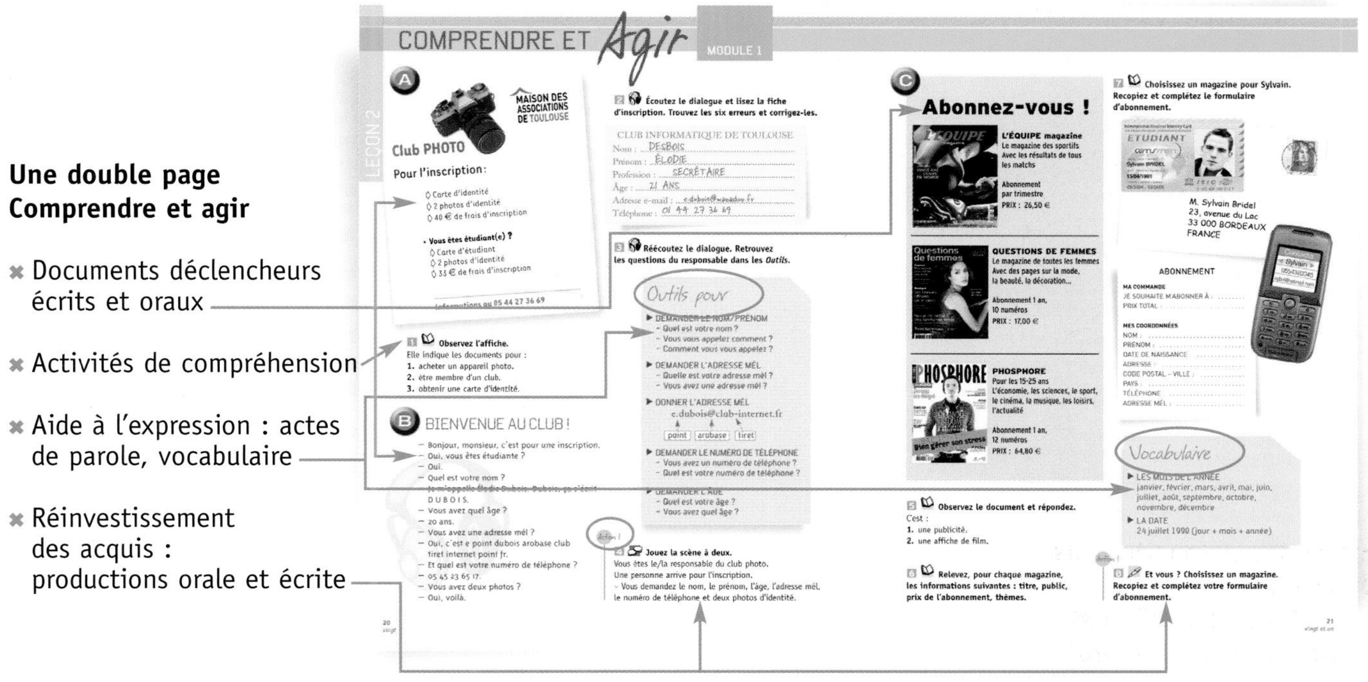

Une double page Pause langue

- Conceptualisation
- Systématisation
- Exercices d'entraînement
- Réemploi et appropriation

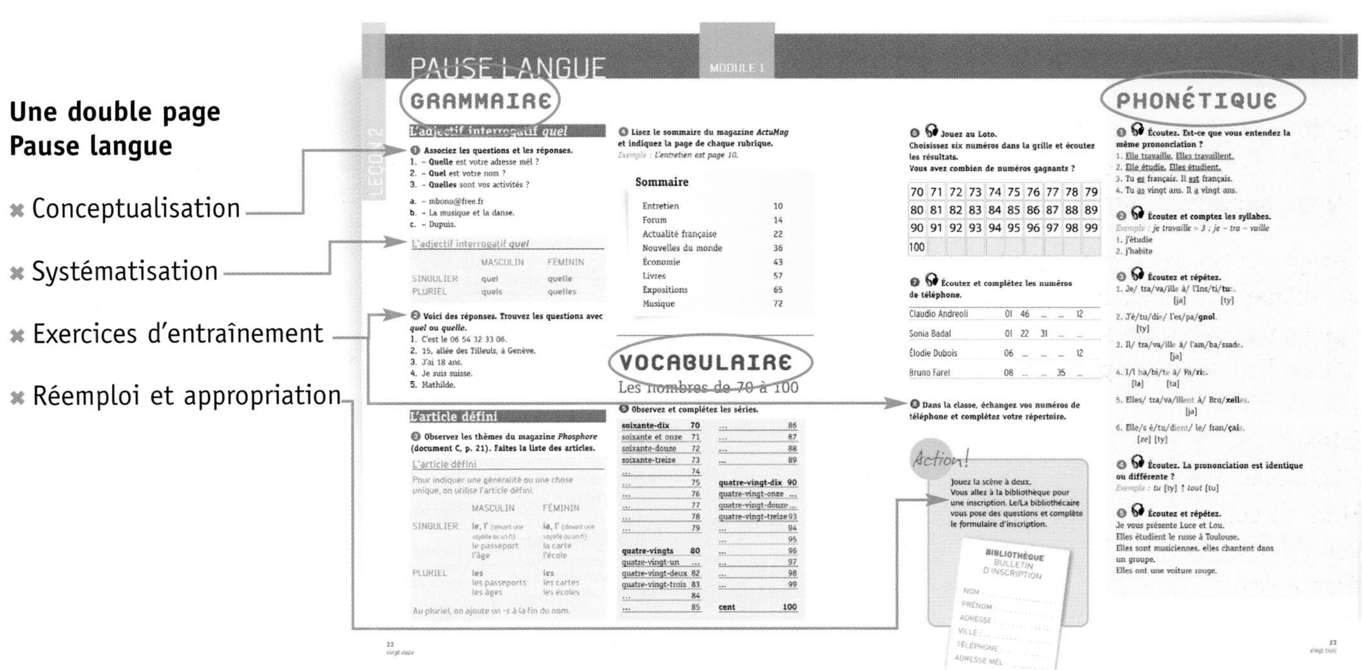

Toutes les deux leçons

Travail par compétences

Leçons 1-2 page Écoute

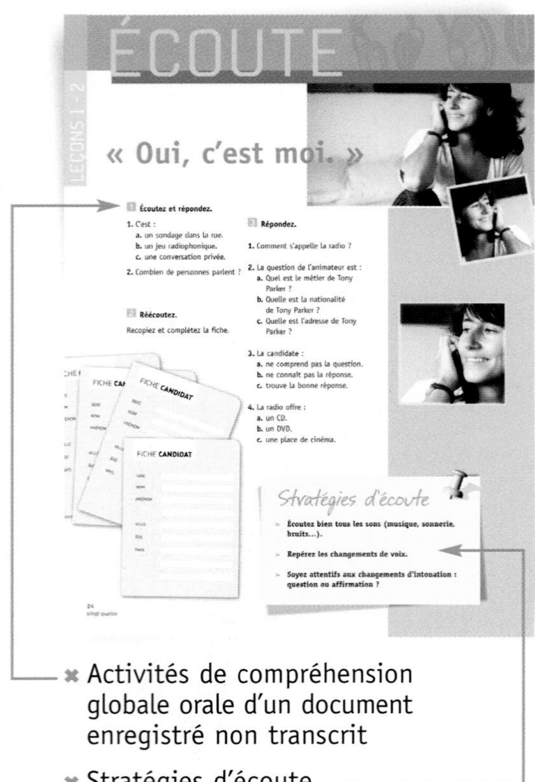

- Activités de compréhension globale orale d'un document enregistré non transcrit
- Stratégies d'écoute

Leçons 3-4 page Lecture

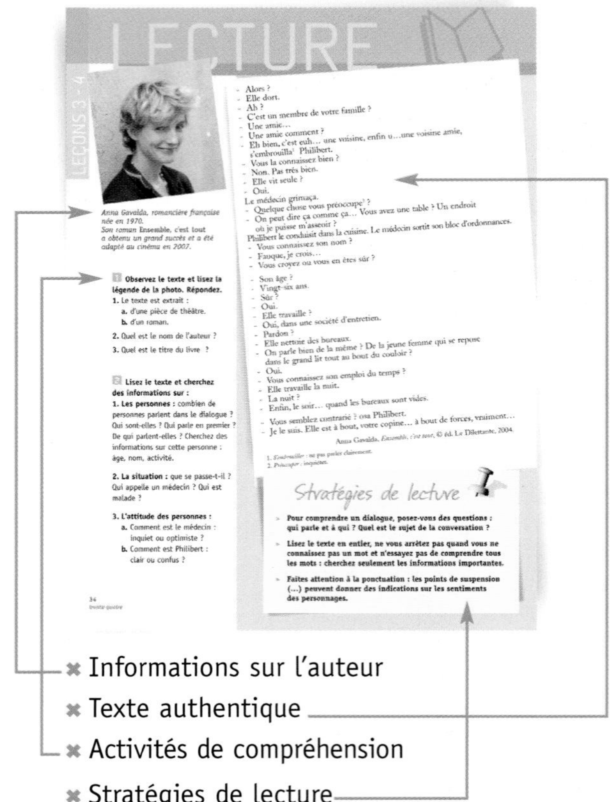

- Informations sur l'auteur
- Texte authentique
- Activités de compréhension
- Stratégies de lecture

À la fin de chaque module

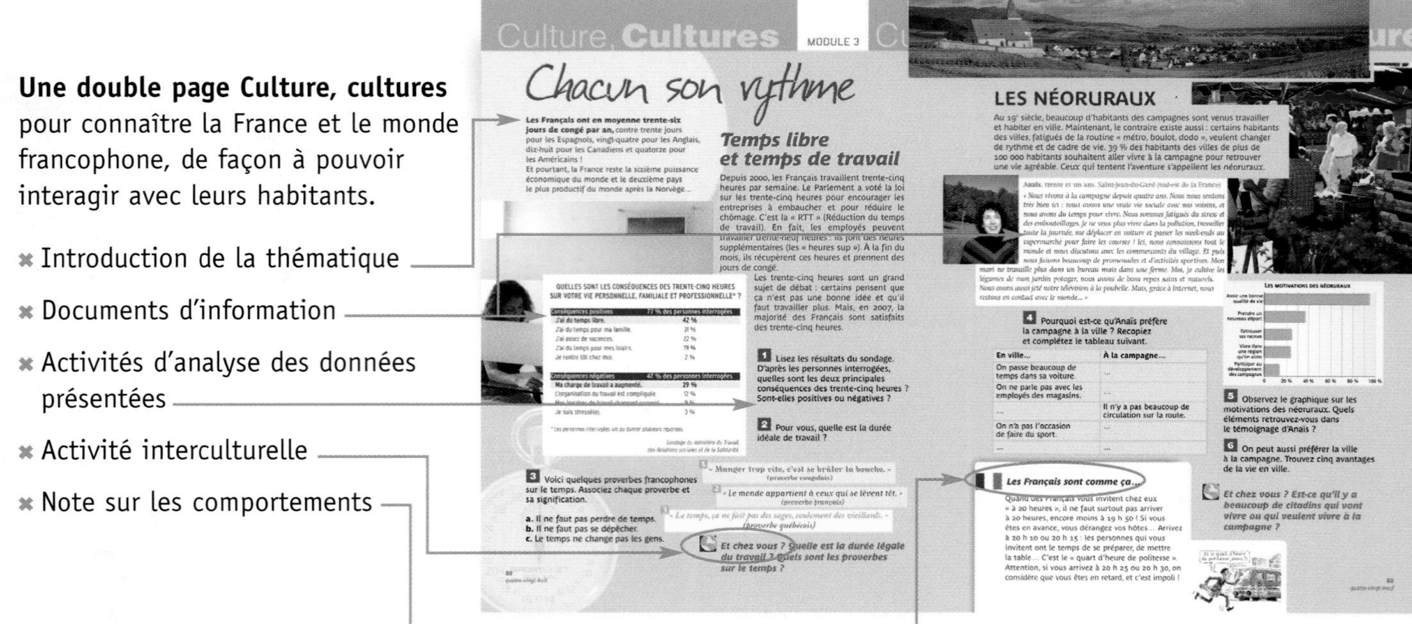

Une double page Culture, cultures pour connaître la France et le monde francophone, de façon à pouvoir interagir avec leurs habitants.

- Introduction de la thématique
- Documents d'information
- Activités d'analyse des données présentées
- Activité interculturelle
- Note sur les comportements

Bienvenue !

NANTES

LYON

1 Observez les photos.

2 Écoutez la liste des dix villes préférées des Français. Vous connaissez ces villes ? Retrouvez-les sur la carte de France, p. 159.

1. Paris
2. Lyon
3. Marseille
4. Toulouse
5. Nantes
6. Bordeaux
7. Lille
8. Montpellier
9. Nice
10. Rennes

LILLE

3 Observez les paroles de la chanson. Reconnaissez-vous des mots français ?

RENNES

Willkommen, bienvenue, welcome !
Fremde, étranger, stranger
Glüklich zu sehen, je suis enchanté, happy to see you
Bleide, reste, stay
Wilkommen, bienvenue, welcome
Im Cabaret, au Cabaret, to Cabaret
Meine damen und herren, Mesdames et Messieurs,
Ladies and gentlemen !
Comment ça va ? Do you feel good ?
Ich bin euer confrecier, je suis votre compère, I am your host !
Und sagen
Wilkommen, bienvenue, welcome
Im Cabaret, au Cabaret, to Cabaret

Willkommen, paroles Fred Ebb, musique John Kander,

Qu'est-ce que c'est ?

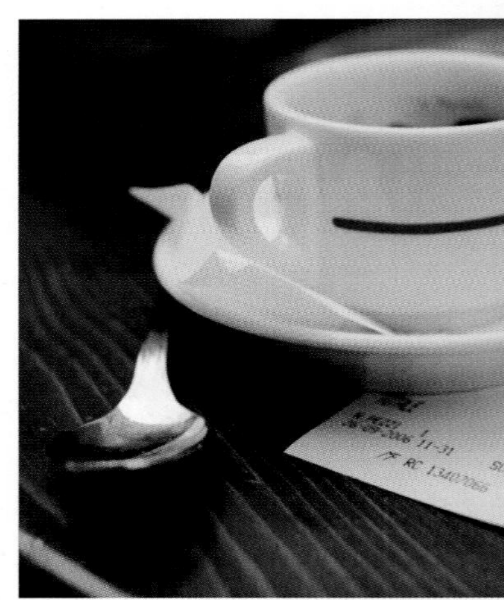

1 **Écoutez. Quels mots comprenez-vous ?**

2 **Réécoutez. Vous entendez *un* [œ̃] ou *une* [yn] ?**

Les articles indéfinis	**Masculin**	**Féminin**
Singulier	c'est un café	c'est une chanson
Pluriel	ce sont des cafés	ce sont des chansons

3 **Qu'est-ce que c'est ? Devinez.**

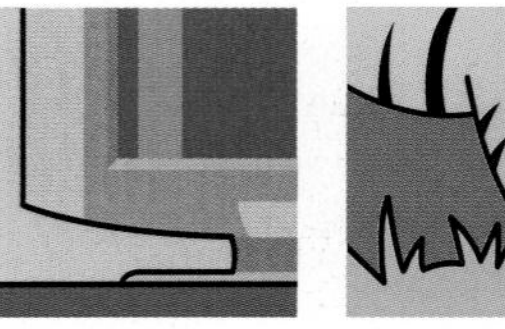
1.

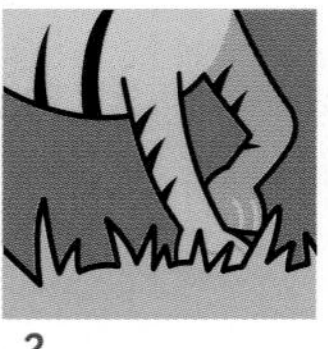
2.

3.

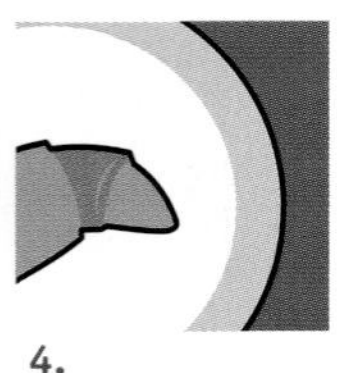
4.

5.

*Exemple : **1.** Qu'est-ce que c'est ? > C'est une télévision.*

4 **Vous connaissez d'autres mots ou expressions en français ?**

Salut !

5 **Écoutez les dialogues. Associez les dialogues et les dessins.**

1
- Bonjour, Nicolas.
- Bonjour, madame Levain.

2
- Salut !
- Salut, à demain !

3
- Salut ! Comment tu t'appelles ? Moi, je m'appelle Marc !
- Bonjour, Marc ! Moi, c'est Lisa !

4
- Au revoir, madame.
- Au revoir, monsieur.

6 **Jouez la scène à deux.**
Présentez-vous et dites bonjour ou au revoir.

▶ **SALUER**
- Bonjour, monsieur.
- Salut !

▶ **PRENDRE CONGÉ**
- Au revoir, madame.
- Salut !
- À demain !
- À vendredi !

▶ **SE PRÉSENTER**
- Comment tu t'appelles ?
- Comment vous vous appelez ?
- Moi, je m'appelle Marc.
- Moi, c'est Lisa.

Tu peux épeler, s'il te plaît ?

1 **Écoutez les lettres de l'alphabet et répétez.**

L'alphabet des prénoms

A comme **Alexandre**
B comme **Bérénice**
C comme **Camille**
D comme **Diane**
E comme **Emma**
F comme **Fanny**
G comme **Guillaume**
H comme **Hector**
I comme **Inès**
J comme **Julien**
K comme **Katia**
L comme **Léa**
M comme **Manon**
N comme **Nicolas**
O comme **Oscar**
P comme **Pauline**
Q comme **Quentin**
R comme **Romane**
S comme **Sarah**
T comme **Théo**
U comme **Ursule**
V comme **Valentin**
W comme **William**
X comme **Xavier**
Y comme **Yasmine**
Z comme **Zoé**

A	*a* majuscule
a	*a* minuscule
é	*e* accent aigu
è	*e* accent grave
ê	*e* accent circonflexe
¨	tréma
ç	*c* cédille
-	trait d'union
'	apostrophe
ll, rr...	deux *l*, deux *r*...

2 **Épelez votre prénom et votre nom à votre voisin(e).**
Exemple : Anna > a – deux n – a

3 **Écoutez et notez les lettres.**
Découvrez le nom de l'actrice et de l'acteur mystérieux.

1.

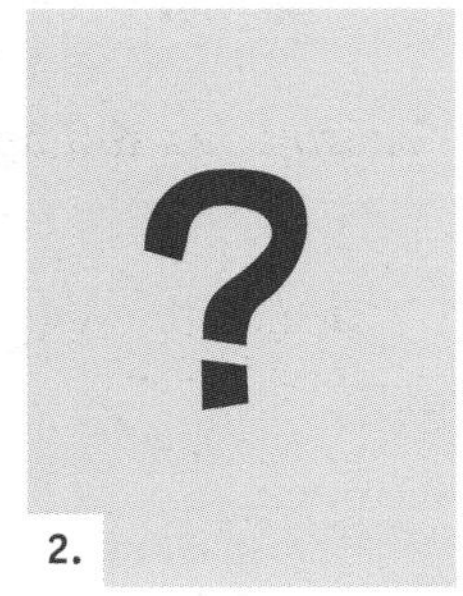
2.

4 **Épelez le nom de votre acteur/actrice préféré(e) à votre voisin(e).**

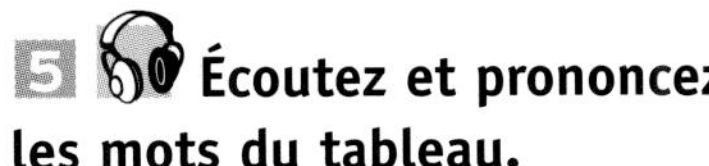

5 **Écoutez et prononcez les mots du tableau.**

VOYELLES	[i] actrice [e] répétez [ɛ] merci [a] ça va	[u] vous [o] métro [ɔ] observez	[y] une [ə] le [ø] deux [ø] acteur	[œ̃] un [ɛ̃] dessin, demain [ɑ̃] en, chanson [ɔ̃] nom, Manon	**SEMI-CONSONNES** [j] travail [ɥ] huit [w] au revoir
CONSONNES	[p] page [b] bonjour [t] tu [d] de	[k] classe, quel, kilo [g] singulier, dialogue [m] madame	[n] une [ɲ] consigne [f] français [v] vous	[s] monsieur, dossier, actrice, français [z] lisez [ʃ] affiche [ʒ] bonjour, page	[ʀ] rue [l] livre

Les jours et les nombres

1 Écoutez les jours de la semaine.

Combien de jours dans la semaine ?
1, 2, 3, 4, 5, 6, 7
Lundi, mardi, mercredi, jeudi, vendredi,
samedi et dimanche

2 Quel jour est-on ?

Exemple : Aujourd'hui, c'est lundi !

3 Écoutez et répétez les nombres.

zéro 0	dix 10	vingt 20	trente 30	quarante 40	cinquante 50	soixante 60
un 1	onze 11	vingt et un 21	trente et un 31	quarante et un 41	cinquante et un 51	soixante et un 61
deux 2	douze 12	vingt-deux 22	trente-deux 32	quarante-deux 42	cinquante-deux 52	soixante-deux 62
trois 3	treize 13	vingt-trois 23	trente-trois 33	quarante-trois 43	cinquante-trois 53	soixante-trois 63
quatre 4	quatorze 14	vingt-quatre 24	trente-quatre 34	quarante-quatre 44	cinquante-quatre 54	soixante-quatre 64
cinq 5	quinze 15	vingt-cinq 25	trente-cinq 35	quarante-cinq 45	cinquante-cinq 55	soixante-cinq 65
six 6	seize 16	vingt-six 26	trente-six 36	quarante-six 46	cinquante-six 56	soixante-six 66
sept 7	dix-sept 17	vingt-sept 27	trente-sept 37	quarante-sept 47	cinquante-sept 57	soixante-sept 67
huit 8	dix-huit 18	vingt-huit 28	trente-huit 38	quarante-huit 48	cinquante-huit 58	soixante-huit 68
neuf 9	dix-neuf 19	vingt-neuf 29	trente-neuf 39	quarante-neuf 49	cinquante-neuf 59	soixante-neuf 69

4 Écoutez. Écrivez les nombres en chiffres.

5 Travaillez à deux.
Dictez cinq nombres de votre choix à votre voisin(e). Il/Elle les écrit en toutes lettres. Vous vérifiez.

6 Calculez votre chiffre porte-bonheur à partir de votre date de naissance.

Exemple : 25/12/1994
> 2 + 5 + 1 + 2 + 1 + 9 + 9 + 4 = 33
> 3 + 3 = ***6***

Dans la classe...

1 **Écoutez et retrouvez les phrases dans les bulles.**

1. Faites des groupes de trois.
2. Comment ça se prononce ?
3. Travaillez avec votre voisin.
4. Vous pouvez répéter, s'il vous plaît ?
5. Comment ça s'écrit ?
6. Excusez-moi, j'ai une question !
7. Je ne comprends pas.
8. Vous pouvez épeler ?
9. Ouvrez votre livre page 16.
10. Comment on dit en français ?
11. Qu'est-ce que ça veut dire ?
12. C'est clair ?

Écoutez

Lisez

Écrivez

Parlez

Jouez la scène

MODULE 1

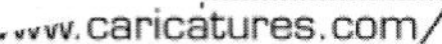

Bien Savoir...

- se présenter
- présenter quelqu'un
- demander et donner des informations personnelles
- décrire le physique et le caractère
- exprimer des goûts
- demander et donner des nouvelles
- dire *tu* ou *vous*

dans sa peau

MAIRIE

LIBERTÉ ÉGALITÉ FRATERNITÉ

Culture pour...

- **découvrir la France**, ses régions, ses symboles
- **être à l'aise en société**

Pour...

- rencontrer et connaître des gens
- s'inscrire
- s'abonner
- rédiger un courrier simple

Projet pour...

- **créer des personnages** dans l'épisode 1 du **scénario**

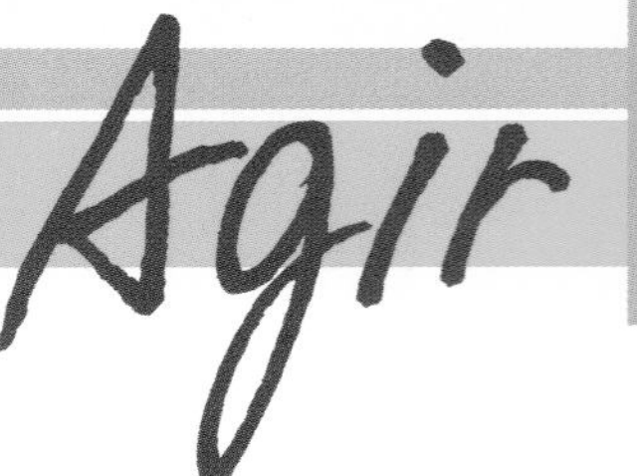

À L'INSTITUT EUROPÉEN DES LANGUES

1. — Bonjour ! Moi, c'est Dora, et vous ?
   — Je m'appelle Steven et je te présente Mark. Nous sommes anglais, et toi ?
   — Moi, je suis allemande. Vous étudiez à l'Institut ?
   — Oui, nous étudions le français.

2. — C'est qui ?
   — C'est Claudio.
   — Il est italien ?
   — Non, il est espagnol.
   — Il est étudiant ici ?
   — Oui, et il travaille à l'ambassade.

3. — Vous êtes russe ?
   — Oui, je m'appelle Tania. Et vous ?
   — Moi, je m'appelle Moussa, je suis camerounais et elle, c'est Sylvie.
   — Vous êtes française ?
   — Oui. Je suis professeur à l'Institut.

1 Observez les dessins puis écoutez. Associez les dialogues et les dessins.

2 Associez les prénoms des invités et les nationalités.

1. Claudio — **a.** anglais
2. Dora — **b.** allemande
3. Mark — **c.** espagnol
4. Moussa — **d.** russe
5. Steven — **e.** camerounais
6. Sylvie — **f.** anglais
7. Tania — **g.** française

Outils pour

▶ SE PRÉSENTER
- Je m'appelle Steven.
- Moi, c'est Dora.

▶ PRÉSENTER QUELQU'UN
- Je te présente Mark.
- Je vous présente Tania.
- C'est Claudio.

▶ DIRE LA NATIONALITÉ
- Moi, je suis allemande.
- Nous sommes anglais.
- Il est espagnol.

▶ DIRE L'ACTIVITÉ
- Je suis professeur.
- Il est étudiant.
- Il travaille à l'ambassade.
- Nous étudions le français.

Action !

3  **Vous êtes à la soirée d'accueil. Choisissez un badge.**

1. Jouez la scène à deux.
Faites connaissance avec un(e) invité(e).

2. Jouez la scène à trois.
Présentez un(e) ami(e) à un(e) invité(e).

http://www.correspondantsdumonde.com/

Correspondants du monde.com

accueil | forum | annonces | infos | contact | aide

forum

Bonjour,
Je m'appelle Laura. J'ai 19 ans. Je suis canadienne et j'habite à Montréal. J'étudie l'économie.
Je cherche un(e) correspondant(e) de 18-25 ans. Je parle français et anglais.
Salut !
Laura

Envoyé le : 19/09 - 12 h 34

Salut Laura !
Moi, c'est Javier. J'ai 25 ans. Je suis espagnol et j'ai des amis canadiens. Je suis journaliste à Bruxelles. Je parle espagnol et français. Envoie-moi un message !
Javier

Envoyé le : 23/09 - 09 h 14

Coucou Laura !
Je m'appelle Caroline. Je suis française. J'habite à Paris et j'ai 17 ans. Je suis au lycée. Je parle français et un peu anglais. Envoie-moi ton adresse msn.

Envoyé le : 25/09 - 16 h 30

---

4 Lisez les messages. Trouvez le/la bon(ne) correspondant(e) pour Laura.

5 Complétez les fiches avec les informations.

Prénom : Laura
Âge : ...
Nationalité : ...
Ville : ...
Langues : ...
Activité : ...

Prénom : ...
Âge : ...
Nationalité : ...
Ville : Paris
Langues : ...
Activité : ...

Prénom : ...
Âge : 25 ans
Nationalité : ...
Ville : ...
Langues : ...
Activité : ...

Outils pour

- ▶ DIRE L'ÂGE
  – J'ai 19 ans.
- ▶ INDIQUER LA VILLE D'HABITATION
  – J'habite à Marseille.
- ▶ DIRE LES LANGUES PARLÉES
  – Je parle espagnol.

6 Faites votre fiche.

Prénom : ...
Âge : ...
Nationalité : ...
Ville : ...
Langues : ...
Activité : ...

Action !

7 Présentez-vous dans un message pour le forum.

8 Travaillez avec votre voisin(e).
Parlez d'un(e) ami(e) étranger/étrangère (nom, âge, ville...) à votre voisin(e).

GRAMMAIRE

Le verbe *être* au présent

Pour dire la nationalité et la profession, on utilise le verbe *être* (*Je suis français, Il est professeur*).

je **suis**	nous **sommes**
tu **es**	vous **êtes**
il/elle **est**	ils/elles **sont**

1 Complétez avec le verbe *être*.

1. – Bonjour, je vous présente Aurélie et Michaël, ils ... français.
   – Salut ! Moi, je ... belge et Alan ... américain.
2. – Tu ... professeur ?
   – Non, je ... journaliste.
3. – Vous ... Pascal Vernier ?
   – Oui.
   – Bonjour, je ... Marc Pinson, le directeur.

Les pronoms personnels

Les pronoms sujets	Les pronoms toniques
je	moi
tu	toi
il/elle	lui/elle
nous	nous
vous	vous
ils/elles	eux/elles

Les pronoms sujets sont obligatoires devant le verbe conjugué.

Le pronom tonique sert à renforcer le sujet.

2 Associez.

1. Lui,	a. elle est canadienne.
2. Moi,	b. nous sommes à Rome.
3. Elle,	c. je m'appelle David.
4. Et toi,	d. il est professeur ?
5. Nous,	e. tu es étudiant ?

Le verbe *avoir* au présent

Pour dire l'âge et la possession, on utilise le verbe *avoir* (*J'ai vingt ans, J'ai une voiture*).

j'**ai**	nous **avons**
tu **as**	vous **avez**
il/elle **a**	ils/elles **ont**

3 Complétez avec le verbe *avoir*.

1. – Tu ... un message sur le forum ?
   – Oui ! J'... une réponse de Laura !
2. – Samuel et Julie ... un correspondant ?
   – Julie, oui. Il s'appelle Miguel. Il ... 16 ans.
3. – Vous ... quel âge ?
   – Nous ... 15 et 17 ans.

4 *Être* ou *avoir* ? Faites des phrases.

Elle	suis	suédoise.
Je	as	français.
Tu	a	22 ans.
Vous	avez	italien ?
Il	es	une voiture.
J'	est	étudiante.
C'	êtes	Stéphane.
Elle	ai	anglaises.
Ils	avons	des stylos.
Nous	sommes	madame Ferrari ?
Elles	sont	13 et 17 ans.
Ce	ont	un professeur.
		chanteur.

Le présent des verbes en *-er*

• *S'appeler*

je m'appel**le**	nous nous appel**ons**
tu t'appel**les**	vous vous appel**ez**
il/elle s'appel**le**	ils/elles s'appel**lent**

• *Parler*

je parl**e**	nous parl**ons**
tu parl**es**	vous parl**ez**
il/elle parl**e**	ils/elles parl**ent**

• *Habiter*

j'habit**e**	nous habit**ons**
tu habit**es**	vous habit**ez**
il/elle habit**e**	ils/elles habit**ent**

❺ Conjuguez les verbes.

Salut Cécile !
J'(inviter) des amis samedi. Ils (s'appeler) Nicolas et Clara. Ils (habiter) rue Lenoir. Nicolas (travailler) chez Renault et Clara (étudier) l'architecture avec moi. Nous (aimer) discuter ensemble. Tu (travailler) samedi ?
Bisous,
Cora

❻ Trouvez le bon verbe et conjuguez.

s'appeler, avoir, chanter, étudier, être, habiter, parler, travailler

1. – Excusez-moi, vous … français ?
   – Oui, bien sûr. Nous … belges. Et vous ?
   – Moi, je … canadien. J'… à Québec et je … français et anglais.
2. – En classe, nous … la grammaire.
   – C'… facile ?
   – Non, mais nous … un bon professeur.
   – Il … comment ?
   – Vincent Legal.
3. – Tu … musicien ?
   – Non, je … pour une radio. Et vous ?
   – Nous … dans un groupe de rock.

❶ Audrey Tautou
❷ Gong Li
❸ Ronaldo
❹ Justin Timberlake

Action!

Choisissez une personnalité et faites deviner qui c'est à votre voisin(e).
– Il est américain. Il parle anglais. Qui est-ce ?
– C'est Justin Timberlake.

VOCABULAIRE

Les adjectifs de nationalité

❼ Lisez le texte et faites la liste des nationalités.

Tu as une voiture japonaise, une pizza italienne, un café brésilien, une montre suisse, une radio coréenne et tu reproches à ton voisin d'être un étranger !

❽ Observez les adjectifs de nationalité et écoutez les différences.

Masculin		Féminin
japon**ais**		japon**aise**
ital**ien**		ital**ienne**
chin**ois**		chin**oise**
maroc**ain**		maroc**aine**
cor**éen**		cor**éenne**
argent**in**		argent**ine**
espagn**ol**		espagn**ole**
allem**and**		allem**ande**
tur**c**		tur**que**
gre**c**		gre**cque**
suisse		suisse

❾ Trouvez le féminin des nationalités.

J'ai des amies du monde entier. Solveig est (suédois), Anna est (polonais), Suzan est (américain), Fatou est (guinéen), Dolores est (chilien). Angela est (argentin), Anke est (allemand), Consuelo est (portoricain), Devita est (indien), Pilar est (espagnol), Luce est (belge), Marianthie est (grec) et moi, je suis (français et tunisien).

❿ Imaginez une suite au texte de l'exercice 7. Trouvez des adjectifs de nationalité.

Tu as une télévision …, un fromage …, un téléphone …, un lecteur MP3 …, un sandwich … et tu reproches à ton voisin d'être un étranger !

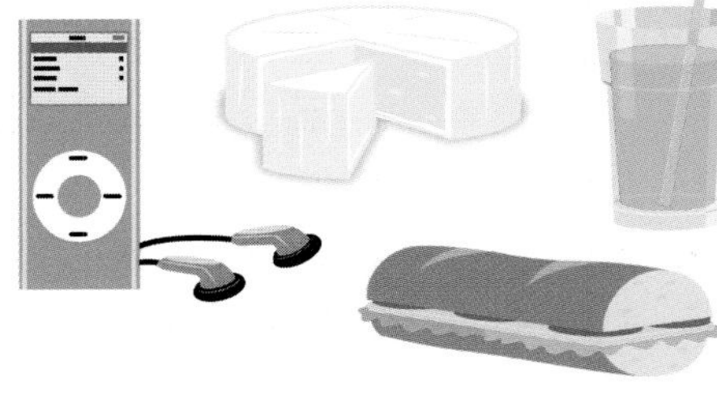

A

MAISON DES ASSOCIATIONS DE TOULOUSE

Club PHOTO

Pour l'inscription :

- Carte d'identité
- 2 photos d'identité
- 40 € de frais d'inscription

• **Vous êtes étudiant(e) ?**

- Carte d'étudiant
- 2 photos d'identité
- 33 € de frais d'inscription

Informations au 05 44 27 36 69

1 **Observez l'affiche.**

Elle indique les documents pour :

1. acheter un appareil photo.
2. être membre d'un club.
3. obtenir une carte d'identité.

B BIENVENUE AU CLUB !

— Bonjour, monsieur, c'est pour une inscription.
— Oui, vous êtes étudiante ?
— Oui.
— Quel est votre nom ?
— Je m'appelle Élodie Dubois. Dubois, ça s'écrit D U B O I S.
— Vous avez quel âge ?
— 20 ans.
— Vous avez une adresse mél ?
— Oui, c'est e point dubois arobase club tiret internet point fr.
— Et quel est votre numéro de téléphone ?
— 05 45 23 65 17.
— Vous avez deux photos ?
— Oui, voilà.

2 **Écoutez le dialogue et lisez la fiche d'inscription. Trouvez les six erreurs et corrigez-les.**

CLUB INFORMATIQUE DE TOULOUSE
Nom : DESBOIS
Prénom : ÉLODIE
Profession : SECRÉTAIRE
Âge : 21 ANS
Adresse e-mail : e.dubois@wanadoo.fr
Téléphone : 01 44 27 36 69

3 **Réécoutez le dialogue. Retrouvez les questions du responsable dans les *Outils*.**

Outils pour

▶ DEMANDER LE NOM/PRÉNOM
- Quel est votre nom ?
- Vous vous appelez comment ?
- Comment vous vous appelez ?

▶ DEMANDER L'ADRESSE MÉL
- Quelle est votre adresse mél ?
- Vous avez une adresse mél ?

▶ DONNER L'ADRESSE MÉL

e.dubois@club-internet.fr
point — arobase — tiret

▶ DEMANDER LE NUMÉRO DE TÉLÉPHONE
- Vous avez un numéro de téléphone ?
- Quel est votre numéro de téléphone ?

▶ DEMANDER L'ÂGE
- Quel est votre âge ?
- Vous avez quel âge ?

Action !

4 **Jouez la scène à deux.**

Vous êtes le/la responsable du club photo.
Une personne arrive pour l'inscription.
> Vous demandez le nom, le prénom, l'âge, l'adresse mél, le numéro de téléphone et deux photos d'identité.

Abonnez-vous !

L'ÉQUIPE magazine
Le magazine des sportifs
Avec les résultats de tous les matchs

Abonnement par trimestre
PRIX : 26,50 €

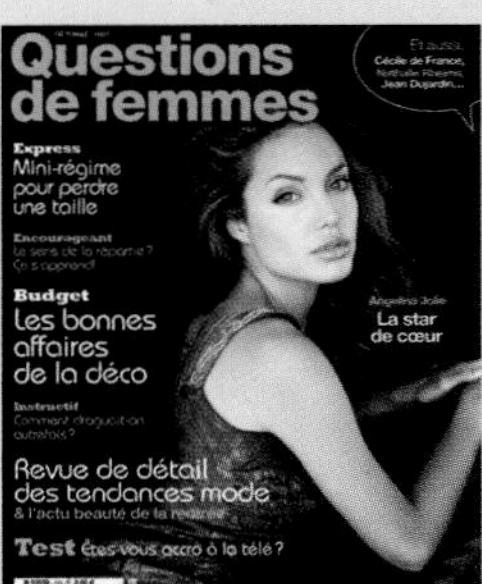

QUESTIONS DE FEMMES
Le magazine de toutes les femmes
Avec des pages sur la mode, la beauté, la décoration...

Abonnement 1 an, 10 numéros
PRIX : 17,00 €

PHOSPHORE
Pour les 15-25 ans
L'économie, les sciences, le sport, le cinéma, la musique, les loisirs, l'actualité

Abonnement 1 an, 12 numéros
PRIX : 64,80 €

5 **Observez le document et répondez.**

C'est :

1. une publicité.
2. une affiche de film.

6 **Relevez, pour chaque magazine, les informations suivantes : titre, public, prix de l'abonnement, thèmes.**

7 **Choisissez un magazine pour Sylvain. Recopiez et complétez le formulaire d'abonnement.**

M. Sylvain Bridel
23, avenue du Lac
33 000 BORDEAUX
FRANCE

ABONNEMENT

MA COMMANDE
JE SOUHAITE M'ABONNER À : ....
PRIX TOTAL : ....

MES COORDONNÉES
NOM : ....
PRÉNOM : ....
DATE DE NAISSANCE : ....
ADRESSE : ....
CODE POSTAL – VILLE : ....
PAYS : ....
TÉLÉPHONE : ....
ADRESSE MÉL : ....

Vocabulaire

▶ LES MOIS DE L'ANNÉE
janvier, février, mars, avril, mai, juin, juillet, août, septembre, octobre, novembre, décembre

▶ LA DATE
24 juillet 1990 (jour + mois + année)

8 **Et vous ? Choisissez un magazine. Recopiez et complétez votre formulaire d'abonnement.**

GRAMMAIRE

L'adjectif interrogatif *quel*

❶ **Associez les questions et les réponses.**

1. – **Quelle** est votre adresse mél ?
2. – **Quel** est votre nom ?
3. – **Quelles** sont vos activités ?

a. – mbono@free.fr
b. – La musique et la danse.
c. – Dupuis.

L'adjectif interrogatif *quel*

	MASCULIN	FÉMININ
SINGULIER	**quel**	**quelle**
PLURIEL	**quels**	**quelles**

❷ **Voici des réponses. Trouvez les questions avec *quel* ou *quelle*.**

1. C'est le 06 54 32 33 06.
2. 15, allée des Tilleuls, à Genève.
3. J'ai 18 ans.
4. Je suis suisse.
5. Mathilde.

L'article défini

❸ **Observez les thèmes du magazine *Phosphore* (document C, p. 21). Faites la liste des articles.**

L'article défini

Pour indiquer une généralité ou une chose unique, on utilise l'article défini.

	MASCULIN	FÉMININ
SINGULIER	**le, l'** (devant une voyelle ou un *h*) le passeport l'âge	**la, l'** (devant une voyelle ou un *h*) la carte l'école
PLURIEL	**les** les passeports les âges	**les** les cartes les écoles

Au pluriel, on ajoute un *-s* à la fin du nom.

❹ **Lisez le sommaire du magazine *ActuMag* et indiquez la page de chaque rubrique.**
Exemple : L'entretien est page 10.

Sommaire

Entretien	10
Forum	14
Actualité française	22
Nouvelles du monde	36
Économie	43
Livres	57
Expositions	65
Musique	72

VOCABULAIRE

Les nombres de 70 à 100

❺ **Observez et complétez les séries.**

soixante-dix	**70**
soixante et onze	71
soixante-douze	72
soixante-treize	73
...	74
...	75
...	76
...	77
...	78
...	79
quatre-vingts	**80**
quatre-vingt-un	...
quatre-vingt-deux	82
quatre-vingt-trois	83
...	84
...	85
...	86
...	87
...	88
...	89
quatre-vingt-dix	**90**
quatre-vingt-onze	...
quatre-vingt-douze	...
quatre-vingt-treize	93
...	94
...	95
...	96
...	97
...	98
...	99
cent	**100**

6 Jouez au Loto.
Choisissez six numéros dans la grille et écoutez les résultats.
Vous avez combien de numéros gagnants ?

70	71	72	73	74	75	76	77	78	79
80	81	82	83	84	85	86	87	88	89
90	91	92	93	94	95	96	97	98	99
100									

7 **Écoutez et complétez les numéros de téléphone.**

Claudio Andreoli	01	46	...	...	12
Sonia Badal	01	22	31	...	...
Élodie Dubois	06	...	...	...	12
Bruno Farel	08	...	...	35	...

8 **Dans la classe, échangez vos numéros de téléphone et complétez votre répertoire.**

Action!

Jouez la scène à deux.
Vous allez à la bibliothèque pour une inscription. Le/La bibliothécaire vous pose des questions et complète le formulaire d'inscription.

BIBLIOTHÈQUE
BULLETIN D'INSCRIPTION

NOM : ....
PRÉNOM : ....
ADRESSE : ....
VILLE : ....
TÉLÉPHONE : ....
ADRESSE MÉL : ....

PHONÉTIQUE

1 **Écoutez. Est-ce que vous entendez la même prononciation ?**

1. Elle travaille. Elles travaillent.
2. Elle étudie. Elles étudient.
3. Tu es français. Il est français.
4. Tu as vingt ans. Il a vingt ans.

2 **Écoutez et comptez les syllabes.**

Exemple : je travaille > 3 : je – tra – vaille

1. j'étudie
2. j'habite

3 **Écoutez et répétez.**

1. Je/ tra/va/ille à/ l'Ins/ti/**tu**t.
[ja] [ty]
2. J'é/tu/die/ l'es/pa/**gnol**.
[ty]
3. Il/ tra/va/ille à/ l'am/ba/ssade.
[ja]
4. I/l ha/bi/te à/ Pa/**ri**s.
[la] [ta]
5. Elles/ tra/va/illent à/ Bru/**xell**es.
[ja]
6. Elle/s é/tu/dient/ le/ fran/**çai**s.
[ze] [ty]

4 **Écoutez. La prononciation est identique ou différente ?**

Exemple : tu [ty] ≠ *tout* [tu]

5 **Écoutez et répétez.**

Je vous présente Luce et Lou.
Elles étudient le russe à Toulouse.
Elles sont musiciennes, elles chantent dans un groupe.
Elles ont une voiture rouge.

« Oui, c'est moi. »

1 Écoutez et répondez.

1. C'est :
  a. un sondage dans la rue.
  b. un jeu radiophonique.
  c. une conversation privée.

2. Combien de personnes parlent ?

2 Réécoutez.

Recopiez et complétez la fiche.

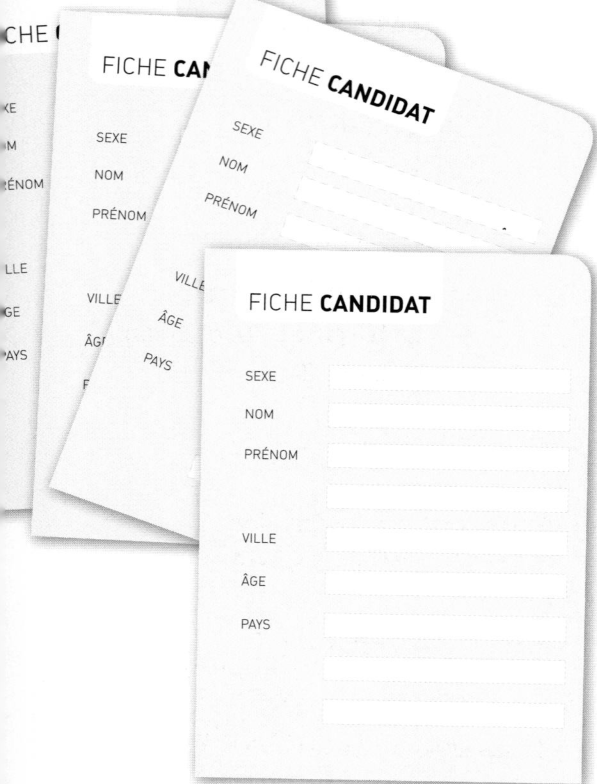

3 Répondez.

1. Comment s'appelle la radio ?

2. La question de l'animateur est :
  a. Quel est le métier de Tony Parker ?
  b. Quelle est la nationalité de Tony Parker ?
  c. Quelle est l'adresse de Tony Parker ?

3. La candidate :
  a. ne comprend pas la question.
  b. ne connaît pas la réponse.
  c. trouve la bonne réponse.

4. La radio offre :
  a. un CD.
  b. un DVD.
  c. une place de cinéma.

Stratégies d'écoute

> **Écoutez bien tous les sons (musique, sonnerie, bruits...).**

> **Repérez les changements de voix.**

> **Soyez attentifs aux changements d'intonation : question ou affirmation ?**

Évaluation

Compréhension des écrits 8 points

Sur un tableau d'affichage à la boulangerie...

Léa, 30 ans, cherche un(e) partenaire de tennis !
Homme ou femme.
Mon adresse mél : lea@yahoo.fr

Salut ! Moi, c'est Mike. Je suis anglais et je cherche un(e) ami(e) français(e) pour communiquer en français.
Rendez-vous pour parler ensemble !
Tél : 06 54 43 32 12

Bonjour, moi, c'est Arthur.
J'habite à Bordeaux. Je suis étudiant.
Je cherche un colocataire (25 ans maximum).
Mon e-mail : tutu@club-internet.fr

Propose baby-sitting à Mérignac.
Pour Emma, 3 ans et Lucas, 5 ans.
Envoyez un message à Florence :
florence.olivier@yahoo.fr

1 Lisez les annonces et répondez par *vrai*, *faux* ou *cela n'est pas dit*.

1. Florence cherche un(e) baby-sitter.
2. Mike habite à Londres.
3. Arthur cherche un correspondant.
4. Mike parle anglais et français.
5. Arthur travaille.
6. Léa est française.
7. Mike cherche un professeur.
8. Léa est sportive.

Production écrite 12 points

2 Vous avez un correspondant. Lisez la fiche et présentez votre correspondant dans un mél à un(e) ami(e).

> Saluez.
> Présentez votre correspondant.
> Prenez congé.
> Signez.

NOM : TRAN
PRÉNOM : Hugo
NATIONALITÉ : française
VILLE : Orléans
LANGUES : français, vietnamien, anglais

Compréhension de l'oral 8 points

3 Vous allez entendre trois messages. Lisez les questions et choisissez la bonne réponse.

Message 1

1. Elle téléphone pour :
   a. un travail.
   b. une réservation.
   c. un cours de français.
2. Gloria est :
   a. brésilienne.
   b. française.
   c. espagnole.
3. Elle a :
   a. 15 ans.
   b. 16 ans.
   c. 17 ans.

Message 2

1. Quel est le nom de la pharmacie ?
   a. la pharmacie Bonnard
   b. la pharmacie Bonnais
   c. la pharmacie Valais
2. Complétez l'adresse de la pharmacie.
   ... rue du Tertre,
   à La Rochelle.

Message 3

1. Qui parle ?
   a. Alice
   b. Sandrine
   c. Manon
2. Complétez le numéro de téléphone du restaurant.
   02 .. 58 .. 85

Production orale 12 points

4 À partir des mots clés, vous posez des questions à votre voisin(e). Il/Elle répond et vous faites sa fiche.

Classe — Adresse mél — Téléphone — Nom — Prénom — Ville — Âge — Nationalité — Langue(s) parlée(s)

BONNES NOUVELLES

Marrakech, le 15 juillet 2007.

Chers amis,

Comment allez-vous ? Moi, je vais très bien. Le pays est magnifique. Je rencontre des personnes sympathiques et le projet est intéressant.
Je vais dans les villages et je travaille avec des médecins marocains. C'est super !
Ma copine s'appelle Amina. Elle a 24 ans. Elle est marocaine et parle français. Elle est jolie, intelligente et très gentille.
Et vous ? Comment ça va ? Juliette va bien ?
Elle a quel âge maintenant ? Comment est votre nouvelle maison ?

Je vous embrasse,

Antoine

PS : Voici une photo d'Amina et moi à Agadir.

1 Lisez la lettre et répondez.

1. C'est une lettre :
   - **a.** personnelle.
   - **b.** professionnelle.
   - **c.** commerciale.
2. À Marrakech, Antoine :
   - **a.** étudie.
   - **b.** est en vacances.
   - **c.** travaille.
3. Les nouvelles d'Antoine sont :
   - **a.** assez bonnes (+ –).
   - **b.** très bonnes (++).
   - **c.** très mauvaises (– –).

2 Relisez la lettre et répondez.

Dans quelle(s) phrase(s) Antoine :

1. demande des nouvelles ?
2. décrit une personne ?
3. parle de son travail ?

3 Deux amis d'Antoine discutent.

1. **Complétez le dialogue entre les deux amis.**

- Vous avez des nouvelles d'Antoine ?
- Oui, il … au Maroc.
- En vacances ?
- Non, il … avec des … .
- Et il habite où ?
- À Marrakech, mais il va dans … pour son projet.
- Il va bien ?
- Oui et il a une nouvelle … !
- Ah bon ! C'est une Marocaine ?
- …, elle s'appelle …, elle a … . Il dit qu'elle est …, … et … .

2. **Jouez le dialogue à deux.**

Outils pour

▶ DEMANDER ET DONNER DES NOUVELLES
- Comment allez-vous ?
- Comment ça va ?
- Ça va ?
- Tu vas bien ?
- Je vais (très) bien.
- Ça va.

▶ PARLER D'UNE PERSONNE
- Elle s'appelle Amina.
- Elle est marocaine.
- Elle a 24 ans.
- Elle est jolie et très gentille.

Outils pour

▶ COMMENCER UNE LETTRE AMICALE
- Chers amis, chères amies,
- Chère Nathalie, cher Antoine,

▶ FINIR UNE LETTRE AMICALE
- Je vous embrasse.
- Je t'embrasse.
- Bises/Bisous. *(familier)*

4 Vous êtes en stage dans une entreprise. Écrivez à des amis.

> Donnez des nouvelles.
> Décrivez le/la directeur/directrice de stage.

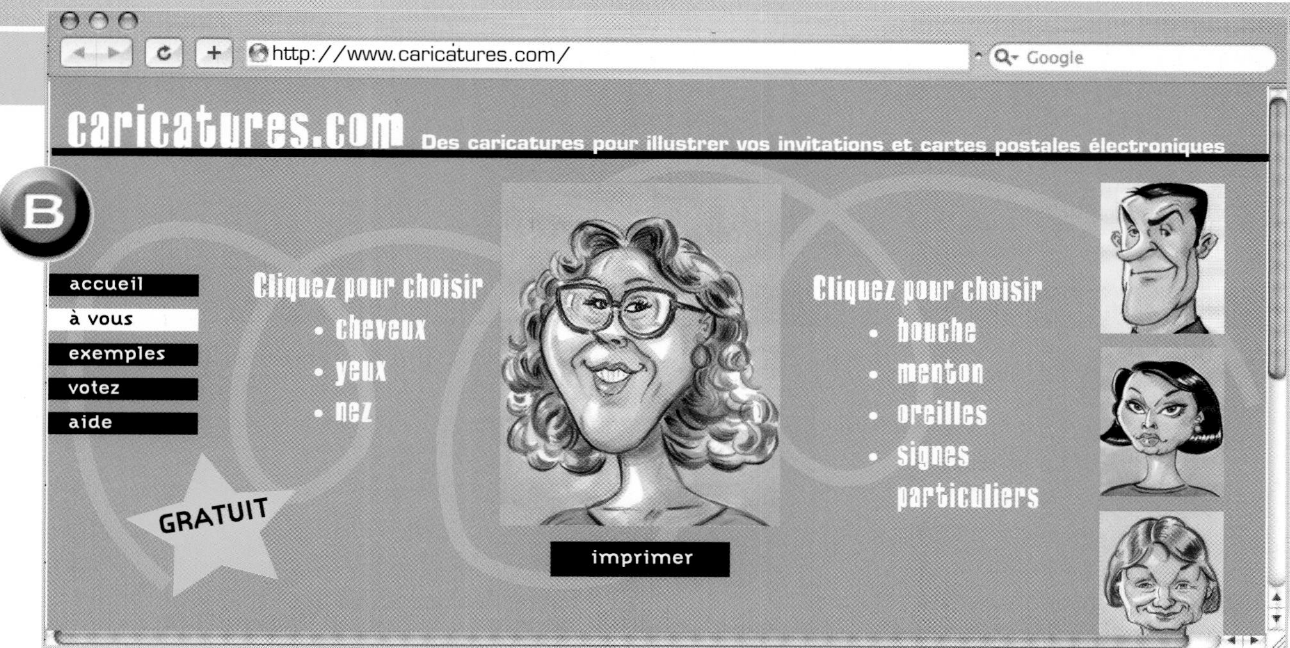

5 **Observez le site Internet.**

C'est un site pour :

1. acheter un produit.
2. trouver des informations.
3. créer des portraits.

6 **Écoutez le document. Pour chaque rubrique, repérez où clique Caroline.**

1. cheveux (longueur)	a. longs b. courts
2. cheveux (nature)	a. bouclés b. raides
3. cheveux (couleur)	a. blonds b. bruns c. noirs d. roux
4. yeux (taille)	a. petits b. grands
5. yeux (couleur)	a. bleus b. marron c. verts
6. nez	a. petit b. gros c. pointu
7. bouche	a. grande b. petite c. normale
8. menton	a. rond b. pointu c. carré
9. oreilles	a. petites b. grandes
10. signes particuliers	a. lunettes b. moustache c. barbe

7 **Recopiez le message. Complétez avec les caractéristiques de Caroline.**

Salut Nico !
Voici le portrait de Caroline pour la séance de maquillage et de coiffure. Elle est ... mais elle souhaite changer.
Elle a une petite ..., de petits ... bleus et un nez ... .
Elle a les ... longs et ... . Elle porte des lunettes et elle a de ... oreilles.
À +
Annick

A + = à plus tard

Outils pour

▶ DÉCRIRE LE VISAGE

- Tu es comment ?
- Je suis blonde.
- J'ai les yeux bleus.
- J'ai une petite bouche.
- J'ai le nez pointu.
- Je porte des lunettes.

Action !

8 **Comme Caroline, faites votre portrait dans un texte pour votre blog.**

9 **Travaillez avec votre voisin(e).**

Vous décrivez une personne de votre groupe. Votre voisin(e) devine qui c'est.

GRAMMAIRE

Le verbe *aller* au présent

Pour demander et donner des nouvelles, on utilise le verbe *aller*.

je **vais**	nous **allons**
tu **vas**	vous **allez**
il/elle **va**	ils/elles **vont**

1 Associez les questions et les réponses. (Plusieurs réponses sont possibles.)

1. Comment allez-vous ?
2. Georges va bien ?
3. Ça va ?
4. Les enfants vont bien ?

a. Oui, ça va.
b. Non, ils sont malades.
c. Oui, il va très bien.
d. Ça va.

2 Trouvez les formes des verbes *être, avoir* et *aller*.

1. Salut ! Tu (aller) bien ? Nous, nous (être) à Séville !
2. Je (être) à la banque. J'(avoir) un problème.
3. Nous (avoir) une réunion. Tu (être) libre ?
4. Comment (aller) Grégoire ?
5. Souad et Malik (être) à Paris. Ils (aller) bien. Ils (avoir) rendez-vous jeudi.
6. Marco (avoir) 20 ans aujourd'hui ! Nous (être) au restaurant !

L'adverbe interrogatif *comment*

3 Remettez le dialogue dans l'ordre.

a. Très bien, merci, et vous ?
b. Elle est blonde et elle est sympa.
c. Bonjour, monsieur Chaumont, comment allez-vous ?
d. Ah ! L'actrice est comment ?
e. Frieda.
f. Ça s'écrit comment ?
g. F R I E D A.
h. D'accord. Et elle s'appelle comment ?
i. Je vais bien. Je vous téléphone pour le casting.

L'adverbe interrogatif *comment*

Pour interroger sur l'état et la manière, on utilise **comment**.

__Comment__ allez-vous ?
Elle est __comment__ ?
Elle s'appelle __comment__ ?
Ça s'écrit __comment__ ?

4 Trouvez les questions avec *comment*.

– ... ?
– Je m'appelle Hector.
– ... ?
– Ça s'écrit avec un H.
– ... ?
– Je suis blond et je porte des lunettes.
– ... ?
– Je vais très bien, merci.

Le masculin et le féminin des adjectifs

5 Lisez les descriptions. Trouvez le signe astrologique des six amies.

Verseau
21 janvier-19 février
Personnalité
Vous êtes indépendant, idéaliste, créatif et curieux. Vous aimez l'art mais vous êtes excentrique.

Poissons
20 février-20 mars
Personnalité
Vous êtes rêveur, gentil, sensible et émotif. Vous êtes très intuitif mais vous êtes jaloux.

Bélier
21 mars-20 avril
Personnalité
Vous êtes énergique et actif. Vous aimez les défis et vous êtes optimiste mais vous êtes égoïste.

Taureau
21 avril-20 mai
Personnalité
Vous aimez la vie et vous êtes affectueux, franc, sincère et généreux. Vous êtes gourmand.

1. Julianne est franche et sincère. Elle est Taureau.
2. Aminata est créative et excentrique. Elle est ... .
3. Judith est gentille mais jalouse. Elle est ... .
4. Sofia est indépendante et curieuse. Elle est ... .
5. Patricia est généreuse et gourmande. Elle est ... .
6. Inès est énergique mais égoïste. Elle est ... .

L'accord des adjectifs

MASCULIN	FÉMININ
masculin	**masculin + *-e***
grand	grande
-e	***-e***
sincère	sincère
-eux	***-euse***
heureux	heureuse
-if	***-ive***
créatif	créative
-s	***-sse***
gros	grosse

⚠ beau/belle, nouveau/nouvelle, vieux/vieille, franc/franche, gentil/gentille, roux/rousse, jaloux/jalouse, doux/douce, long/longue

Au pluriel, on ajoute un *-s*, sauf pour les adjectifs se terminant par *-s* ou *-x*.

6 Lionel et Maud ont des personnalités exactement identiques. Complétez les trois descriptions.

1. Lionel est rêveur, sensible, intuitif, créatif et curieux.
   Il est très ..., ... et ... mais il est un peu ... .
2. Maud est ..., ..., ..., ... et ... .
   Elle est très franche, gentille et généreuse mais elle est un peu jalouse.
3. Lionel et Maud sont ... .

7 Choisissez le bon adjectif.

1. Isabella est (brun/brune) et très (gentil/gentille).
2. Romaric est (blond/blonde). Il est (fort/forte) et (musclé/musclée). Il est (gourmand/gourmande).
3. Julia est (roux/rousse). Elle est (franc/franche) et (jaloux/jalouse).
4. Grégory est (beau/belle) et (charmant/charmante).
5. Marie-France est (actif/active) et (doux/douce).

VOCABULAIRE

La description

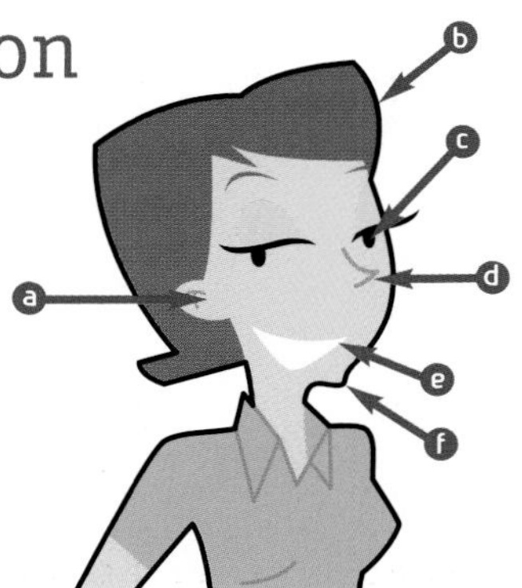

8 Associez.

1. le menton
2. les cheveux
3. le nez
4. l'oreille (les oreilles)
5. la bouche
6. l'œil (les yeux)

9 Observez Martine et Paul. Choisissez le bon adjectif.

1. Martine est (blonde/brune/rousse). Elle a les cheveux (courts/longs). Elle a les cheveux (bouclés/raides).
2. Paul est (blond/brun/roux). Il a les cheveux (courts/longs). Il a les cheveux (bouclés/raides).

10 Lisez les définitions et trouvez l'adjectif dans les descriptions de l'exercice 5. (Utilisez un dictionnaire si nécessaire.)

1. Il aime donner aux autres. Il est ... .
2. Elle adore manger. Elle est ... .
3. Il aime lire et trouver des explications. Il est ... .
4. Elle aime agir seule. Elle est ... .
5. Il a toujours des réactions positives. Il est ... .

Action!

Formez deux groupes dans la classe : un groupe de femmes et un groupe d'hommes.
Chaque groupe fait la liste des qualités et des défauts du sexe opposé.

A

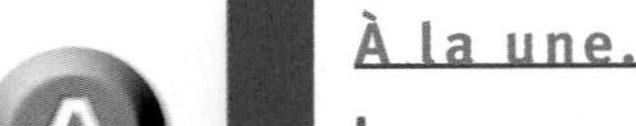

À la une...

Le nouveau **jeu de l'été** sur CANAL 7

Chaque semaine, votre magazine TéléPlus vous propose de faire la connaissance de quatre candidats.

Les aventuriers de l'île de Ré

Pascal
44 ans
Moselle
DESCRIPTION
Pascal est grand et musclé (taille : 1 m 90, poids : 97 kg). Il adore le jogging et la musculation. Il a beaucoup d'amis et n'apprécie pas la solitude.

Kim
18 ans
Landes
DESCRIPTION
Kim mesure 1 m 69 et pèse 55 kg. Elle est très sportive et adore les randonnées. Elle n'aime pas le bruit et apprécie la lecture et la musique classique.

Maëlle
27 ans
Haute-Savoie
DESCRIPTION
Maëlle est petite et mince mais elle est très musclée. Elle mesure 1 m 58 et pèse 48 kg. Elle adore la montagne et le ski et déteste les personnes égoïstes.

Mourad
30 ans
Île-de-France
DESCRIPTION
Mourad n'est pas grand (1 m 68) mais il est fort et pèse 82 kg. Il adore le karaté et le football. Il aime bien danser et aller en discothèque avec des copains. Il déteste le rap.

TéléPlus 16

1  **Lisez la page du magazine et répondez.**

1. C'est un magazine sur :
   - **a.** les loisirs.
   - **b.** la télé.
   - **c.** le sport.
2. Les personnes participent à :
   - **a.** une émission de télévision.
   - **b.** une compétition sportive.
   - **c.** un film.

2 **Retrouvez la photo de chaque candidat : Pascal, Kim, Maëlle ou Mourad.**

1

2

3

4

3 **Dites dans quel ordre les informations suivantes sont données.**

- **a.** le physique
- **b.** le département d'habitation
- **c.** l'âge
- **d.** les goûts
- **e.** le prénom

Outils pour

▶ FAIRE UNE DESCRIPTION PHYSIQUE
- Il mesure 1 m 90.
- Elle pèse 55 kg.
- Il est (très) grand.
- Elle est petite et mince.

▶ EXPRIMER DES GOÛTS
- Il aime bien danser.
- Elle apprécie la lecture.
- Il adore le jogging.
- Il n'apprécie pas la solitude.
- Elle n'aime pas le bruit.
- Elle déteste les personnes égoïstes.

Action !

4 **Faites des groupes de trois.**

Imaginez un(e) autre candidat(e) pour *Les Aventuriers de l'île de Ré*.
Faites la fiche du/de la candidat(e) : prénom, âge, département, description physique, goûts.

5 **Jouez la scène à deux.**

Vous ne connaissez pas le/la collègue de votre ami(e).
> Posez des questions sur son identité, son physique et sa personnalité.

B IL A MAL !

— Salut, Baptiste !
— Salut, Laura. Ça va ?
— Oui, je suis en pleine forme ! Thibaut n'est pas là ? Il n'est pas malade, j'espère ?
— Si, il ne va pas bien, comme d'habitude...
— Quel est le problème aujourd'hui ?
— Il a mal à la tête... et aux oreilles !
— Oh ! là, là ! Mais toi, tu vas bien ?
— Ça va, mais je suis un peu fatigué et j'ai mal au dos.
— Bon, tu n'as pas faim ?
— Si, si, et j'ai soif aussi ! Nous déjeunons à la cafétéria ?
— Non, je préfère aller au restaurant aujourd'hui !

6 **Écoutez le dialogue et répondez.**

1. Baptiste et Laura sont :
a. à la cafétéria.
b. au bureau.
c. au restaurant.

2. Thibaut est :
a. un collègue.
b. un client.
c. un ami.

7 **Réécoutez et répondez aux questions.**

1. Qui est malade ?

2. Qui a soif ?

3. Qui a mal au dos ?

4. Qui est fatigué ?

5. Qui a mal à la tête ?

6. Qui a faim ?

Outils pour

▶ DÉCRIRE UN ÉTAT PHYSIQUE
- Elle est en forme. ≠ Elle est malade.
- Il va bien. ≠ Il ne va pas bien.
- J'ai chaud. ≠ J'ai froid.
- J'ai faim.
- J'ai soif.
- Je suis fatigué(e).

▶ EXPRIMER UNE DOULEUR
- Il a mal à la tête.
- J'ai mal au dos.
- Elle a mal aux dents.

Action !

8 **Jouez la scène à deux.**
Vous rencontrez un(e) ami(e) dans la rue.
> Vous demandez comment il/elle va et vous demandez des nouvelles de sa fille Claire.

9 **Vous n'allez pas bien. Écrivez un texto à un(e) ami(e). Décrivez votre état physique.**

GRAMMAIRE

La négation (1)

1 Relisez ces phrases (document A, p. 30) et observez la construction de la phrase négative (–).
(+) Elle apprécie la lecture.
(–) Il n'apprécie pas la solitude.
Relevez les autres phrases négatives du document.

La négation *ne... pas*

Ne... pas entoure le verbe.
*Je **ne** vais **pas** bien.*

⚠ Quand le verbe commence par une voyelle ou *h*, on utilise *n'... pas* : *Je **n'**ai **pas** faim.*

2 Répondez aux questions du médecin.
– Vous habitez dans le quartier ?
– Non, je ... dans le quartier.
– Est-ce que vous travaillez ?
– Non, ...
– Vous avez des enfants ?
– Oui, j'ai deux enfants.
– Vous fumez ?
– Non, ...
– Vous portez des lentilles de contact ?
– Non, ... de lentilles de contact.

Oui, non, si

	(+)	(–)
QUESTION	– *Il aime le karaté ?*	– *Il n'aime pas le karaté ?*
RÉPONSE (+)	– ***Oui**, il aime le karaté.*	– ***Si**, il aime le karaté.*
RÉPONSE (–)	– ***Non**, il **n'**aime **pas** le karaté.*	– ***Non**, il **n'**aime **pas** le karaté.*

3 Associez les questions et les réponses. (Plusieurs réponses sont possibles.)
1. Ça va ?
2. Ça ne va pas ?
3. Elle a mal ?
4. Kim ne mesure pas 1 m 69 ?
5. Elle ne va pas bien ?

a. Non.
b. Oui.
c. Si.

Les articles contractés (1)

4 Relisez ces phrases (document B, p. 31).
1. Il a mal à la tête.
2. J'ai mal au dos.
3. Nous déjeunons à la cafétéria ?
4. Je préfère aller au restaurant.

Comment se forme l'article *au* ?

Les articles contractés (1)

Quand la préposition à est suivie de l'article défini

à + le = au
Nous allons au restaurant.

à + les = aux
Elle a mal aux oreilles.

à + la = à la
Je déjeune à la cafétéria.

à + l' = à l'
Je travaille à l'hôpital.

5 Trouvez la bonne réponse.
1. Docteur ! J'ai mal (au/à la/à l'/aux) genou.
2. Tu vas (au/à la/à l'/aux) université aujourd'hui ?
3. Rendez-vous (au/à la/à l'/aux) café de la gare.
4. Jennifer a très mal (au/à la/à l'/aux) yeux.
5. Je regarde un film (au/à la/à l'/aux) télévision.
6. Nous sommes (au/à la/à l'/aux) hôtel Beauséjour.

VOCABULAIRE

Le corps

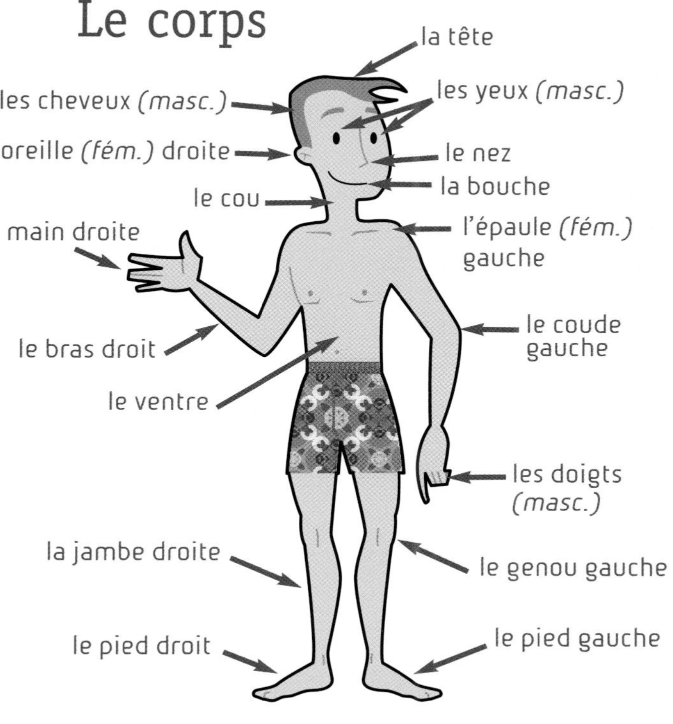

6 Associez les dessins et les expressions.

1. J'ai faim.
2. J'ai soif.
3. Je suis en forme.
4. J'ai froid.
5. J'ai chaud.
6. Je suis malade.
7. Je suis fatigué.

1 Écoutez et répétez. Repérez l'accentuation et l'intonation.

1. Elle s'appelle Ami**na**.
2. Ma co**pine**/ s'appelle Ami**na**.
3. Ma copine Ami**na**/ a ving**t ans**.
4. Ma copine Ami**na**/ a vingt-qua**tre ans**.

2 Choisissez la bonne réponse.

1. L'accent est placé sur la (première/dernière) syllabe d'un groupe de mots.
2. La voix (descend/monte) à la fin d'une phrase.

3 Écoutez. Indiquez les groupes de mots et la syllabe accentuée.

Exemple : *Je suis méde**cin**. > 1 groupe de mots.*
> Syllabe accentuée : cin.

1. Le projet est intéressant.
2. Je travaille avec des médecins marocains.
3. Il aime danser.
4. Il n'apprécie pas la solitude.

4 Écoutez et répétez.

1. Il s'appelle Antoine.
2. Il s'appelle Antoine et il est français.
3. Il s'appelle Antoine, il est français et il a vingt-cinq ans.
4. Il s'appelle Antoine, il est français, il a vingt-cinq ans et il est médecin.
5. Il s'appelle Antoine, il est français, il a vingt-cinq ans, il est médecin et il est très sympathique.
6. Il s'appelle Antoine, il est français, il a vingt-cinq ans, il est médecin, il est très sympathique et il a les yeux bleus.

Action!

Faites des groupes de trois. Choisissez des caractéristiques (poids, taille, état physique) et des goûts. Les autres vous posent des questions. Vous répondez par *oui*, *non* et *si*.

– Tu n'es pas un homme ? – Si.
– Tu es grand ? – Oui.
– Tu as mal à la tête ? – Non.

LECTURE

Anna Gavalda, romancière française née en 1970. Son roman Ensemble, c'est tout *a obtenu un grand succès et a été adapté au cinéma en 2007.*

- Alors ?
- Elle dort.
- Ah ?
- C'est un membre de votre famille ?
- Une amie…
- Une amie comment ?
- Eh bien, c'est euh… une voisine, enfin u…une voisine amie, s'embrouilla[1] Philibert.
- Vous la connaissez bien ?
- Non. Pas très bien.
- Elle vit seule ?
- Oui.

Le médecin grimaça.

- Quelque chose vous préoccupe[2] ?
- On peut dire ça comme ça… Vous avez une table ? Un endroit où je puisse m'asseoir ?

Philibert le conduisit dans la cuisine. Le médecin sortit son bloc d'ordonnances.

- Vous connaissez son nom ?
- Fauque, je crois…
- Vous croyez ou vous en êtes sûr ?

- Son âge ?
- Vingt-six ans.
- Sûr ?
- Oui.
- Elle travaille ?
- Oui, dans une société d'entretien.
- Pardon ?
- Elle nettoie des bureaux.
- On parle bien de la même ? De la jeune femme qui se repose dans le grand lit tout au bout du couloir ?
- Oui.
- Vous connaissez son emploi du temps ?
- Elle travaille la nuit.
- La nuit ?
- Enfin, le soir… quand les bureaux sont vides.

- Vous semblez contrarié ? osa Philibert.
- Je le suis. Elle est à bout, votre copine… à bout de forces, vraiment…

Anna Gavalda, *Ensemble, c'est tout*, © éd. Le Dilettante, 2004.

1. *S'embrouiller :* ne pas parler clairement.
2. *Préoccuper :* inquiéter.

1 Observez le texte et lisez la légende de la photo. Répondez.

1. Le texte est extrait :
   - **a.** d'une pièce de théâtre.
   - **b.** d'un roman.
2. Quel est le nom de l'auteur ?
3. Quel est le titre du livre ?

2 Lisez le texte et cherchez des informations sur :

1. Les personnes : combien de personnes parlent dans le dialogue ? Qui sont-elles ? Qui parle en premier ? De qui parlent-elles ? Cherchez des informations sur cette personne : âge, nom, activité.

2. La situation : que se passe-t-il ? Qui appelle un médecin ? Qui est malade ?

3. L'attitude des personnes :
- **a.** Comment est le médecin : inquiet ou optimiste ?
- **b.** Comment est Philibert : clair ou confus ?

Stratégies de lecture

> **Pour comprendre un dialogue, posez-vous des questions : qui parle et à qui ? Quel est le sujet de la conversation ?**

> **Lisez le texte en entier, ne vous arrêtez pas quand vous ne connaissez pas un mot et n'essayez pas de comprendre tous les mots : cherchez seulement les informations importantes.**

> **Faites attention à la ponctuation : les points de suspension (...) peuvent donner des indications sur les sentiments des personnages.**

Évaluation

Compréhension des écrits 8 points

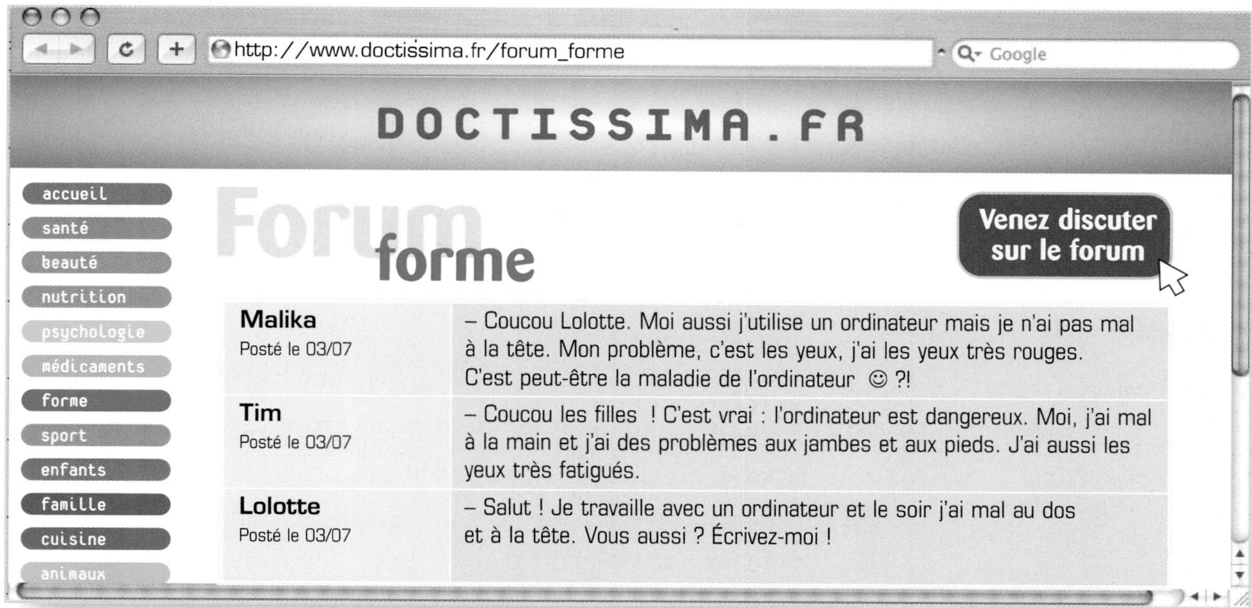
http://www.doctissima.fr/forum_forme

Google

DOCTISSIMA.FR

accueil
santé
beauté
nutrition
psychologie
médicaments
forme
sport
enfants
famille
cuisine
animaux

Forum forme

Venez discuter sur le forum

Malika Posté le 03/07	– Coucou Lolotte. Moi aussi j'utilise un ordinateur mais je n'ai pas mal à la tête. Mon problème, c'est les yeux, j'ai les yeux très rouges. C'est peut-être la maladie de l'ordinateur ☺ ?!
Tim Posté le 03/07	– Coucou les filles ! C'est vrai : l'ordinateur est dangereux. Moi, j'ai mal à la main et j'ai des problèmes aux jambes et aux pieds. J'ai aussi les yeux très fatigués.
Lolotte Posté le 03/07	– Salut ! Je travaille avec un ordinateur et le soir j'ai mal au dos et à la tête. Vous aussi ? Écrivez-moi !

1 Observez le document et répondez.

1. C'est :
   - a. un blog.
   - b. un forum.
   - c. un article de journal.
2. Les personnes parlent d'un problème :
   - a. médical.
   - b. scientifique.
   - c. économique.

2 Remettez les trois messages dans l'ordre.

3 Malika, Tim et Lolotte ont mal à quelle partie du corps ? Associez.

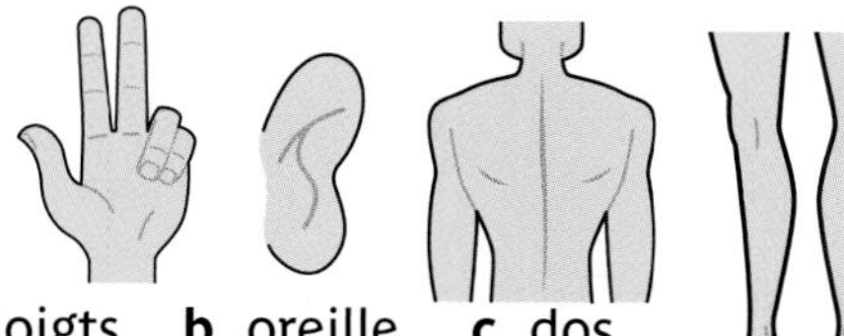

a. doigts **b.** oreille **c.** dos **d.** jambes

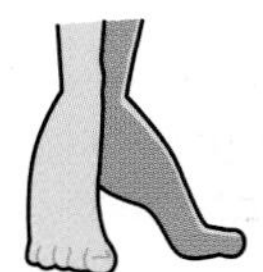

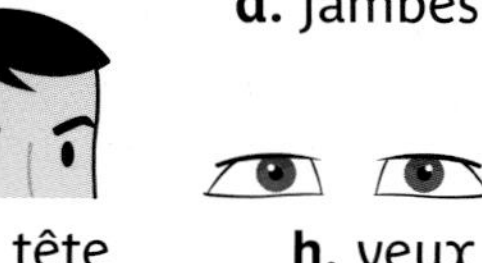

e. main **f.** pieds **g.** tête **h.** yeux

Production écrite 12 points

4 Vous étudiez l'anglais à Londres. Écrivez un mél à un(e) ami(e).

> Donnez de vos nouvelles.
> Décrivez le professeur d'anglais.

Compréhension de l'oral 8 points

5 Écoutez le dialogue. Relevez les éléments de description de Zoé.

1. taille
2. corpulence > mince
3. couleur des cheveux
4. nature des cheveux
5. couleur des yeux

Production orale 12 points

6 Faites la description de l'homme ou de la femme idéal(e) : physique, personnalité, goûts.

Bienvenue en France !

Une mairie

Un timbre

1 Observez ces deux photos. La femme sur le timbre s'appelle Marianne, c'est le symbole de la République française. Repérez, sur chaque photo, la devise de la France. *(trois mots)*

Savez-vous pourquoi le drapeau français est bleu, blanc, rouge ?

drapeau des rois de France (avant 1789)

\+ drapeau de Paris à la Révolution (1789 à 1792)

= drapeau de la République française (depuis 1794)

Et chez vous ? Quelle est la devise de votre pays ? Quels sont ses symboles ? Quelle est l'histoire de son drapeau ?

Le mont Blanc

La France attire chaque année de nombreux touristes, qui apprécient la variété de ses paysages et sa grande richesse culturelle.
Tout le monde connaît la tour Eiffel, mais la France possède beaucoup d'autres sites et monuments exceptionnels.

La tour Eiffel

Le viaduc de Millau

Les arènes de Nîmes

2 Observez la carte de France, p. 159.
Il y a combien de régions en France ?
Quelles sont les principales villes françaises ?

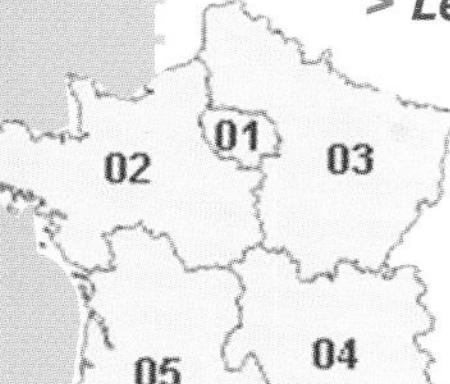

> Les numéros de téléphone français ont dix chiffres.
> Les deux premiers chiffres indiquent en général la zone géographique (de 01 à 05).
> Les numéros de téléphone portable commencent par 06.

LA BRETAGNE

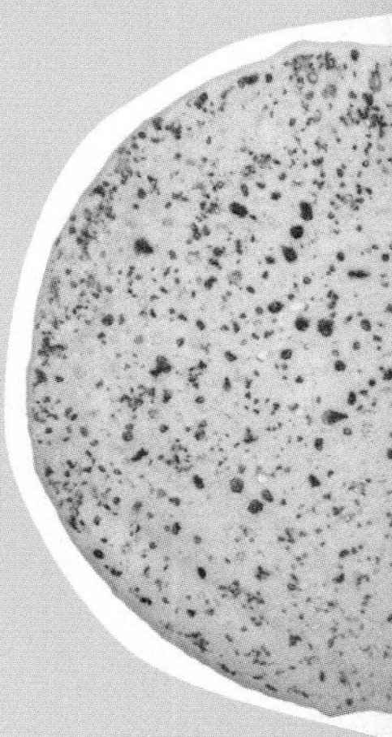

La Bretagne, située à l'ouest de la France, est connue pour ses plages, ses ports et ses côtes sauvages. Les Bretons ont leur propre langue, proche du gaëlique (irlandais), leur musique, leurs costumes traditionnels.
En cuisine, les spécialités sont les crêpes et les galettes.

Rendez-vous sur http://culturebretagne.free.fr pour écouter la langue et la musique bretonnes !

La Provence

La Provence s'étend autour de la ville de Marseille, au sud de la vallée du Rhône. C'est une région très ensoleillée. Elle est connue pour ses paysages d'oliviers et de lavande, sa langue (l'occitan), ses parfums (à Grasse), ses savons et sa cuisine diététique et délicieuse...

Et chez vous ? Quelles sont les principales régions de votre pays ? Et leurs particularités ?

Les Français sont comme ça...

En français, on utilise *tu* dans les situations informelles (quand on parle à un ami, à un membre de sa famille...).

On utilise *vous* dans les situations formelles (quand on parle à une personne peu connue ou inconnue).

SCÉNARIO

ÉPISODE 1
PROJET

La disparition

Que se passe-t-il ?
X n'est pas chez lui/elle,
il/elle ne répond pas au téléphone,
il/elle ne va pas au travail…
L'enquête commence.

Étape 1
Qui est X ?

1. En groupes

Imaginez X et faites sa fiche d'identité.

Sexe :
Nom :
Prénom :
Âge :
Adresse :
Ville :
Description :
Caractère :

⚠ Cherchez des idées de prénoms et de noms français courants dans un calendrier ou sur Internet.

⚠ Choisissez une ville sur la carte de France, p. 159.

2. Mise en commun

Chaque groupe présente son personnage. La classe choisit l'identité de X.

Vous affichez dans la classe la fiche d'identité du/de la disparu(e).

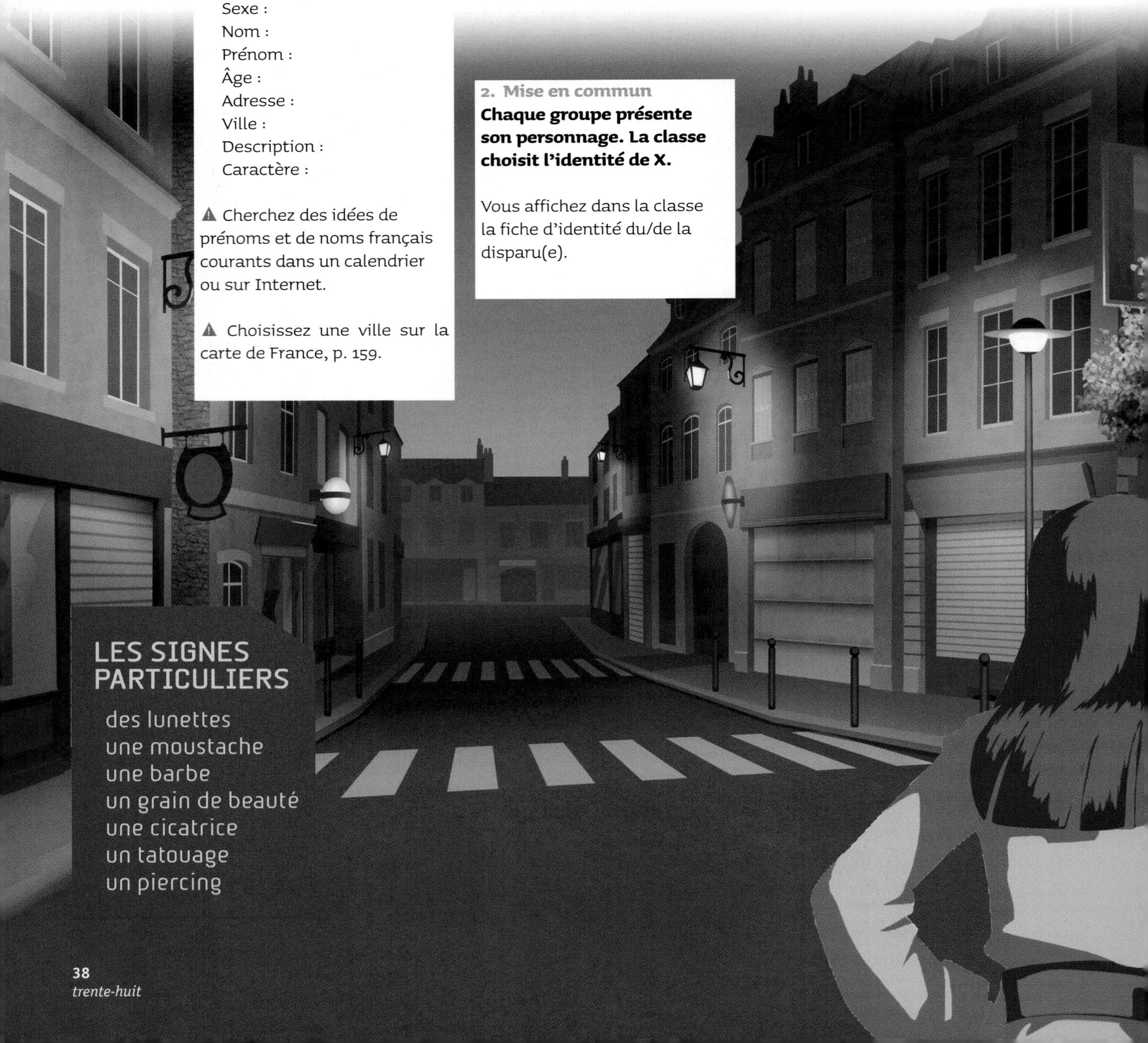

LES SIGNES PARTICULIERS

des lunettes
une moustache
une barbe
un grain de beauté
une cicatrice
un tatouage
un piercing

Étape 2
La police enquête.

1. En groupes

Imaginez trois amis du/de la disparu(e).

2. Mise en commun

Chaque groupe présente ses personnages. La classe choisit trois amis.

3. Jeu de rôles

Au commissariat, la police interroge les amis du/de la disparu(e).
Jouez la scène.

> Les policiers posent des questions sur le/la disparu(e) (Quel est son nom ? Il/Elle est comment ?...).

> Les amis répondent et donnent des informations sur le/la disparu(e).

Étape 3
Avis de recherche

1. En groupes

Préparez le texte de l'avis de recherche.

La police recherche monsieur/madame/mademoiselle... disparu(e) le... Il/elle habite...

2. En groupes

Fabriquez un portrait du/de la disparu(e).

⚠ Découpez les différents éléments du portrait dans des magazines (les yeux, les cheveux...).

3. Mise en commun

Chaque groupe présente ses productions. Vous rédigez la version finale de l'avis de recherche et vous choisissez un portrait.

Vous affichez dans la classe l'avis de recherche.

MODULE 2

Mon

…RENDRE design !

…nés de décoration et pour offrir…

Mairie de Marseille

…ONNAIRE SUR LES LOIS…

…nme ❑ femme âge : ..

…uez-vous une/des activité(s) …érieur de chez vous ?

…i ❑ non

…e(s) activité(s) ?

…que ❑ oui ❑ non

…tre ❑ oui ❑ non

…in ❑ oui

…ampe à huile … pour une …ce agréable. … €

Ce plat carré en porcelaine et en bois.
Dim. : 180 x 180 mm
Prix : 41 €

Ces verre… et en verre… boissons c… ou froides… 13 pièces…

LIVRES

L'ENFANT

De sept à dix-… ses parents, sa… dentale (Indoné… découvert la vi… sauvages. Elle a … crocodiles ! Elle a… lés et des ailes d…

Savoir…

- décrire des loisirs
- dire le temps qu'il fait (1)
- exprimer une appréciation (1)
- décrire un objet
- dire d'où l'on vient et où on vit
- décrire un logement
- situer une ville et un pays

monde à moi

Culture pour...

- **découvrir** le monde de la francophonie

Pour...

- parler de ses centres d'intérêt
- parler de soi et de ses proches
- en apprendre plus sur les autres
- rédiger une carte postale
- choisir un cadeau

Projet pour...

- **choisir un pays** de destination dans l'épisode 2 du **scénario**

A

Mairie de Marseille

QUESTIONNAIRE SUR LES LOISIRS

❏ homme ❏ femme âge : ...

1. **Pratiquez-vous une/des activité(s) à l'extérieur de chez vous ?**
   ❏ oui ❏ non

2. **Quelle(s) activité(s) ?**

musique	❏ oui	❏ non
théâtre	❏ oui	❏ non
dessin	❏ oui	❏ non
sport	❏ oui	❏ non
danse	❏ oui	❏ non

3. **Quels sont vos loisirs à la maison ?**
   ❏ télévision ❏ jeux vidéo
   ❏ lecture ❏ musique
   ❏ ordinateur, multimédia, etc.

4. **Allez-vous souvent à la médiathèque du quartier ?**
   ❏ une fois par semaine
   ❏ deux fois par mois
   ❏ une fois par mois
   ❏ rarement
   ❏ jamais

1 Lisez le document et répondez.

1. C'est :
   a. un jeu.
   b. une publicité.
   c. une enquête.

2. Qui propose ce document ?
   a. un magasin
   b. une mairie
   c. une médiathèque

3. Le document concerne :
   a. le temps libre.
   b. le travail.
   c. les voyages.

2 Écoutez et trouvez les réponses au questionnaire de la mairie de Marseille.

— Excusez-moi, monsieur, vous habitez à Marseille ?
— Oui, dans le douzième arrondissement.
— Vous avez cinq minutes ? C'est pour une enquête.
— D'accord.
— Quel âge avez-vous ?
— Vingt-trois ans.
— Qu'est-ce que vous faites le week-end ?
— Je fais du sport et je sors avec des amis.
— Vous pratiquez quel sport ?
— Je fais du judo dans un club.
— Quels sont vos loisirs favoris à la maison ?
— J'adore la lecture. Je lis beaucoup mais je passe aussi du temps sur mon ordinateur et je joue du piano.
— Vous allez parfois à la médiathèque ?
— Oui, deux fois par mois.
— Est-ce que vous faites une activité culturelle ?
— Non. Mes amis font du théâtre mais, moi, je n'ai pas le temps.

Outils pour

▶ **INTERROGER SUR LES LOISIRS**
- Qu'est-ce que vous faites le week-end ?
- Vous pratiquez quel sport ?
- Est-ce que vous faites une activité culturelle ?

▶ **PARLER DES LOISIRS**
- Je fais du sport.
- Je sors avec des amis.
- Je lis beaucoup.
- Je passe du temps sur mon ordinateur.
- Je joue du piano.

Action !

3 Faites des groupes de trois. Parlez de vos loisirs.

4 Choisissez un groupe de personnes. Écrivez un court texte pour parler des loisirs du groupe choisi.

1. les enfants (5-10 ans)
2. les jeunes (11-20 ans)
3. les adultes (21 ans et plus)

ASSOCIATIONS CULTURELLES ET SPORTIVES

CLIC'ET VOUS
Club informatique. Activités, formation, cours Internet.
Tél. : 01 30 45 03 16

ASSOCIATION SPORTIVE DU LYCÉE HÉLÈNE-BOUCHER
Badminton, football, tennis de table, judo.
Tél. : 01 30 64 43 51

DORÉMI
Cours de chant. Chorale de gospels.
Tél. : 01 30 43 54 20

ÉVASION
Atelier d'écriture pour adultes et enfants.
Tél. : 01 30 45 97 03

LA NÉBULEUSE BD
Pour lire et échanger des bandes dessinées.
Tél. : 01 30 43 65 85

MOSAÏQUE
Création d'objets de décoration.
Tél. : 01 30 43 65 85

5 Lisez le dépliant de la ville de Montigny. Associez le logo de l'association et l'activité.

1. sport
2. décoration
3. informatique
4. chant
5. écriture
6. lecture

a. CLIC'ET VOUS

b. ÉVASION

c. DoRéMi

d. ASSOCIATION SPORTIVE DU LYCÉE HÉLÈNE- BOUCHER

e. 

f. LA NÉBULEUSE BD

6 Lisez les témoignages. Dites à quelle association chaque personne peut adhérer.

Tous accros !*

« Les bandes dessinées, c'est ma passion. Je collectionne des bandes dessinées depuis l'âge de 6 ans. » Cédric (Saint-Denis)

« Je suis passionné par l'informatique et la technologie. Je passe souvent mes week-ends devant mon ordinateur. » Erwann (Valence)

« Ma passion, c'est la littérature : j'adore lire et j'écris des poèmes. » Nina (Grenoble)

« Je suis un passionné de football. Je joue au football, je regarde les matchs à la télévision et je connais très bien les grandes équipes. » Mounir (Rennes)

« Je suis une fan de décoration ! J'aime créer des objets. » Justine (Nantes)

* *Accros* : passionnés.

Outils pour

▶ **PARLER DES CENTRES D'INTÉRÊT**
- Quels sont vos centres d'intérêt ?
- Les bandes dessinées, c'est ma passion.
- Je collectionne des bandes dessinées.
- Je suis passionné(e) par l'informatique.
- Je suis un(e) fan de décoration.

7 Vous cherchez un(e) correspondant(e) dans un forum.
> Présentez-vous.
> Parlez de vos activités et centres d'intérêt.

8 Jouez la scène à deux.
Vous êtes à la mairie de Montigny.

Vous :	L'employé(e) de mairie :
> saluez.	> vous salue.
> exprimez votre demande (vous cherchez une activité).	> demande vos passions et activités préférées.
> décrivez vos activités préférées/passions.	> propose une association.
> posez des questions (jours, prix, n° de téléphone).	> répond aux questions.
> remerciez et prenez congé.	> prend congé.

GRAMMAIRE

Des verbes irréguliers (1)

• *Faire*
je **fais**
tu **fais**
il/elle **fait**
nous **faisons**
vous **faites**
ils/elles **font**

• *Sortir*
je **sors**
tu **sors**
il/elle **sort**
nous **sortons**
vous **sortez**
ils/elles **sortent**

• *Lire*
je **lis**
tu **lis**
il/elle **lit**
nous **lisons**
vous **lisez**
ils/elles **lisent**

• *Écrire*
j'**écris**
tu **écris**
il/elle **écrit**
nous **écrivons**
vous **écrivez**
ils/elles **écrivent**

1 Conjuguez les verbes.

1. Nous (faire) du sport.
2. Je (sortir) au restaurant.
3. Vous (écrire) des poèmes.
4. Nolwen (lire) et (faire) de la peinture.

2 Recopiez et transformez l'interview ***(vous > tu, nous > je).***

- Vous habitez à Dakar ?
- Oui, nous sommes français et nous travaillons au lycée français.
- Aimez-vous les activités sportives ?
- Oui, nous jouons au tennis et nous allons nager.
- Qu'est-ce que vous faites le week-end ?
- Nous sortons souvent. Quand nous restons à la maison, nous lisons et nous écrivons à des amis.

Les articles partitifs et les articles contractés

3 Lisez puis associez.

Salut ! Je m'appelle Janka. J'adore le sport : je joue au tennis, je fais du vélo et je vais beaucoup à la piscine. J'aime aussi écouter de la musique. Je joue de la guitare et j'adore chanter. J'aime bien aller au cinéma.

		cinéma
jouer	au	musique
écouter	à la	tennis
faire	du	piscine
aller	de la	guitare
		vélo

Les articles partitifs (1)

Après certains verbes *(faire, écouter...)*

du + nom **masculin**
Vous écoutez ***du*** *jazz.*

de la + nom **féminin**
Tu fais ***de la*** *natation.*

de l' + nom commençant par une **voyelle**
Ils font ***de l'****escrime.*

Les articles contractés (2)

Quand la préposition *de* est suivie de l'article défini

de + le = du
Je joue ***du*** *piano. C'est le début* ***du*** *cours.*

de + les = des
Je parle ***des*** *vacances.*
C'est la chambre ***des*** *enfants.*

de + la = de la
Je joue ***de la*** *flûte.*
C'est le questionnaire ***de la*** *mairie.*

de + l' = de l'
Je joue ***de l'****accordéon. C'est la fin* ***de l'****année.*

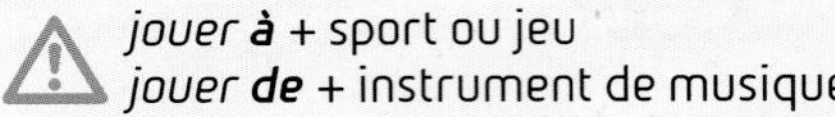
jouer ***à*** + sport ou jeu
jouer ***de*** + instrument de musique

4 Recopiez le message et trouvez les articles.

Salut, moi c'est Ronaldo. Je fais ... musculation dans un club. Je fais aussi ... jogging* avec mes amis ... club. Je vais parfois à la piscine ... ville et je joue ... basket*. J'aime la musique : j'écoute ... rock* et ... salsa. J'adore les musiques ... pays d'Amérique latine et je joue ... guitare et ... djembe*. Je sors beaucoup. Je vais ... théâtre* ou ... opéra. Et vous, quelles sont vos activités préférées ?

* Noms masculins.

Les trois formes de la question

5 Répondez par *oui* ou par *non*.

SONDAGE

1. Vous pratiquez le surf ?
2. Jouez-vous au tennis ?
3. Est-ce que vous faites du sport ?
4. Est-ce que vous aimez lire ?

Les trois formes de la question

- Forme familière : sujet + verbe
  Vous pratiquez le surf ?
- Forme standard : *est-ce que* + sujet + verbe
  Est-ce que vous pratiquez le surf ?
- Forme formelle : verbe + sujet
  Pratiquez-vous le surf ?

⚠ Pour la prononciation, on ajoute un *t* entre deux voyelles.
*Pratique-**t**-il le surf ?*

6 Transformez les questions du sondage de l'exercice 5.

Exemple : *Vous pratiquez le surf ?*
> *Pratiquez-vous le surf ?*
> *Est-ce que vous pratiquez le surf ?*

7 Retrouvez les questions. Utilisez la forme standard.

1. Oui, elle fait de la natation.
2. Non, nous n'habitons pas à Nantes.
3. Oui, j'adore la musique.
4. Non, Heike est allemande et Luuk est hollandais.

Qu'est-ce que et *quel*

8 Remettez le dialogue dans l'ordre.

a. – Du roller.
b. – Qu'est-ce que vous lisez comme livres ?
c. – Vous faites quel sport ?
d. – Des romans.

La question avec *qu'est-ce que* et *quel*

- ***qu'est-ce que*** + sujet + verbe
  Qu'est-ce que vous lisez ?
  Qu'est-ce que vous faites comme sport ?
- sujet + verbe + ***quel*** + complément
  Vous lisez quel livre ?
  Vous faites quel sport ?

9 Transformez les questions, comme dans l'exemple.

Exemple : *Qu'est-ce que tu fais comme sport ?*
> *Tu fais quel sport ?*

1. Qu'est-ce que tu regardes comme DVD ?
2. Qu'est-ce que vous étudiez comme langues ?
3. Qu'est-ce que nous achetons comme cadeau ?
4. Qu'est-ce qu'elle chante comme chanson ?

VOCABULAIRE

La fréquence

10 Lisez le témoignage.

« Je fais souvent du sport. Deux fois par semaine, je joue au foot. Je fais parfois du jogging dans le parc, mais je vais rarement à la piscine. »

1. Quels mots et expressions indiquent la fréquence des activités ?

La fréquence

- ***souvent*** (+ + +), ***parfois/quelquefois*** (+ +), ***rarement*** (+), ***jamais*** (–)
  Ces adverbes se placent **après le verbe**.
  *Je vais **souvent** à la piscine.*

Avec *jamais*, la phrase est négative.
*Je **ne** lis **jamais**.*

- Pour donner une **indication précise**, on utilise :
  – ***une/deux/trois... fois par*** *jour/semaine/mois/an*
  *Je vais au cinéma trois **fois par** mois.*
  – le jour de la semaine
  *Je vais à la piscine **le** lundi.*

2. Décrivez la fréquence des loisirs de Diane.

Les loisirs de Diane

jouer du violon	+
lire des bandes dessinées	++
jouer au football	_
surfer sur Internet	+++
aller au cinéma	++
jouer à des jeux vidéo	_
écouter de la musique	+++

11 Dites quelles activités vous faites souvent, parfois, rarement, jamais.

Action ! Vous êtes journaliste.
Vous interrogez une personne célèbre sur ses loisirs. Écrivez l'interview pour votre magazine.

A EN VACANCES

– Allô ?
– Salut Julien, c'est Anaïs. J'appelle de Guadeloupe !
– De Guadeloupe ?
– Oui, je suis en vacances avec Pierre. C'est génial ! On est dans un grand hôtel et le temps est magnifique.
– Il fait chaud ?
– Oui, 30 degrés, et le ciel est toujours bleu, c'est agréable !
– Quelle chance ! À Paris, on a froid. Alors raconte, qu'est-ce que vous faites ?
– Tu sais, on adore le sport. Alors on joue au tennis et on fait de la plongée avec le moniteur de l'hôtel. C'est un super moniteur !
– Et comment sont les gens ?
– Très sympathiques, et puis, en Guadeloupe, on parle français, alors c'est pratique ! Et toi, ça va ?
– Je suis un peu stressé, j'ai un examen demain…
– Alors bon courage et bonne chance !
– Merci, et bonnes vacances à vous deux !

1 Écoutez le dialogue. Quelle carte postale illustre la situation ?

2 Anaïs envoie une carte à Karima. Trouvez les erreurs.

Salut Karima,
Je suis à Hawaï avec Luc.
Il fait beau et il fait 35 degrés.
C'est sympa !
On est dans un petit hôtel et on fait du sport. Je fais du surf et de la gym aquatique.
On parle anglais avec les gens.
Ils sont très sympathiques !
Bisous,
Anaïs

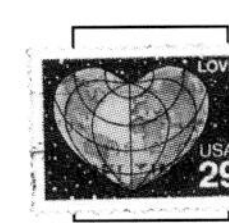

Karima Chetioui
12, rue du Commerce
1000 BRUXELLES
BELGIQUE

Vocabulaire

▶ L'APPRÉCIATION
- C'est agréable !
- C'est pratique !
- C'est sympa !
- C'est super !
- C'est génial !

▶ LES SOUHAITS
- Bon courage !
- Bon appétit !
- Bon anniversaire !
- Bonne chance !
- Bonne journée !
- Bonnes vacances !

Outils pour

▶ PARLER DU TEMPS
- Le temps est magnifique.
- Le ciel est bleu.
- Il fait beau.
- Il fait chaud.
- Il fait 30 °C (degrés).

Action !

3 Vous êtes à Chamonix avec des amis au chalet Moutier. Lisez le descriptif et écrivez une carte postale à un(e) ami(e).

Chalet Moutier ****

Hôtel 4 étoiles
au pied des pistes de ski

40 chambres

Restaurant : spécialités savoyardes

Activités : piscine couverte, salle de musculation, salle de squash

Tél. : 04 73 80 56 91

La sélection du magazine...

B

Fans de design !

Des objets originaux, pour les passionnés de décoration et pour offrir...

Cet arbre à bijoux en aluminium : un bel objet très pratique.
Dim. : 24 x 5 cm
Prix : 43 €

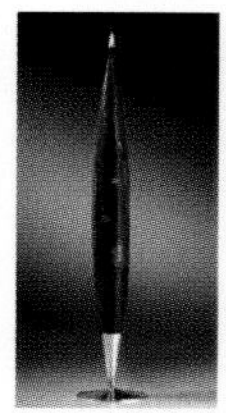

Cette grande bougie originale.
H 450 mm
Couleurs : rouge, bleu ou jaune
Prix : 71 €

Ces assiettes pratiques en porcelaine blanche, pour servir les pizzas et les tartes.
Couleurs : vert ou blanc
Dim. : 23 x 23 cm
Prix : 11 € l'unité

Cette lampe à huile ronde, pour une ambiance agréable.
Prix : 42 €

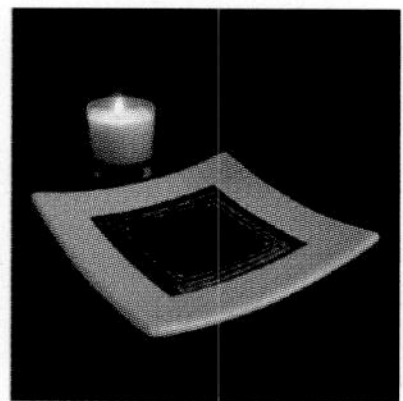

Ce plat carré en porcelaine et en bois.
Dim. : 180 x 180 mm
Prix : 41 €

Ces verres en métal et en verre, pour les boissons chaudes ou froides !
13 pièces avec un plateau.
Prix : 95 €

18 19

4 **Observez la page du magazine et répondez.**

1. L'objectif est de :

a. présenter une exposition.
b. proposer des objets à fabriquer.
c. donner des idées de cadeaux.

2. Pour chaque objet, dites quelles informations ne sont pas données.

a. la forme
b. les dimensions
c. le prix
d. la matière
e. la couleur
f. les qualités
g. l'utilité

5 **Jouez la scène à trois.**

Vous voulez faire un cadeau commun pour l'anniversaire de votre amie Marina, fan de décoration.

> Vous regardez ensemble la page du magazine (document B) et vous discutez.

> Vous cherchez d'autres idées de cadeau.

6 **Choisissez un objet et faites une description.**

un téléphone

une théière

un vase

Vocabulaire

▶ LA DESCRIPTION D'UN OBJET

La forme et les dimensions
- un plat carré
- une lampe ronde
- une grande bougie
- longueur x largeur : 24 x 5 cm (centimètres)
- hauteur (h) : 450 mm (millimètres)

La matière
- un objet en aluminium, en verre, en bois, en métal, en porcelaine

Les qualités
- un bel objet
- un objet pratique, original

L'utilité ou la destination
- pour les passionnés de décoration
- pour une ambiance agréable
- pour les boissons chaudes ou froides
- pour servir les pizzas

Vocabulaire

▶ LES COULEURS

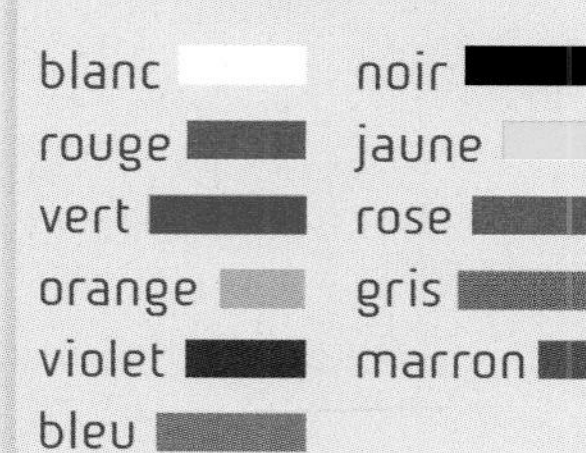

GRAMMAIRE

Le pronom sujet *on*

1 Relisez ces phrases (document A, p. 46). Que remplace le pronom sujet *on* ?

1. On joue au tennis.
2. On parle français.

Le pronom sujet *on*

- *On* signifie *nous* ou *les gens*.
- *On* se conjugue comme *il* et *elle*.

Nous faisons du surf. = On fait du surf.
Les gens dansent le zouk en Guadeloupe.
= On danse le zouk en Guadeloupe.

2 Conjuguez les verbes, puis transformez les phrases en utilisant *on*.

Exemple : Nous sortons ce soir. > On sort ce soir.

1. Nous (faire) du sport deux fois par semaine.
2. En Belgique, les gens (parler) français.
3. Nous (être) à Barcelone.
4. L'été, les gens (avoir) chaud.
5. Nous (aller) au cinéma demain.

Les articles définis et indéfinis

3 Complétez ces phrases avec un article défini ou indéfini. Puis vérifiez vos réponses dans le document A, p. 46.

1. On est dans … grand hôtel.
2. On adore … sport.
3. On fait de la plongée avec … moniteur de l'hôtel. C'est … super moniteur !

Article défini ou article indéfini ?

- L'article défini pour :

– une chose ou une personne déterminée ou unique
*C'est **le** moniteur de **l'**hôtel.*

– une généralité
*On adore **le** sport.*

- L'article indéfini pour :

– une chose ou une personne indéterminée ou inconnu(e)
*On est dans **un** grand hôtel.*
*C'est **un** moniteur.*
*C'est **un** sport.*

4 Associez pour faire des phrases. (Plusieurs réponses sont possibles.)

1. Je déteste	a. le cinéma.
2. Nous photographions	b. des amis.
3. Henri écrit	c. un passeport ?
4. Les Français aiment	d. les chiens.
5. Vous avez	e. une carte postale.
6. J'ai	f. la tour Eiffel.

5 Choisissez le bon article.

Salut !

Comment ça va ?
Je suis à Londres avec (la/une) collègue.
Nous sommes dans (le/un) petit hôtel.
C'est bien mais je déteste (la/une) cuisine anglaise.
(Les/Des) collègues anglais sont sympathiques et nous visitons (la/une) ville avec eux.
Est-ce que tu as (les/des) nouvelles de Brigitte ?

Bises,

Romain

L'adjectif démonstratif

6 Relisez le document B, p. 47. Quels mots sont utilisés pour désigner les objets ?

L'adjectif démonstratif

L'adjectif démonstratif permet de désigner une personne ou une chose.

	MASCULIN	FÉMININ
SINGULIER	**ce** ce plat **cet** (devant une voyelle) cet arbre	**cette** cette bougie
PLURIEL	**ces** ces verres	**ces** ces assiettes

7 Complétez la présentation au musée avec des adjectifs démonstratifs.

« Alors, dans ... salle vous avez des créations de Paul Bidon. Admirez ... vase, ... statues et ... grand plat en bois. C'est original ! Regardez aussi ... objets en métal et ... bijoux. Ils sont magnifiques !
... artiste est exceptionnel et ... collection est unique ! »

VOCABULAIRE

Le temps

8 Associez les dessins et les phrases.

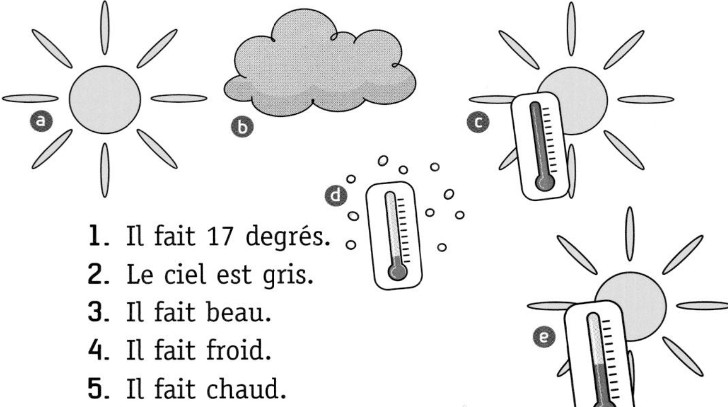

1. Il fait 17 degrés.
2. Le ciel est gris.
3. Il fait beau.
4. Il fait froid.
5. Il fait chaud.

9 Quel temps fait-il aujourd'hui ? Répondez.

La matière

10 Associez la matière et l'objet.

une lampe

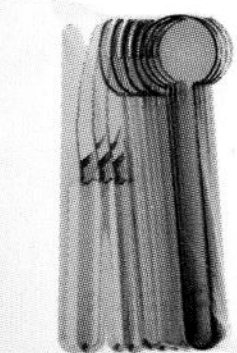
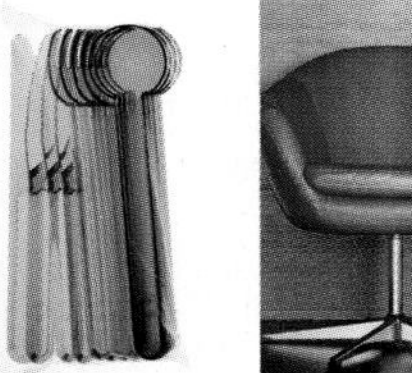
des couverts

un fauteuil

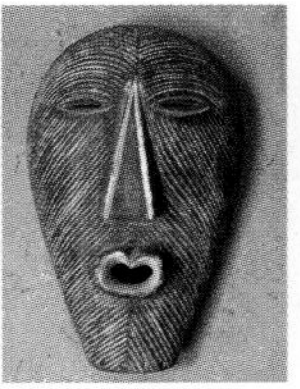
un masque

un sac

1. C'est en bois.
2. C'est en tissu.
3. C'est en plastique.
4. C'est en métal.
5. C'est en cuir.

PHONÉTIQUE

1 Écoutez et répondez.

Vous habitez en Italie.

Entendez-vous une liaison entre :

a. *vous* et *habitez* ?
b. *habitez* et *en* ?
c. *en* et *Italie* ?

2 Écoutez et dites quand vous entendez une liaison.

Exemple : *Nous habitons dans le douzième arrondissement.*

1. J'ai vingt-trois ans.
2. Je fais du sport dans un club.
3. Je suis souvent sur mon ordinateur.
4. Quelles sont vos activités ?
5. Ces assiettes sont en aluminium.
6. Dix euros, s'il vous plaît.
7. Je fais de la plongée avec eux.

3 Écoutez et répétez.

4 Écoutez. Vous entendez [ɔ̃] ou [ɔn] ?

Exemple : *bonne* > [ɔn]

5 Écoutez et complétez avec *on* [ɔ̃] ou *onn* [ɔn].

1. Je d...e ma télévisi... .
2. Je te rac...te : ... fait de la pl...gée et les gens s...t sympas.
3. B... courage pour t... examen !
4. B...es vacances !

Action!

Faites des groupes de trois. Imaginez et dessinez un objet pour un catalogue d'objets originaux.

> Décrivez l'objet à la classe (forme, dimensions, matière, couleur, qualité, utilité).

> Votez pour l'objet préféré de la classe.

« Je fais une enquête. »

1 Écoutez et répondez.

1. Les personnes sont :
a. dans la rue.
b. dans un magasin.
c. dans un restaurant.

2. C'est une enquête sur :
a. les loisirs.
b. les objets de décoration.
c. les objets préférés.

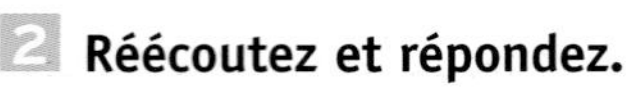

2 Réécoutez et répondez.

1. Combien de personnes sont interrogées ?

2. Quelle est la question posée par le journaliste ?

3. Combien de personnes répondent *non* à la question ?

4. Retrouvez les objets cités dans les dialogues.

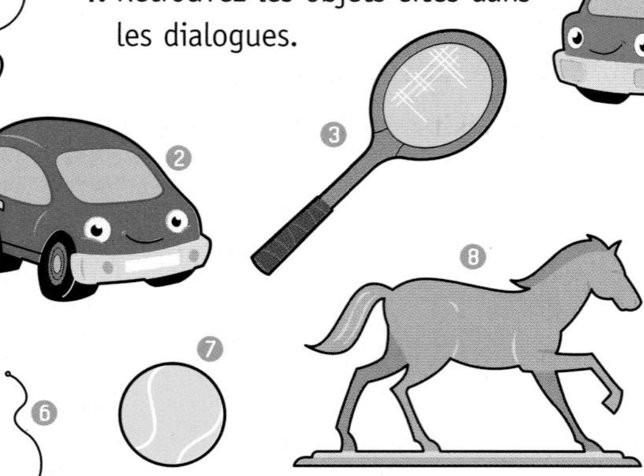

5. Donnez la matière ou la couleur de chaque objet cité.

6. Justifiez le choix de chaque personne.

Stratégies d'écoute

> **Repérez les bruits spécifiques à un lieu (par exemple, le bruit des voitures dans la rue).**

> **Repérez les spécificités de chaque voix (femme, homme, enfant...).**

> **Repérez les répétitions de mots ou de phrases.**

Évaluation

Compréhension des écrits 8 points

Paris, le 22 janvier.

Salut !

Il fait froid mais on va bien.
Cette ville est magnifique et les conférences sont très intéressantes. On rencontre des personnes très sympathiques.
On travaille beaucoup mais le soir on fait des activités sportives dans l'hôtel. Édith joue au squash et, moi, je fais de la musculation.
Nous cherchons un cadeau original pour l'anniversaire de Valérie.

Bises, à lundi au bureau !

Brice et Édith

1 Vrai, faux ou cela n'est pas dit ?

1. Brice et Édith écrivent à des collègues.
2. Ils sont à Paris.
3. Ils ne sont pas en vacances.
4. Ils rencontrent des Japonais.
5. Ils sont très occupés.
6. Ils visitent la ville.
7. Ils ont un souvenir pour Valérie.
8. Valérie est une collègue.

Production écrite 12 points

2 Participez au blog de votre immeuble. Décrivez un(e) voisin(e) : description physique et morale, goûts, passions, activités. (60 à 80 mots)

leblogdesvoisins.com
48 rue du parc

Par Mimi 2e gauche
Posté le 12/05
je voudrais signaler, dans la cage d'escalier, un souci

Compréhension de l'oral 8 points

3 Écoutez le microtrottoir et répondez.
Qu'est-ce qu'ils font ? Recopiez le tableau et complétez avec le nom des activités.

	Activités sportives	Autres activités
1re personne		
2e personne		
3e personne		

Production orale 12 points

4 Préparez un court exposé sur les activités d'une personne de votre famille.

> Est-ce qu'il/elle pratique des activités sportives ? Quelle(s) activité(s) ? À quelle fréquence ?

> Est-ce qu'il/elle a une passion ?

> Qu'est-ce qu'il/elle fait le week-end ?

> Est-ce qu'il/elle passe beaucoup de temps sur l'ordinateur ?

> Il/Elle préfère quelle(s) activité(s) ?

> Est-ce qu'il/elle visite parfois des musées ?

A RADIO TOULOUSE

– Chers auditeurs, bonjour ! Aujourd'hui, nous avons trois invités pour parler de la famille : Anne, Barbara et Romain. Bonjour !
– Bonjour !
– Alors, avez-vous de bonnes relations avec votre famille ?
– Moi, je suis fille unique et j'ai deux enfants. Je vois souvent mes parents. Ils sont très compréhensifs et généreux avec moi et ils adorent leurs petits-enfants.
– Et vous, Romain ?
– Mes parents sont divorcés. J'ai de bonnes relations avec ma mère mais je ne vois pas souvent mon père. Il est remarié et je n'apprécie pas vraiment sa nouvelle femme. Et j'ai un frère et une sœur, je m'entends très bien avec eux. En plus, j'adore ma nièce, la fille de mon frère, elle est adorable !
– C'est sympa ! Et vous, Barbara, avez-vous de bonnes relations avec vos parents ?
– Oui. Nos relations sont excellentes. Nous partons souvent en vacances ensemble. Parfois, ma tante et sa famille viennent avec nous. Mais je n'aime pas son mari, il est prétentieux, et mes cousins sont stupides. Les vacances d'été avec eux, c'est horrible !

1 Écoutez et répondez.

Les témoignages parlent des :
1. secrets de famille.
2. relations familiales.
3. fêtes de famille.

2 Vrai ou faux ?

1. Anne n'aime pas ses parents.
2. Elle a des frères et sœurs.
3. Romain communique beaucoup avec son père.
4. Barbara n'a pas de bonnes relations avec ses cousins.

3 Observez les arbres généalogiques d'Anne, de Romain et de Barbara. De qui parlent-ils dans leur témoignage ?

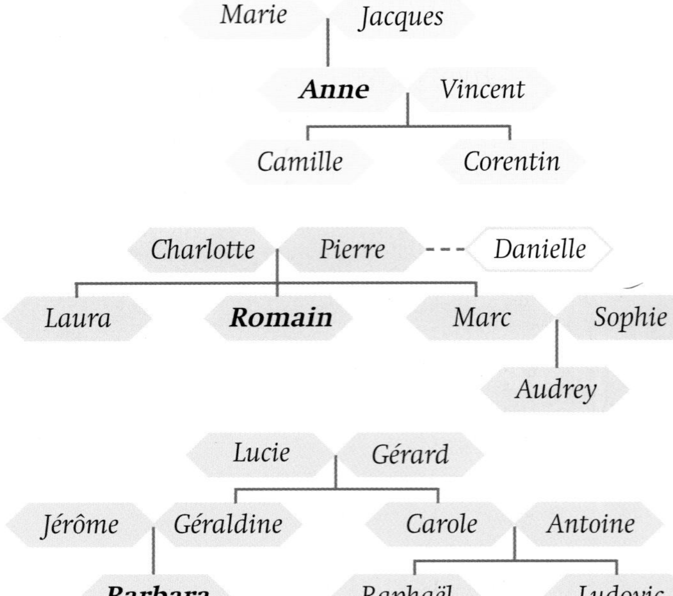

Outils pour

▶ PARLER DE SA FAMILLE
- J'ai des frères et sœurs.
- Je suis fille unique.
- Mes parents sont divorcés.
- Mon père est remarié.

▶ PARLER D'UNE RELATION
- Je vois souvent mes parents.
- J'ai de bonnes relations avec elle.
- Je m'entends bien avec eux.

Vocabulaire

▶ LA FAMILLE
- les parents : le père, la mère
- les enfants : le fils, la fille
- le frère, la sœur
- les grands-parents : le grand-père, la grand-mère
- les petits-enfants : le petit-fils, la petite-fille
- l'oncle, la tante
- le neveu, la nièce
- le/la cousin(e)

Action !

4 Travaillez avec votre voisin(e).

> Présentez votre famille.
> Votre voisin(e) dessine votre arbre généalogique.

5 Envoyez votre témoignage à Radio Toulouse.

Répondez à la question : *Avez-vous de bonnes relations avec les membres de votre famille ?*

B

LIVRES

L'ENFANT DE LA JUNGLE *(récit)*

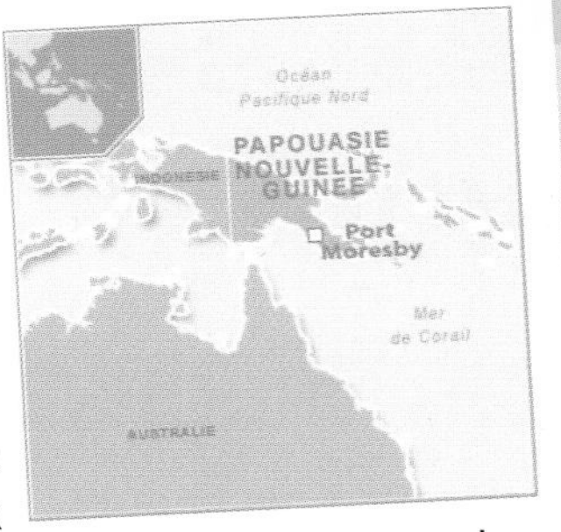

De sept à dix-sept ans, Sabine Kuegler a vécu avec ses parents, sa sœur et son frère en Papouasie occidentale (Indonésie), dans la tribu des Fayous. Elle a découvert la vie dans la jungle, avec des animaux sauvages. Elle a appris à chasser, à grimper aux arbres. Elle a aussi nagé avec des crocodiles ! Elle a tué des araignées avec son arc, elle a mangé des insectes grillés et des ailes de chauves-souris... À son retour en Europe, elle a écrit un livre pour raconter son expérience : *L'Enfant de la jungle*. Aujourd'hui, elle a trente ans, elle a quatre enfants et elle vit à Munich.

C'est un très beau livre, un témoignage fascinant à lire absolument !

6 Lisez le document et répondez.

C'est :

1. un extrait de roman.
2. une interwiew de Sabine Kuegler.
3. la présentation du livre de Sabine Kuegler.

7 Vrai, faux ou cela n'est pas dit ?

1. Dans ce livre, Sabine Kuegler raconte sa vie en Europe.
2. Elle est fille unique.
3. Elle n'aime pas les crocodiles.
4. Elle a dix-sept ans.
5. Elle vit en Allemagne.

8 Travaillez avec votre voisin(e).

Aimez-vous les animaux ? Avez-vous un animal ? Connaissez-vous des animaux de compagnie inhabituels ? Discutez.

9 Choisissez un lieu (une ferme, les bois, la savane, le désert...).

Un enfant a grandi dans ce lieu. Il a fait quoi ? Il a vécu avec quels animaux ? Racontez.

Vocabulaire

▶ LES ANIMAUX DE COMPAGNIE
- le chat
- le chien
- le poisson rouge
- le hamster
- la tortue
- le canari
- le perroquet

▶ LES ANIMAUX DE LA FERME
- le cheval
- l'âne
- le cochon
- le mouton
- le lapin
- le canard
- la vache et le bœuf
- la poule et le coq

▶ LES ANIMAUX SAUVAGES
- le lion
- le tigre
- le singe
- le loup
- l'éléphant
- le serpent
- le crocodile

▶ LES INSECTES
- la mouche
- la fourmi
- le moustique
- le papillon
- l'abeille
- la coccinelle

Vocabulaire

▶ LES ATTRIBUTS
- des poils
- des plumes
- des écailles
- des ailes
- des pattes
- une queue

GRAMMAIRE

Les adjectifs possessifs

1 Observez les phrases.

J'ai une sœur et un frère. **Ma** sœur a dix-huit ans et **mon** frère a vingt-cinq ans.

Pouvez-vous compléter les phrases suivantes ?

1. **Tu** as une sœur et un frère. **Ta** sœur a quinze ans et ... frère a vingt ans.
2. **Elle** a une sœur et un frère. **Sa** sœur a dix ans et ... frère a seize ans.

Les adjectifs possessifs

SINGULIER		PLURIEL
MASCULIN	FÉMININ	
mon frère	**ma** sœur	**mes** frères
ton frère	**ta** sœur	**tes** sœurs
son frère	**sa** sœur	**ses** livres
notre frère	**notre** sœur	**nos** photos
votre frère	**votre** sœur	**vos** amis
leur frère	**leur** sœur	**leurs** nièces

⚠ Devant un nom féminin commençant par une voyelle, *ma* devient *mon* : ***une** école*, ***mon** école*.

2 Complétez avec un adjectif possessif.

Exemple : Tu as une grande maison.
> Ta maison est grande.

1. Éloïse a les cheveux courts. ... cheveux sont courts.
2. J'ai le nez rouge. ... nez est rouge.
3. Nous avons des dents bien blanches. ... dents sont bien blanches.
4. Elles ont les yeux bleus. ... yeux sont bleus.
5. Vous avez un cou très fin. ... cou est très fin.

3 Alice présente sa famille à un ami. Trouvez les adjectifs possessifs.

Salut David,
Tu arrives bientôt pour passer les vacances chez moi ! Je te présente ma famille : ... grands-parents s'appellent Suzanne et Albert. Ils ont deux filles. ... tante est mariée et elle a deux enfants. ... mari s'appelle Guillaume. C'est ... oncle. Roméo et Laura sont donc ... cousins.
Est-ce que tout est clair ? ! À très bientôt,
Alice

Le passé composé (1)

4 Relisez ces phrases (document B, p. 53). Il s'agit d'événements passés ou actuels ?

1. De 7 à 17 ans, Sabine Kuegler a vécu avec ses parents.
2. À son retour en Europe, elle a écrit un livre.

Le passé composé avec *avoir*

• Formation

auxiliaire *avoir* au présent + participe passé du verbe

j'ai **parlé** tu as **fait** elle a **chanté**

• Participes passés

Verbes en *-er* : *-é*

manger	mangé

Verbes en *-ir* : *-i*

finir	fini

Autres verbes : *-u*, *-is* ou *-it*

pouvoir	pu
boire	bu
prendre	pris
mettre	mis
faire	fait
dire	dit

⚠

avoir	**eu**	*J'ai eu 25 ans en 2008.*
être	**été**	*Hier, elle a été malade.*

• Négation

n' et *pas* entourent l'auxiliaire.

*Je **n'**ai **pas** vu mes frères.*

5 Trouvez les participes passés.

1. Hier, j'ai (travailler) chez moi.
2. J'ai (finir) mon rapport très tard.
3. J'ai (quitter) le bureau à 19 heures.
4. J'ai (mettre) mon short.
5. J'ai (faire) un jogging.
6. J'ai (jouer) au squash avec Alexis.
7. J'ai (choisir) un cadeau pour ma sœur.
8. J'ai (dire) au revoir à mes amis.

6 Mettez les verbes au passé composé.

– Tu (voir) Éric, hier ?
– Oui, et j' (rencontrer) sa femme. Ils (avoir) un bébé.
– Vous (dîner) ensemble ?
– Oui. On (boire) un verre au Lutetia et on (goûter) leurs spécialités. Après, ils (vouloir) regarder le feu d'artifice.
– Et après, qu'est-ce que vous (faire) ?
– Nous (marcher). Puis Éric et sa femme (prendre) le métro pour rentrer.

VOCABULAIRE

La famille

7 Associez le masculin et le féminin.

1. le mari	a. la nièce
2. le beau-frère	b. la femme
3. le petit-fils	c. la belle-sœur
4. le gendre	d. la petite-fille
5. le neveu	e. la belle-mère
6. le beau-père	f. la belle-fille

8 Ingrid Lefèvre parle de sa famille. Lisez et faites l'arbre généalogique de la famille Lefèvre.

« Mes parents s'appellent Nadine et Thomas. Je suis la sœur de Benjamin. Notre cousin s'appelle Maxime. Maxime a une sœur, Chloé. Le beau-frère de ma mère s'appelle Lorenzo. Élisabeth est la femme de Lorenzo. Je suis la petite-fille de Clémence et Gaston, les parents de Lorenzo. »

Les animaux

9 Vrai ou faux ?

1. Un chat a deux pattes.
2. Une mouche a des ailes.
3. Un serpent a des écailles.
4. Un tigre a des plumes.
5. Un oiseau a des poils.
6. Un cheval a une queue.

PHONÉTIQUE

1 Écoutez. La voix monte ou descend ?

1. Vous habitez à Paris ?
2. Vous avez une minute ?
3. Quel âge avez-vous ?
4. Est-ce que vous faites du sport ?

2 Écoutez puis posez la même question avec *est-ce que*. Attention à l'intonation.

Exemple : *Vous regardez la télévision ?*

> ***Est-ce que** vous regardez la télévision ?*

1. Vous avez des loisirs ?
2. Vous sortez beaucoup ?
3. Vous avez moins de 26 ans ?
4. Vous pratiquez un sport ?

3 Vous entendez des formes verbales identiques (=) ou différentes (≠) ?

Exemple : *je finis ≠ j'ai fini*

4 Écoutez. Vous entendez [ʒə] comme *je* ou [ʒe] comme *j'ai* ?

5 Écoutez. Vous entendez le singulier ou le pluriel ?

Exemple : *leur enfant > singulier*

Action!

Vous êtes journaliste.
Vous racontez l'histoire d'une famille qui a fait le tour du monde et a rencontré des peuples et des animaux étonnants. Écrivez l'article pour votre magazine.

QUESTIONS POUR UN CHAMPION SPÉCIAL FRANCOPHONIE !

— Mesdames et messieurs, bienvenue dans ce *Questions pour un champion* spécial francophonie ! Avec nous, pour jouer, cinq candidats : Abdou, Adélaïde, Carine, Riccarda et Farid. Pouvez-vous vous présenter s'il vous plaît ? D'où venez-vous ?
— Bonjour. Je m'appelle Adélaïde, je viens du Québec et j'ai dix-huit ans.
— Bonjour, je m'appelle Abdou, j'ai cinquante-cinq ans. Je suis originaire du Mali et j'habite chez un ami en France.
— Bien. Et vous, Carine, où vivez-vous ?
— Bonjour, je suis française et je vis ici à Paris. J'ai vingt ans.
— Bonjour à tous, je m'appelle Riccarda, j'ai trente-deux ans et je vis en Suisse.
— Merci, et le dernier candidat est...
— Farid. Bonjour, j'ai quarante et un ans et j'habite au Maroc.
— D'accord. Alors, attention, vous êtes prêts ? Question n° 1 : Dans quel pays se trouve Bamako ?
— Au Mali.
— Oui, Abdou. Question n° 2 : Quel pays se situe entre le Maroc et la Tunisie ?
— L'Algérie.
— Bonne réponse ! Question n° 3 : Quelle est la capitale du Sénégal ?
— Dakar.
— Bravo ! Question n° 4 : Quel pays se situe à l'ouest du Mali ?
— Le Burkina-Faso.
— Non, le pays à l'ouest du Mali est...
— La Mauritanie ?
— Oui, Riccarda, c'est ça !

2 Retrouvez la ville ou le pays cité(e).

1. Adélaïde : Je viens du ... . Québec
2. Abdou : J'habite chez un ami en ... . France
3. Carine : Je vis ici à ... . Paris
4. Riccarda : Je vis en ... . France
5. Farid : J'habite au ... . Maroc

3 L'animateur a renversé son café sur ses fiches. Retrouvez le(s) mot(s) manquant(s).

Question n°2
Quel pays se situe ... le Maroc et la Tunisie ?

a. entre
b. au sud du
c. au nord du

Question n°4
Quel pays se situe ... du Mali ?

a. au nord
b. à l'ouest
c. à la frontière

Outils pour

▶ **PARLER DU LIEU D'HABITATION ET D'ORIGINE**
- **Où** vivez-vous ?/Tu habites **où** ?
- Je vis en Suisse./J'habite au Maroc.
- **D'où** venez-vous ?/Tu viens **d'où** ?
- Je viens du Québec./Je suis originaire du Mali.

▶ **SITUER UN PAYS OU UNE VILLE**
- L'Algérie se situe entre le Maroc et la Tunisie.
- La Mauritanie est à l'ouest du Mali.
- Dans quel pays se trouve Bamako ?

1 Écoutez et répondez.

C'est :
1. un jeu télévisé.
2. un documentaire.
3. le journal télévisé.

4 Travaillez avec votre voisin(e).

> Choisissez une identité, un âge, un pays d'origine et un pays d'habitation.
> Votre voisin(e) pose des questions pour trouver qui vous êtes.

De : carla@hotmail.fr
À : maman
Objet : Enfin chez moi !
Pièces jointes BHV.doc

Bonjour maman,
Tu vas bien ?
J'ai enfin trouvé un logement ! Je n'habite plus chez Fred, je suis partie. J'habite un appartement meublé rue du Paradis, au 3e étage sans ascenseur. C'est un deux-pièces avec une cave.
Il y a une grande chambre, un salon et une cuisine américaine.
J'ai une belle salle de bains mais il n'y a pas de baignoire, il y a une douche.
Hier soir, j'ai fait une petite fête : mes copines sont venues et mes voisins sont passés dire bonjour.
Je suis allée au BHV (j'adore ce magasin !) : je t'envoie la publicité en fichier joint avec des idées de cadeaux ☺.
Gros bisous,
Carla

5 **Lisez et trouvez deux bonnes réponses.**

Dans son mél, Carla :

1. décrit ses voisins.
2. invite sa mère.
3. décrit son logement.
4. annonce une bonne nouvelle.
5. explique un problème.

6 **Vrai ou faux ?**

1. Carla habite dans une maison.
2. Elle est au rez-de-chaussée.
3. Il y a un ascenseur.
4. Il y a des meubles dans son logement.
5. La cuisine est dans le salon.
6. Le BHV est un magasin de meubles.

Vocabulaire

▶ LES PIÈCES DE LA MAISON
- l'entrée
- le salon
- la salle à manger
- la cuisine
- la chambre
- la salle de bains
- la cave
- le grenier
- le garage

▶ LE MOBILIER
- une table
- une chaise
- un fauteuil
- un canapé
- un lit
- une armoire
- un tapis
- un four
- un réfrigérateur
- une lampe

7 **Dites quelles informations ne sont pas données dans le mél.**

1. L'appartement est grand.
2. La salle de bains est belle.
3. L'appartement est lumineux.
4. L'appartement est propre.
5. La chambre est grande.

Outils pour

▶ DÉCRIRE SON LOGEMENT
- J'habite un appartement meublé rue du Paradis.
- Il est au 3e (troisième) étage, sans ascenseur (= il n'y a pas d'ascenseur).
- C'est un deux-pièces.
- Il y a une grande chambre.
- Il n'y a pas de baignoire.

Action !

8 **Vous êtes la mère de Carla. Répondez à son mél.**

Posez des questions sur son nouvel appartement.

9 **Jouez la scène à deux.**

> Choisissez vos critères pour un appartement ou une maison.
> Vous appelez un(e) ami(e) pour décrire votre nouveau logement.

GRAMMAIRE

Les prépositions et les noms de pays

1 1. **Chine, Côte d'Ivoire, Espagne, Pays-Bas ou Maroc ? Trouvez le bon pays.**

1. J'aime le ... ! Ces oranges viennent du ... .
2. J'aime la ... ! Ce thé vient de ... .
3. J'aime l'... ! Cette huile vient d'... .
4. J'aime la ... ! Cet ananas vient de ... .
5. J'aime les ... ! Ce fromage vient des ... .

2. ***Venir du, de, d'* ou *des* ? Trouvez la règle.**

Les prépositions et les noms de pays

• L'origine *(d'où ?)*

du + pays masculin, *de* + pays féminin, *des* + pays pluriel

Il vient du Maroc/de France/d'Australie/des États-Unis.

• La localisation *(où ?)*

au + pays masculin, *en* + pays féminin, *aux* + pays pluriel

Je vis au Mali/en Tunisie/aux Pays-Bas.

⚠ Un nom de pays (ou de continent) est féminin s'il se termine par *e*.

• Les points cardinaux

au nord du Japon
au sud de la Belgique
à l'ouest de l'Italie
à l'est des Maldives

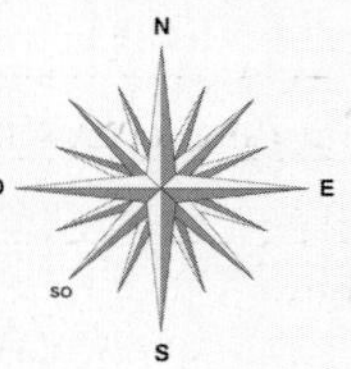

⚠ Pour les villes : *Je viens **de** Paris, Je vis **à** Lomé, C'est au sud **de** Montréal.*

2 **Masculin, féminin ou pluriel ? Trouvez l'article.**

1. Autriche
2. Brésil
3. Croatie
4. Liban
5. Finlande
6. Malaisie
7. Portugal
8. Seychelles

3 **Voici quatre candidats de *Questions pour un champion.***

1. **Donnez leur lieu d'habitation ou d'origine.**

1. Martha, 48 ans – la Nouvelle-Calédonie (habitation)
2. Tran Ahn, 59 ans – le Vietnam (origine)
3. Lucas, 23 ans – la Belgique (origine)
4. Sissoko, 18 ans – le Burkina-Faso (habitation)

2. **Faites une phrase pour situer chaque pays.**

Exemple : Le Vietnam se trouve en Asie, à l'est du Cambodge et au sud de la Chine.

Des verbes irréguliers (2)

• *Venir*	• *Vivre*
je **viens**	je **vis**
tu **viens**	tu **vis**
il/elle **vient**	il/elle **vit**
nous **venons**	nous **vivons**
vous **venez**	vous **vivez**
ils/elles **viennent**	ils/elles **vivent**
• Participe passé	
venu	vécu

4 **Un magasin fait un sondage. Vous êtes un client. Répondez aux questions.**

1. Vous venez ici en voiture ?
2. De quelle ville venez-vous ?
3. Vous vivez dans une maison ou dans un appartement ? Et vos parents ?

La négation (2)

5 **Observez cette phrase (document B, p. 57).**

Il n'y a pas **de** baignoire, il y a **une** douche.

Que remarquez-vous ?

La négation (2)

À la forme négative, ***un***, ***une***, ***des*** devient ***de*** ou ***d'*** devant une voyelle.

*J'ai **un** placard. Je n'ai pas **de** placard.*
*J'ai **une** armoire. Je n'ai pas **d'**armoire.*
*Je lis **des** livres. Je ne lis pas **de** livres.*

6 Lisez le dialogue entre un client et un vendeur. Complétez avec *un, une, des* ou *de*.

- Bonjour monsieur, est-ce que vous avez ... canapés ?
- Oui, nous avons ... canapés bleus, rouges et noirs.
- Merci. Je cherche aussi ... four pour la cuisine.
- Désolé, nous ne vendons pas ... fours.
- Ah ! Et vous n'avez pas ... tables en verre ?
- Si, j'ai ... table en verre, c'est la dernière.
- Je n'aime pas les tables carrées ! Vous n'avez pas ... tables rondes ?

Le passé composé (2)

7 Relisez ces phrases (document B, p. 57)

J'ai fait une petite fête : mes copines sont venues (...). Je suis allée au BHV.

1. **Quels auxiliaires sont utilisés ?**
2. **Observez les participes passés : que remarquez-vous ?**

Le passé composé avec *être*

Au passé composé, **quatorze verbes** se conjuguent avec l'auxiliaire *être* : *aller, venir, arriver, partir, naître, mourir, monter, descendre, entrer, sortir, passer, rester, retourner, tomber*.

Avec l'auxiliaire *être*, le participe passé s'accorde en genre (masculin ou féminin) et en nombre (singulier ou pluriel) avec le sujet.
***Elle** est sortie. **Ils** sont sortis. **Elles** sont sorties.*

8 Choisissez le bon auxiliaire.

1. Elle ... arrivée.
2. L'avion ... décollé.
3. Anne et Sophie ... venues en voiture.
4. Maud et moi ... écrit à l'agence de voyage.
5. Il ... grandi de 5 cm cette année.

a. a
b. avons
c. sont
d. est

9 Trouvez le verbe et le participe passé.

sortir — aller — venir — rester

1. Coucou Gaëlle ! Tu es ... au ciné finalement ? Emma
2. Non, je suis ... chez moi tout l'après-midi ! Et toi, tu es ... ?
3. Non, mes grands-parents sont ... déjeuner. A +

10 Voici des biographies d'aventuriers. Mettez les verbes au passé composé.

1. Charles Legros : il part de Nantes – il découvre l'Inde en 1415 – il épouse une princesse indienne.
2. Anna Wasa et Helen Otta : elles naissent à Rotterdam – elles vont en Australie en 1412 – elles rencontrent des aborigènes.
3. Julia Figueira : elle vit à Lisbonne – elle arrive en Afrique en 1537 – elle meurt en 1543.
4. Justin et Félicité Tamboura : ils quittent Dakar en 1631 – ils veulent aller au Groenland en 1632 – ils tombent malades.

VOCABULAIRE

Les nombres après 100

11 Observez le tableau.

cent un	101
deux cents	**200**
trois cent cinq	305
quatre cent vingt-huit	428
mille	**1 000**
deux mille cinq cent dix	2 510
dix mille	**10 000**
un million	**1 000 000**

12 Travaillez avec votre voisin(e).

Dites un nombre entre cent et dix millions. Votre voisin(e) écrit ce nombre en toutes lettres.

Choisissez un personnage historique et faites deviner qui c'est à votre voisin(e).
– Mon personnage est un homme. Il est né en France en 1769 et il est mort en 1821. Il a été empereur.
– C'est Napoléon !

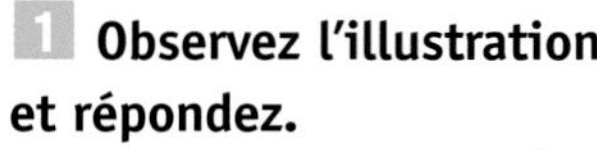

Olivier Adam

Je vais bien, ne t'en fais pas

roman

1 Observez l'illustration et répondez.
Que représente-t-elle ? À votre avis, de qui va parler le texte ?

2 Lisez le texte et cherchez des informations sur le cadre de l'histoire.
Quand et où se passe l'histoire ? Qui sont les deux personnages principaux (nom, âge) ?

3 Répondez et justifiez avec des phrases du texte.
Le texte :
1. fait le portrait physique de Claire.
2. décrit les pensées de Claire.

4 Que fait Claire ? Trouvez les phrases du texte correspondant aux actions suivantes.
1. Elle se promène.
2. Elle boit du thé avec sa grand-mère.
3. Elle se repose près d'un lac.
4. Elle lit un livre, assise par terre, dans le jardin.

5 Choisissez deux adjectifs pour décrire le caractère et les sentiments des personnages. Justifiez avec des phrases du texte.

1. Claire est :
a. gaie.
b. inquiète.
c. calme.
d. indécise.

2. Loïc est :
a. courageux.
b. sûr de lui.
c. timide.
d. énergique.

6 À quelle famille thématique appartiennent les mots *groseilles, framboises, cerisiers* ? Utilisez le contexte pour répondre.
1. plantes
2. animaux
3. objets

C'est l'été. Claire est en vacances chez sa grand-mère. Son frère jumeau, Loïc, n'est pas là…

Claire a juste vingt ans. Elle vient d'avoir son bac. C'est les vacances. Pour elle en tout cas. Parce que Loïc, lui, travaille. Il veut voyager.
Claire est partie une semaine chez sa grand-mère, à la campagne. Il y a un grand jardin, des tas de fleurs, des groseilles et des framboises, des moutons dans le champ d'à côté, aucun vis-à-vis[1], juste le bruit des tracteurs. C'est reposant. Elle reste juste quelques jours. Elle lit sur la couverture, sous le cerisier, joue aux dames chinoises en prenant le thé avec sa grand-mère. Elle prend une route au hasard, la suit pendant une heure, puis fait demi-tour. Elle mâchonne[2] des brins d'herbe, le vent balaie les mèches sur son front. Elle s'arrête au bord d'un lac, sous les peupliers. Cinq jours très calmes comme ça. Elle ne pense pas à l'avenir. Que faire, où s'inscrire ? […]
Claire n'a jamais vraiment pensé qu'on pouvait faire quelque chose de sa vie, alors la manière d'y parvenir et les buts à se fixer, tout ça devient très flou[3]. Loïc, lui, sait ce qu'il veut. Il saura aussi pour elle.

Olivier Adam, *Je vais bien, ne t'en fais pas*,
© éd. Le Dilettante, 2000.

1. *Aucun vis-à-vis :* pas d'autre maison en face.
2. *Mâchonne :* mange.
3. *Flou :* pas clair.

Stratégies de lecture

> **Pour comprendre une description, posez-vous des questions : est-ce que le texte décrit une personne ? Un lieu ? Un objet ?**

> **Dans la description d'une personne, qu'est-ce que le texte décrit ? Son physique ? Son caractère ? Ses actions ? Ses sentiments ?**

> **Ne cherchez pas à connaître le sens exact de chaque mot mais essayez de trouver à quelle famille thématique il appartient (objets, personnes, plantes, animaux…).**

Évaluation

Compréhension des écrits 8 points

L'AQUARIUM DU QUÉBEC

Unique au Québec !
À 15 minutes du centre ville.

Venez voir nos 10 000 spécimens :
poissons, reptiles, amphibiens
et mammifères marins,
sans oublier notre célèbre ours blanc.

Tous les jours à 14 heures et à 18 heures,
un formidable spectacle aquatique
avec des phoques et des otaries !

Bonne découverte !

1 Vrai, faux ou cela n'est pas dit ?

1. C'est une publicité pour un zoo.
2. L'attraction se trouve au Canada.
3. Il y a trois aquariums au Québec.
4. On peut observer dix-sept mille spécimens de poissons.
5. Il y a des requins.
6. Il n'y a pas de lapins.
7. On peut assister à un spectacle de dauphins.
8. Le spectacle a lieu trois fois par jour.

Compréhension de l'oral 8 points

3 Écoutez le message du répondeur : un agent immobilier fait la description d'un logement en location.
Vrai ou faux ?

1. C'est un appartement.
2. La superficie est de 200 m².
3. Il y a cinq pièces.
4. Il n'y a pas de garage.
5. Dans la salle de bains, il y a une douche.
6. Le jardin est très beau.

4 Quel plan correspond au logement de l'activité 3 ?

❶

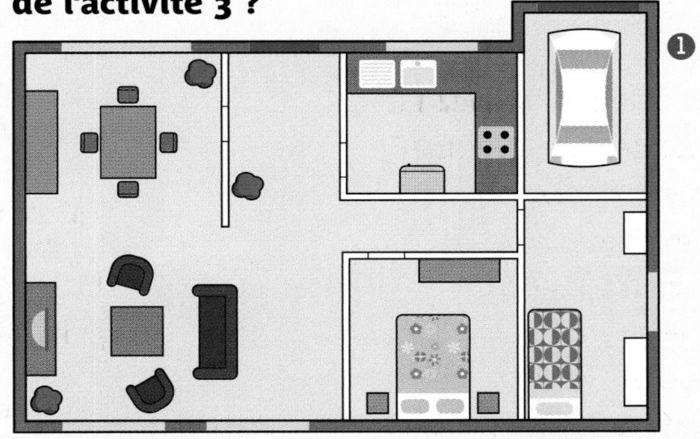

Rez-de-chaussée

❷

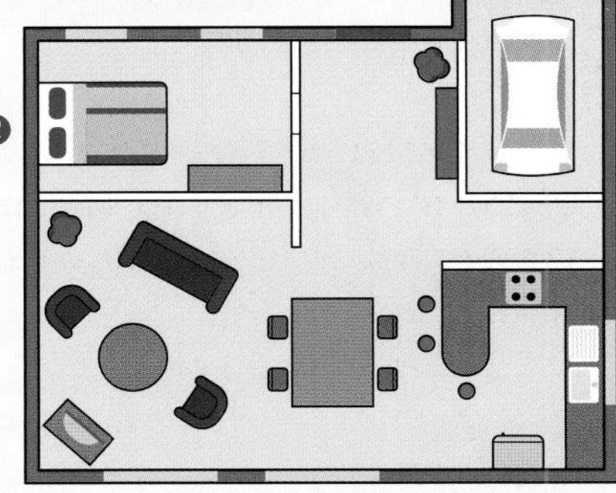

Rez-de-chaussée

Production écrite 12 points

2 Vous êtes en vacances chez un(e) ami(e). Écrivez une lettre à votre frère ou votre sœur pour présenter la famille de votre ami(e).
(60 à 80 mots)

Production orale

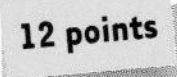

5 Racontez, au passé composé, les activités de vos dernières vacances.
L'année dernière, en vacances...

La francophonie : une

La francophonie, c'est l'ensemble des gens qui parlent français, comme langue officielle ou comme langue de communication : environ 175 millions de personnes dans le monde.
L'Organisation internationale de la francophonie (l'OIF) regroupe tous les pays francophones.

1 Observez la carte de la francophonie, p. 160. Combien d'États et de gouvernements sont membres de l'OIF ?

2 Sur quel continent y a-t-il beaucoup de pays francophones ?

3 Quels sont les six pays francophones d'Europe et les trois pays francophones d'Asie ?

La Belgique

Un pays, plusieurs langues

En Suisse, on parle français, italien et allemand.
En Belgique, on parle français, allemand et néerlandais.
En Tunisie, on parle français et arabe.

La Suisse

La Tunisie

Et chez vous ? Votre langue est parlée dans combien de pays ? Il y a combien de langues dans votre pays ?

Les mots francophones

Dans chaque pays francophone, la langue française a ses particularités. Par exemple, en Afrique, une *station essence* se dit une *essencerie*. En Suisse et en Belgique, on dit *septante* pour *soixante-dix* et *nonante* pour *quatre-vingt-dix*. Les Français emploient beaucoup de mots anglais (c'est le *franglais*), au contraire des francophones canadiens. ***Ainsi :***

Les Français disent...
J'apporte mes vêtements au *pressing*.
Le *week-end*, je ne travaille pas.
Je vais faire du *shopping*.
Ma voiture est au *parking*.

Et les Canadiens disent...
J'apporte mes vêtements chez le *nettoyeur*.
En *fin de semaine*, je ne travaille pas.
Je vais *magasiner/faire du magasinage*.
Ma voiture est au *stationnement*.

Rendez-vous sur Internet pour entendre différents accents francophones : www.rtbf.be (la radio-télévision belge), www.radio-canada.ca, www.africa1.com

Et chez vous ? Dans votre langue, est-ce qu'on utilise beaucoup de mots anglais ? Est-ce qu'il y a des mots français ?

langue, des cultures

TV5 Monde, première chaîne francophone, est née en 1984. Elle diffuse dans le monde entier les programmes des chaînes belges, françaises, québecoises et suisses. Pour voir les programmes, jouer en ligne, regarder des vidéos, apprendre le français... rendez-vous sur le site www.tv5.org !

LA FÊTE DE LA FRANCOPHONIE

La Journée internationale de la francophonie a lieu le 20 mars. Pendant une semaine, c'est la Fête de la francophonie. Dans le monde entier, des manifestations culturelles et artistiques ont lieu autour de la langue française : festivals, expositions, concours, jeux...

Chaque année, dix mots français sont proposés : des mots bizarres, jolis, intéressants, importants ou poétiques... Pour gagner le concours, il faut raconter une petite histoire avec ces dix mots.

Le ministère de la Culture et de la Communication présente
LES MOTS MIGRATEURS
DU 10 AU 20 MARS 2007
SEMAINE DE LA LANGUE FRANÇAISE

4 Observez les deux affiches. Quels mots connaissez-vous ? Quels mots aimez-vous ? Cherchez leur sens dans le dictionnaire.

5 Citez d'autres mots français que vous aimez. Votez et choisissez les dix mots préférés de la classe.

Bonjour madame, je voudrais un gâteau.
Avec ou sans accent circonflexe ?

Les Français sont comme ça...

Féminiser ou non les noms de métier ? Ajouter ou non le mot *spam* dans le dictionnaire ? Supprimer ou non l'accent circonflexe ? En France, c'est l'Académie française qui décide de ces questions depuis 1635... Mais tous les Français se sentent concernés, car ils sont très fiers de leur langue !

SCÉNARIO

ÉPISODE 2
PROJET

L'enquête progresse

La police apprend que le/la disparu(e) a acheté un billet d'avion dans une agence de voyages. Il/Elle a payé avec sa carte bancaire.

Étape 1
Dans quel pays ?

1. En groupes
Choisissez un pays francophone et situez ce pays.

⚠ Choisissez un pays sur la carte de la francophonie, p. 160.

2. Mise en commun
Chaque groupe propose son pays. La classe choisit la destination du/de la disparu(e).

Vous affichez dans la classe la carte du pays.

3. Jeu de rôles
Le/La disparu(e) a acheté son billet dans une agence de voyages. Un policier téléphone à l'agence de voyages.
Jouez la scène.
> Le policier pose des questions à l'agent de voyages sur le type de billet (aller simple ? aller-retour ?), la date d'achat, la date de départ et d'arrivée, l'aéroport de destination.
> L'agent de voyages répond aux questions.

B
M 45

L'ENQUÊTE

un policier
un commissariat
un indice
des témoins
enquêter
rechercher quelqu'un

Étape 2
D'autres indices

1. En groupes

Imaginez le/la disparu(e) à l'aéroport le jour de son départ.

Qu'est-ce qu'il/elle a fait ? Est-ce qu'il/elle a parlé à quelqu'un ? Est-ce qu'il/elle est allé(e) à la cafétéria ? Qu'est-ce qu'il/elle a acheté à la librairie ? Et dans les autres boutiques de l'aéroport ? Choisissez trois achats (un livre et deux objets).

2. Mise en commun

La classe choisit trois actions et trois achats.

3. Jeu de rôles

Un témoin a observé le/la disparu(e) à l'aéroport. Il/Elle ne prévient pas la police mais appelle un(e) ami(e) journaliste. Il/Elle raconte ce qu'il/elle a vu à son ami(e). Jouez la scène.

Étape 3
Dans la presse

1. En groupes

Préparez l'article du/de la journaliste. Trouvez aussi un titre.

2. Mise en commun

Chaque groupe lit son article. Vous rédigez ensemble la version finale de l'article.

Vous affichez l'article dans la classe.

MODULE 3

Journées

Savoir…

- aborder quelqu'un
- proposer un rendez-vous
- indiquer des moments
- faire un achat
- exprimer des obligations et des interdictions
- donner des conseils
- parler de ses études et de son parcours professionnel
- expliquer les raisons et le but d'une action

chargées

Culture pour...

- **découvrir et comparer** des rythmes de vie
- **se familiariser** avec l'organisation des études et le monde du travail en France

Pour...

- organiser une rencontre
- demander des renseignements
- se déplacer
- faire des projets
- rédiger un règlement
- passer un entretien d'embauche
- aider les autres

Projet pour...

- **partir en voyage** dans l'épisode 3 du **scénario**

COMPRENDRE ET *Agir*

MODULE 3

LEÇON 9

A

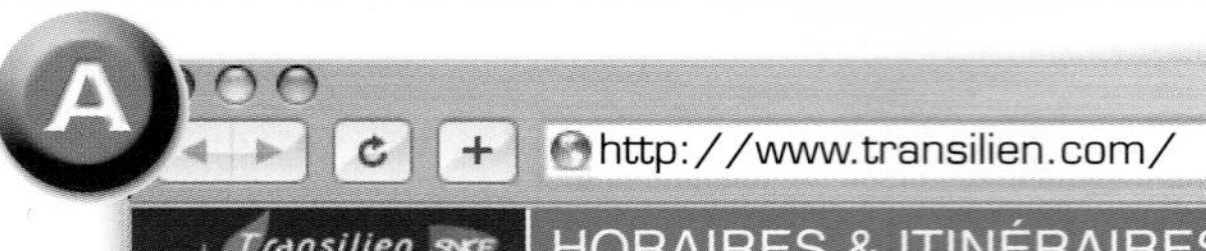

Transilien SNCF — HORAIRES & ITINÉRAIRES

Accueil> Horaires et itinéraires> Fiches horaires > Résultats

LA FICHE HORAIRE

Départ : **GARE MONTPARNASSE - Paris**
Arrivée : **GARE DE MAINTENON - Maintenon**
le : **16 mai**

	62475	16803	16807	62491	62503	62541	62603	62656
Départ	09 h 15	09 h 30	10 h 25	12 h 30	16 h 00	16 h 30	17 h 00	17 h 15
Arrivée	10 h 04	10 h 16	11 h 16	13 h 17	16 h 50	17 h 20	17 h 52	18 h 07

1 **Observez la page Internet et répondez.**

1. Quel est le moyen de transport concerné ?
   - a. le bus
   - b. l'avion
   - c. le train
2. Quelles sont les informations données ?

B À SAMEDI !

— Allô Dalila ? C'est Éric à l'appareil. Je ne te dérange pas ?
— Non, je suis en train de lire un guide sur Bali pour nos vacances. Ça va ?
— Oui. Quand est-ce que tu viens chez moi pour préparer le voyage ?
— Aujourd'hui, je ne peux pas... Demain matin, ça te va ?
— Demain, je travaille, mais je suis libre après-demain ou samedi prochain si tu veux.
— D'accord pour samedi prochain.
— Tu viens en train ou en voiture ?
— Je vais venir en train. Tu as les horaires ?
— Oui, ne quitte pas... Alors, tu as un train à 9 heures et quart ou à 9 heures et demie.
— Le train de 9 heures et demie arrive à Maintenon à quelle heure ?
— Vers 10 heures et quart. À 10 h 16 exactement !
— Très bien. Je vais prendre ce train-là.
— OK. Je te laisse, je suis en train de réviser mes cours.
— Salut, à samedi !

2 **Écoutez le dialogue. Vrai ou faux ?**

1. Dalila téléphone à Éric.
2. Éric et Dalila préparent un voyage en Indonésie.
3. Éric invite Dalila à déjeuner.
4. Ils fixent un rendez-vous.
5. Ils sont libres samedi prochain.
6. Dalila habite à Maintenon.
7. Éric n'a pas les horaires de train.

3 **Dites quels sont les horaires d'arrivée et de départ de Dalila.**

Outils pour

▶ PROPOSER UN RENDEZ-VOUS
- Quand est-ce que tu es libre ?
- Tu viens à quelle heure ?
- Vers midi, ça te va ?
- Jeudi, si tu veux ?

▶ INDIQUER LA DISPONIBILITÉ
- À 10 heures, je suis libre/disponible.
- Demain matin, je ne peux pas.

▶ DONNER SON ACCORD
- D'accord pour samedi.
- Très bien.
- OK.

Vocabulaire

▶ AU TÉLÉPHONE
- Allô !
- C'est Éric à l'appareil.
- Je ne te/vous dérange pas ?
- Ne quitte(z) pas.
- Un instant s'il te/vous plaît.
- Je te/vous laisse.

▶ LES MOMENTS
- avant-hier
- hier
- aujourd'hui
- ce matin
- cet après-midi
- ce soir
- demain
- après-demain
- lundi dernier/prochain
- la semaine dernière/prochaine

4 **Jouez la scène à deux.**

Samedi prochain, vous allez préparer le voyage avec Éric et Dalila, mais vous n'êtes pas libre le matin.
> Téléphonez à Éric, fixez un rendez-vous et dites quel train vous allez prendre.

C'EST BIEN ICI ?

— Pardon, mademoiselle. Le bus 53 passe bien ici ?
— Oui, c'est ça.
— Merci, vous êtes gentille !
— Je vous en prie... Ah ! Voilà le bus.
— Bonjour monsieur, ce bus va bien à la mairie ?
— Oui madame.
— Combien coûte un ticket ?
— 1 euro 40.
— Alors je voudrais deux tickets, s'il vous plaît.
— Ça vous fait donc 2 euros 80.
— Tenez. Désolée, je n'ai pas la monnaie.
— Ce n'est pas grave. Voilà 2 euros 20.
— Merci, monsieur.

5 Écoutez le dialogue et répondez.

1. Où va la femme ?
2. Quel est le numéro du bus ?
3. Quel est le prix d'un ticket ?
4. Qu'est-ce que la femme achète ?
5. Est-ce qu'elle donne la somme exacte ?

Outils pour

▶ ABORDER QUELQU'UN
- Pardon, madame/mademoiselle/monsieur.
- Excusez-moi, madame/mademoiselle/monsieur.
- S'il vous plaît, madame/mademoiselle/monsieur.

▶ DEMANDER CONFIRMATION
- Le bus 53 passe bien ici ?
- Ce bus va bien à la mairie ?

Outils pour

▶ FAIRE UN ACHAT
- Combien coûte un ticket ?/Quel est le prix d'un ticket ?
- Je voudrais deux tickets, s'il vous plaît.
- Je n'ai pas la monnaie.
- C'est 1 euro 40.
- Ça vous fait 2 euros 80.

Action !

6 Jouez la scène à trois.
Vous êtes dans le bus.
> Demandez des informations au chauffeur et à un(e) passager/passagère.

7 Jouez la scène à deux.
Vous êtes dans une boulangerie.
> Choisissez des produits et faites vos achats.

quatre pains au chocolat
une baguette
trois croissants
deux sandwiches

GRAMMAIRE

Le présent continu et le futur proche

1 Lisez les extraits du dialogue (document B, p. 68). Les phrases soulignées indiquent-elles une action actuelle ou future ?

1. – Je ne te dérange pas ?
   – <u>Non, je suis en train de lire un guide sur Bali.</u>
2. – Tu viens en train ou en voiture ?
   – <u>Je vais venir en train.</u>

Le présent continu

Pour parler d'une action qui n'est pas finie au moment où on parle
***être* au présent + *en train de/d'* + verbe à l'infinitif**
Je suis en train de travailler.

Le futur proche

Pour parler d'une action future
***aller* au présent + verbe à l'infinitif**
Je vais venir demain.

2 Un ami vous téléphone et vous demande : « Je ne te dérange pas ? » Trouvez le plus de réponses possibles, comme dans l'exemple.

Exemple : > Non, je suis en train de prendre mon petit-déjeuner.
> Si, je vais partir.

3 Observez les photos et imaginez la situation. Utilisez le passé composé, le présent continu et le futur proche.

Exemple : > Il a travaillé toute la journée. Il est en train de lire. Il va préparer son dîner.

Pouvoir et *vouloir*

je **peux**	je **veux**
tu **peux**	tu **veux**
il/elle **peut**	il/elle **veut**
nous **pouvons**	nous **voulons**
vous **pouvez**	vous **voulez**
ils/elles **peuvent**	ils/elles **veulent**

4 Complétez le dialogue avec *pouvoir* ou *vouloir*.

– Si vous ..., nous ... organiser une fête pour l'anniversaire de Prune.
– Très bonne idée ! Qu'est-ce qu'elle ... pour son anniversaire ?
– Je ne sais pas, mais je ... demander à sa sœur.
– Tu ... préparer un gâteau, s'il te plaît ?
– Oui, si tu ... .
– Et est-ce que Bruno ... venir ?
– Oui, d'accord ! Vous ... envoyer les invitations pour la fête ?
– OK.

Quelques jours plus tard...

– Franck et Léa ne ... pas venir à la fête, ils ne sont pas libres samedi.
– Dommage !
– Mais ils ... absolument participer au cadeau de Prune.

La question avec *quand*

5 Lisez le texto et trouvez la bonne réponse.

1. D'accord, je suis libre.
2. Après-demain, si tu veux.
3. Non, je ne peux pas.

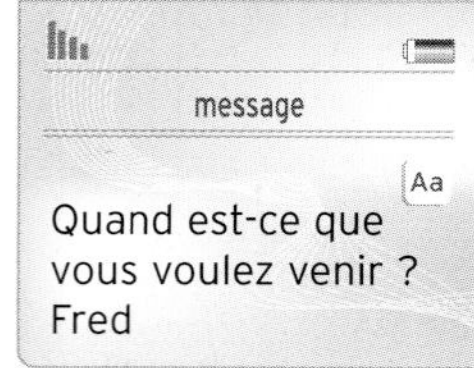

La question avec *quand*

- **Forme familière**
  sujet + verbe + *quand*
  Tu viens quand ?
- **Forme standard**
  ***quand est-ce que* + sujet + verbe**
  Quand est-ce que tu viens ?
- **Forme formelle**
  ***quand* + verbe + sujet**
  Quand viens-tu ?

6 Transformez les questions à la forme standard, puis à la forme formelle.

– Vous partez quand à Londres ?
– Mardi matin.
– Et vous revenez quand ?
– La semaine prochaine.
– Vous voyez John quand ?
– Le 17 septembre.
– Nous avons une réunion quand ?
– Je ne sais pas.

VOCABULAIRE

Quelle heure est-il ?

Heure officielle	Heure dans la conversation
Il est huit heures.	Il est huit heures (du matin).
Il est vingt heures.	Il est huit heures (du soir).
Il est 20 h 15.	Il est huit heures et quart.
Il est 20 h 30.	Il est huit heures et demie.
Il est 20 h 45.	Il est neuf heures moins le quart.
Il est 20 h 50.	Il est neuf heures moins dix.
Il est douze heures.	Il est midi.
Il est zéro heure.	Il est minuit.

7 Indiquez les heures de départ du train des deux façons possibles.

http://www.transilien.com/

Transilien SNCF

Sommaire
- Horaires et itinéraires
- Rechercher mon itinéraire
- Fiches horaires
- État du trafic
- Guide du voyageur
- Citylien
- Plus sur transilien

HORAIRES & ITINÉRAIRES

Accueil> Horaires et itinéraires> Fiches horaires > Résultats

LA FICHE HORAIRE

Départ : GARE SAINT-LAZARE - Paris
Arrivée : GARE DE CHAVILLE - Chaville
le : 17 mars

	42325	42409	42628	42700	42800	42900
Départ	12 h 30	13 h 15	14 h 00	14 h 25	16 h 55	17 h 45

Les moyens de transport

aller / **venir** / **partir** → **en** + bus, métro, voiture, avion, train, bateau
aller / **venir** / **partir** → **à** + pied, vélo, moto, cheval

⚠ prendre le bus, le train, le métro, l'avion, le bateau

8 Et vous ? Quels moyens de transport utilisez-vous ?

1. Le week-end, je prends…
2. Je vais au travail/à l'école…
3. Je pars en vacances…

9 Billet ou ticket ? Trouvez les associations possibles.

1. un billet
2. un ticket

a. de train
b. de cinéma
c. d'avion
d. de bus
e. de métro
f. de théâtre
g. de 10 euros

Faites des groupes de trois.

Votre ville est jumelée avec une ville française et elle va recevoir un groupe de Français la semaine prochaine. Organisez leur programme de la semaine et trouvez un jour pour organiser une soirée internationale.

– Ils vont arriver dimanche. Nous pouvons organiser un cocktail à la mairie. Dimanche après-midi, ils vont prendre le bus et faire le tour de la ville…

Pile ou face

Cette semaine : la face cachée d'Alain, 35 ans, marié, deux enfants

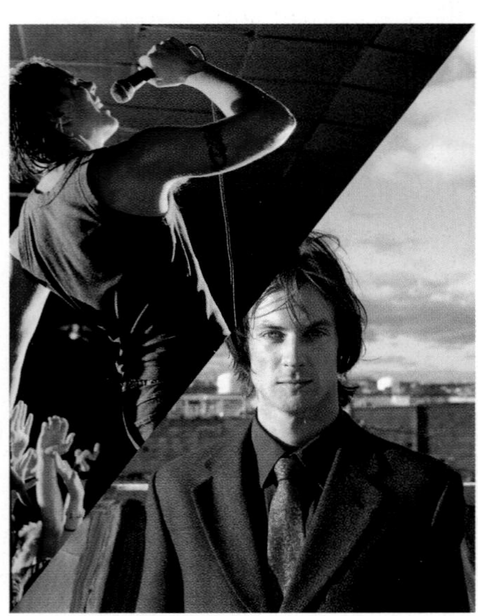

En apparence, je suis un homme ordinaire... Le matin, je me lève très tôt. Je me douche et je m'habille : je porte en général un costume gris ou noir et une cravate. Je prends mon petit-déjeuner, puis je pars au travail en voiture. Quand j'arrive au bureau, je bois d'abord un café. Ensuite, j'organise ma journée de travail : je suis informaticien dans une grande entreprise. Pendant la journée, je suis un homme très sérieux !

Le soir, j'ai une autre vie. Quand j'arrive chez moi, je me change : je mets une tenue décontractée et colorée. Ensuite, je m'occupe de mes enfants. Nous dînons vers 19 heures et les enfants se couchent tôt. Après le dîner, je ne regarde pas la télé : je chante ! C'est ma passion. Je fais partie d'un groupe de rock professionnel et nous répétons tous les soirs. Le week-end, nous donnons des concerts. J'adore être sur scène, je suis un autre homme !
Je me couche vers minuit, après la répétition. Avant de m'endormir, je pense à notre prochain concert et, la nuit, je rêve que mon groupe a du succès et joue au Stade de France...

1 Lisez le témoignage d'Alain et répondez.

1. Alain parle :
   - a. de ses collègues.
   - b. des activités de sa journée.
   - c. de ses activités sportives.
2. Alain a une vie originale : pour quelle raison ?

Vocabulaire

▶ LES MOMENTS
- Je me lève (très) **tôt/tard**.
- **Le matin**, je travaille.
- **Quand** j'arrive au bureau, je bois un café.
- **Pendant** la journée, je suis un homme sérieux.
- **Après** le dîner, je ne regarde pas la télévision.
- **Avant de** m'endormir, je pense à notre concert.

▶ LA CHRONOLOGIE
- Je me douche **et** je m'habille, **puis** je pars au travail.
- Je bois **d'abord** un café.
- **Ensuite**, j'organise ma journée de travail.

2 Quels dessins correspondent au texte ?

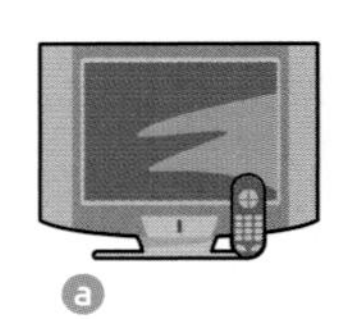
a

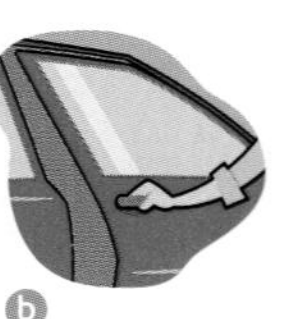
b

c

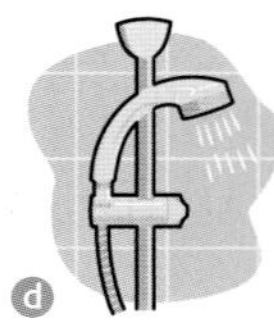
d

e

f

g

h

Action !

3 Préparez un questionnaire sur les habitudes quotidiennes.

Interrogez une personne de votre classe et prenez des notes.
Faites un petit exposé sur ses habitudes.

4 Imaginez une personne qui, comme Alain, a une vie originale.

Écrivez un article pour la rubrique *Pile ou face* du magazine.

PSYCHO **Le test du mois**

Êtes-vous stressé(e) ?

1. **Le matin, vous vous réveillez :**
   a. en pleine forme.
   b. parfois avec difficulté.
   c. fatigué(e).

2. **Votre petit-déjeuner,**
   a. vous le prenez tranquillement.
   b. vous ne le prenez pas.
   c. vous le prenez rapidement.

3. **La musique, vous l'écoutez :**
   a. très fort, après vingt-deux heures.
   b. dans le bus, avec un lecteur MP3.
   c. dans votre lit. Vous adorez la musique classique.

4. **Les petits problèmes de la vie,**
   a. vous les oubliez.
   b. vous ne savez pas les résoudre.
   c. vous essayez de les régler.

5. **Vos amis,**
   a. vous les invitez souvent.
   b. vous n'avez pas le temps de les voir.
   c. vous les retrouvez parfois au café.

6. **Vous avez rendez-vous avec un ami et il est en retard :**
   a. vous vous énervez et vous partez.
   b. vous êtes patient et vous l'attendez.
   c. vous l'appelez sur son portable.

7. **Les tâches ménagères,**
   a. vous les faites avec plaisir.
   b. vous détestez ça.
   c. c'est nécessaire, alors vous les faites.

8. **La vie,**
   a. vous la trouvez difficile.
   b. vous l'adorez.
   c. elle a des hauts et des bas.

Voir les résultats p. 23.

5 Lisez le test et répondez.

1. Qui propose ce test ?
   a. un hôpital
   b. un magazine
   c. une entreprise

2. Choisissez un autre titre pour le test.
   a. Avez-vous des amis ?
   b. Avez-vous des problèmes ?
   c. Avez-vous une vie calme ?

6 Imaginez : une personne très calme fait le test. Quelles sont ses réponses ?

Action !

7 Travaillez avec votre voisin(e). Faites le test et comparez vos réponses.

8 Vous voulez savoir si vos ami(e)s sont timides. Imaginez un test de huit questions.

GRAMMAIRE

Les verbes pronominaux

• *Se laver*	• *S'habiller*
je **me** lave	je **m'**habille
tu **te** laves	tu **t'**habilles
il/elle **se** lave	il/elle **s'**habille
nous **nous** lavons	nous **nous** habillons
vous **vous** lavez	vous **vous** habillez
ils/elles **se** lavent	ils/elles **s'**habillent

Un verbe pronominal est toujours précédé d'un pronom de la même personne que le sujet.

Forme négative : *Je **ne** me lave **pas**.*

*Je me lave **les** cheveux.*
*Il se brosse **les** dents.*

1 Conjuguez les verbes au présent.

1. – Vous (se réveiller) à quelle heure le matin ?
   – À sept heures. On (se préparer), on (se brosser) les dents et on (quitter) la maison à huit heures. Ma femme (se maquiller) dans la voiture.
2. – Qu'est-ce que tu (faire) le week-end ? Tu (se reposer) ?
   – Le samedi, je (se coucher) tard, alors le dimanche je (se lever) à dix heures. Dans la journée, je (s'occuper) de mes enfants. Nous (se promener) souvent le dimanche après-midi.

2 Trouvez le bon verbe puis mettez les phrases à la forme négative.

1. Valérie (lave/se lave) les cheveux.
2. Les enfants (regardent/se regardent) le spectacle.
3. Tu (lèves/te lèves) très tôt.
4. Milena (prépare/se prépare) le dîner.
5. Le professeur (arrête/s'arrête) le cours.
6. Julie (maquille/se maquille) avant de sortir.

Les pronoms personnels compléments d'objet direct (COD)

3 Observez ces phrases (document B, p. 73). Quels mots permettent d'éviter les répétitions ?

– Votre petit-déjeuner, vous le prenez tranquillement.
– Vos amis, vous les invitez souvent.
– La vie, vous la trouvez difficile.

Les pronoms personnels COD

Ils remplacent des noms de personnes ou d'objets.

me	*Il **me** regarde.*
te	*Nous **te** comprenons.*
le	*Ce fim, je **le** connais.*
la	*Vous **la** voyez quand ?*
nous	*Tes collègues **nous** regardent.*
vous	*Marc ne **vous** invite pas.*
les	*Ces chaussures, je ne **les** mets pas.*

Devant une voyelle ou un *h* muet :
*il **m'**invite, nous **t'**invitons, je **l'**habille.*

4 Complétez avec des pronoms.

1. La télé, je ... regarde souvent.
2. Les exercices, je ... fais toujours.
3. La carte orange, on peut ... acheter à la gare.
4. Mes amis, je ... retrouve au cinéma.
5. Ce mot, je ne ... comprends pas.
6. Ton professeur, je ... aime beaucoup.
7. Ma messagerie, je ... consulte tous les soirs.

5 Répondez aux questions à la forme affirmative, puis négative. Utilisez des pronoms.

1. Est-ce que tu apprécies tes voisins ?
2. Tu lis ce roman ?
3. Est-ce que tes amis t'écoutent ?
4. Est-ce que Nicolas nous attend ?
5. As-tu ta carte d'étudiant ?

6 Faites la publicité de chaque produit.
*Exemple : La crème Bibi, vous **la** mettez sur le visage, vous **l'**utilisez tous les jours, vous pouvez **l'**acheter en pharmacie !*
1. La sauce Mentola...
2. La caméra Xpro...
3. L'ordinateur Nyso...
4. Les livres Duo...

Le présent des verbes en *-ir*

• *Finir*	• *Partir*	• *Venir*
je finis	je pars	je viens
tu finis	tu pars	tu viens
il/elle finit	il/elle part	il/elle vient
nous finissons	nous partons	nous venons
vous finissez	vous partez	vous venez
ils/elles finissent	ils/elles partent	ils/elles viennent

Verbes sur le même modèle

• *choisir*	• *sortir*	• *tenir*
réfléchir	*dormir*	*devenir*

7 Complétez les phrases avec les verbes suivants au présent.
choisir, dormir, finir, partir, revenir, commencer, sortir, préparer
1. Les cours ... à 9 heures et ... à 17 heures.
2. Pour le dîner, tu ... le vin et moi je ... le dessert ?
3. Maxime ... tous les soirs et ... seulement cinq heures par nuit !
4. Ils ... en vacances demain et ... la semaine prochaine.

VOCABULAIRE

Les activités quotidiennes

8 Les activités suivantes se passent le matin, l'après-midi ou le soir. (Plusieurs réponses sont possibles.)

travailler — dîner — aller au cinéma — aller sur Internet — se coiffer — se réveiller — se coucher — réviser ses cours — se laver les mains — déjeuner — prendre le bus — se lever — faire le ménage — se doucher — faire la vaisselle — faire du sport — faire les courses — lire — se raser — écouter de la musique

PHONÉTIQUE

1 Écoutez. Vous entendez [ø] ou [œ] dans les formes verbales ?
1. Elle peut venir à Paris.
2. Ils veulent prendre le bus.
3. Je peux venir en voiture.
4. Je viens chez toi si tu veux.
5. Elles peuvent acheter un ticket.
6. Je veux acheter mon billet aujourd'hui.
7. Il veut prendre le train.
8. Tu ne peux pas travailler ce soir.

2 Écoutez. Quelle forme entendez-vous ?
1. **a.** Il arrive à deux heures dix.
   b. Il arrive à douze heures dix.
2. **a.** Le train part à seize heures trente.
   b. Le train part à sept heures trente.
3. **a.** Tu commences à trois heures.
   b. Tu commences à treize heures.
4. **a.** Nous avons douze heures de train.
   b. Nous avons deux heures de train.
5. **a.** Elle sort à cinq heures vingt.
   b. Elle sort à quinze heures vingt.
6. **a.** Tu viens à seize heures exactement.
   b. Tu viens à six heures exactement.

Action !

Faites des groupes de trois.
Vous avez interrogé une personne célèbre sur sa vie quotidienne. Rédigez l'interview.
– *À quelle heure prenez-vous votre petit-déjeuner ?*
– *Je le prends à 7 heures.*

« Votre attention, s'il vous plaît. »

1 Écoutez et retrouvez le lieu de chaque annonce.

1. dans un avion

2. dans un train

3. dans une gare

4. dans un aéroport

2 Réécoutez. Associez chaque annonce et son objectif.

1. souhaiter la bienvenue

2. rappeler une interdiction

3. annoncer un départ

4. annoncer un retard

5. demander de faire quelque chose

6. indiquer un service

7. indiquer un lieu de rencontre

Stratégies d'écoute

> Repérez les formules de politesse.

> Repérez les mots associés à un lieu particulier (par exemple, dans une gare : *voie*, *train*, *billet*, *quai*...).

> Soyez attentifs aux indications chiffrées (nombres, horaires, prix...).

3 Réécoutez. Pour chaque annonce, retrouvez les informations indiquées.

annonce **a**
- **1.** un numéro
- **2.** le nom d'une ville

annonce **b**
- **1.** le nom d'une ville
- **2.** le nom d'une compagnie
- **3.** le numéro d'une porte

annonce **c**
- **1.** le nom d'une ville
- **2.** le nom d'une compagnie

annonce **d**
- **1.** une heure
- **2.** le nom d'une ville
- **3.** une indication de durée

annonce **e**
- **1.** une action
- **2.** un lieu

annonce **f**
- **1.** un prénom
- **2.** un lieu précis

annonce **g**
- **1.** un lieu
- **2.** un numéro

Évaluation

Compréhension des écrits 8 points

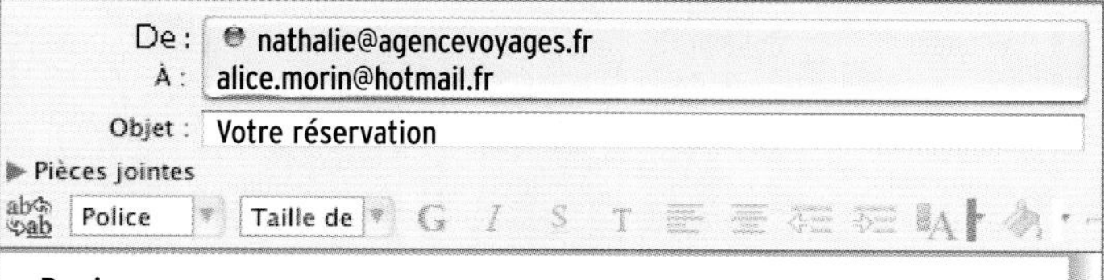
De : nathalie@agencevoyages.fr
À : alice.morin@hotmail.fr
Objet : Votre réservation
Pièces jointes
Police | Taille de

Bonjour,
J'ai réservé vos billets pour la Thaïlande.
Vous partez le 29 juillet à 14 h 10 de l'aéroport de Roissy et vous arrivez le lendemain à 8 heures à Bangkok. Pour le retour, j'ai deux possibilités : départ de Bangkok à 12 heures ou à 20 heures le 7 août.
Quelle est votre préférence ?
Pouvez-vous venir à l'agence jeudi ? Je travaille de 9 heures à 17 heures.
J'attends votre réponse pour la confirmation.
À bientôt,
Nathalie

1 Vrai, faux ou cela n'est pas dit ?

1. C'est une invitation.
2. Alice est mariée.
3. Nathalie travaille dans un aéroport.
4. Alice va partir en vacances.
5. Le départ est prévu l'après-midi.
6. Alice doit choisir l'heure du retour.
7. Nathalie peut faire la confirmation.
8. Nathalie propose un rendez-vous.

Production écrite 12 points

2 Vous ne travaillez pas cette semaine mais vous ne partez pas en vacances. Décrivez vos journées et vos projets dans un mél à un(e) ami(e). (60 à 80 mots)

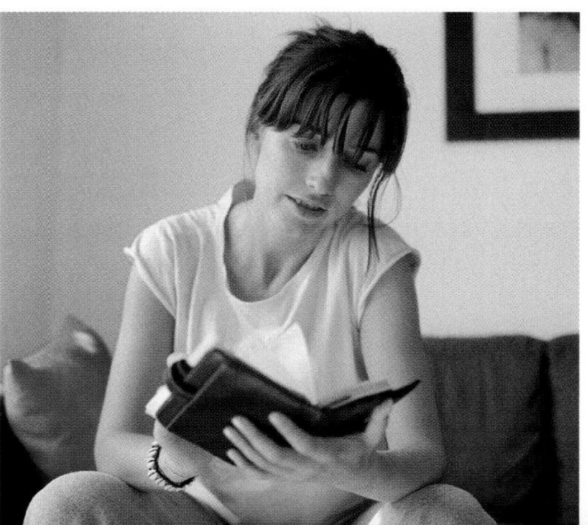

Compréhension de l'oral 7 points

3 Écoutez le document et répondez.

1. Les deux personnes :
   a. sont amies.
   b. ne se connaissent pas.
   c. travaillent ensemble.
2. La conversation se passe :
   a. dans un magasin.
   b. dans un bureau.
   c. dans une bibliothèque.
3. L'homme demande :
   a. des crayons.
   b. des livres.
   c. des cahiers.
4. Il veut aussi :
   a. un stylo rouge et un stylo bleu.
   b. un stylo bleu et un stylo noir.
   c. un stylo noir et un stylo vert.
5. La femme :
   a. propose des agendas.
   b. n'a pas d'agendas.
   c. attend des agendas.
6. Le total est de :
   a. 11 euros.
   b. 15 euros.
   c. 20 euros.
7. L'homme :
   a. n'a pas de carte de crédit.
   b. peut payer par carte.
   c. ne peut pas payer par carte.

Production orale 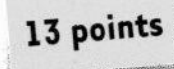

4 Vous avez mal aux dents. Vous téléphonez pour prendre rendez-vous chez le dentiste. Une secrétaire vous répond. Vous n'avez pas beaucoup de disponibilité.

 UNE ENTREPRISE DE RÊVE

— Bonjour, monsieur, je fais un sondage sur les conditions de travail des Français. Vous avez cinq minutes ?
— Oui, c'est ma pause déjeuner.
— Vous travaillez dans quelle entreprise ?
— Chez Loréac. Je suis chef de projet.
— Ça se passe comment ?
— J'ai de la chance. Chez Loréac, il est interdit de stresser ! Il ne faut pas travailler après 18 heures, et nous n'avons pas le droit de travailler le week-end.
— Vous plaisantez ?
— Pas du tout ! Nous devons aussi faire des pauses quatre fois par jour, et nous avons une salle de relaxation et une salle de sport. C'est très agréable !
— Et vous avez d'autres avantages ?
— Oui. Je peux utiliser mon téléphone professionnel pour des appels privés et écouter de la musique dans mon bureau. Mais je ne dois pas déranger mes collègues, bien sûr !
— Mais, dites-moi, vous portez un jean ?
— Oui. Il faut être en costume quand on rencontre un client mais, le reste du temps, on s'habille comme on veut.
— Êtes-vous bien payé ?
— Ça, désolé, mais c'est confidentiel…

Outils pour

▶ EXPRIMER DES INTERDICTIONS
- Il est interdit de stresser.
- Nous n'avons pas le droit de travailler le week-end.
- Il ne faut pas travailler après 18 heures.
- Je ne dois pas déranger mes collègues.

▶ EXPRIMER DES OBLIGATIONS
- Il faut être en costume.
- Nous devons faire des pauses.

1 Écoutez et répondez.

1. Où a lieu cette conversation ?
2. À quel moment de la journée ?
3. Qui est la personne interrogée ?
4. Est-elle satisfaite de sa situation ?

2 Vrai, faux ou cela n'est pas dit ?

1. Les employés de Loréac ont de bonnes conditions de travail.
2. Il y a une piscine dans l'entreprise.
3. La personne interrogée porte un costume.
4. Elle ne veut pas donner son salaire.

3 Donnez le règlement de Loréac.

Les employés de Loréac peuvent…
Ils ne peuvent pas…
Est-ce un règlement normal ? Surprenant ? Idéal ?

4 Jouez la scène à deux.

Vous êtes vendeur/vendeuse dans un magasin. Un(e) client(e) ne respecte pas le règlement.
> Discutez avec lui/elle.

5 Vous êtes le directeur/la directrice d'un centre de vacances pour enfants.

> Imaginez deux règlements pour le centre : un règlement très strict et un règlement idéal.

http://www.etudes-et-emplois.fr

Google

FORUM ÉTUDES ET EMPLOI : *partageons nos expériences*

EN COURS : CONVERSATION DU 12 MARS - SUJETS DIVERS

GIGI – Salut. Je fais une école de commerce et je suis en deuxième année. J'ai eu mes examens et je cherche un stage en entreprise pour la rentrée.

MARCO – Bonjour, je m'appelle Marc. Je suis chef de produit chez Loréac et je cherche un(e) stagiaire pour le mois de septembre. Dépêche-toi : envoie ta candidature à stages@loreac.fr !

ALEX – Salut Gigi. Je fais des études d'économie à l'université et je suis en troisième année de licence. J'ai fait un stage l'année dernière chez Loréac. Leurs conditions de travail sont extraordinaires et il y a une très bonne ambiance. Alors n'hésite pas : fais ton stage chez eux !

BALOU – Salut ! Moi c'est Bastien. Je fais des études de médecine et je suis en troisième année. Les cours sont difficiles et je suis découragé. Je passe des examens en juin et j'ai peur de rater l'épreuve d'anatomie.

RAF82 – Bonjour Bastien. Moi, je suis médecin et je me souviens des cours d'anatomie : il faut apprendre le vocabulaire du corps en détail, ce n'est pas très amusant ! Mon conseil : n'abandonne pas et continue à travailler ! Après, quand on est médecin, c'est vraiment intéressant.

6 **Lisez et répondez.**

C'est un forum sur :

1. les études.
2. les études et la vie professionnelle.
3. la vie professionnelle.

7 **Pour chaque message, dites quelles informations sont données.**

1. l'année d'étude
2. le diplôme préparé
3. la profession exercée

8 **Qui donne des conseils ?**

Outils pour

▶ PARLER DE SES ÉTUDES
- Je suis en troisième année de licence.
- Je fais des études de médecine.
- Je fais une école de commerce.
- Je fais un stage./Je suis stagiaire.
- Je passe un examen.
- J'ai eu mes examens.
- J'ai réussi/raté une épreuve.

▶ DONNER DES CONSEILS
- Fais ton stage chez eux.
- Dépêche-toi.
- N'abandonne pas.

Vocabulaire

▶ LES ÉTUDES
- Les diplômes : le baccalauréat, une licence, un master, un doctorat.
- Les matières : les lettres, les sciences (les mathématiques, la physique, la chimie, la biologie...), l'histoire, l'économie, le droit, la médecine, la psychologie, la philosophie...

9 **Travaillez avec votre voisin(e).**

> Parlez de vos études (actuelles ou passées).

10 **Donnez cinq conseils :**

> pour être en bonne santé ;
> pour bien apprendre le français ;
> pour réussir ses études.

GRAMMAIRE

L'interdiction et l'obligation

1 Relisez le document A, p. 78. Associez.

1. Il est interdit de	a. travailler après 18 heures.
2. Il faut	b. être en costume.
3. Il ne faut pas	c. faire des pauses.
4. Nous devons	d. stresser.

Est-ce qu'il y a d'autres associations possibles ?

Le verbe *devoir* au présent

je dois	nous devons
tu dois	vous devez
il/elle doit	ils/elles doivent

À la forme négative, le verbe *devoir* exprime l'interdiction : *Tu ne dois pas être en retard.*

L'interdiction

Il est interdit de / Il ne faut pas } + infinitif

Il est interdit de fumer. Il ne faut pas fumer.

L'obligation

Il faut / devoir } + infinitif

Il faut travailler. Je dois travailler.

2 Transformez les phrases, comme dans l'exemple.

Exemple : *Il faut partir. > Je dois partir.*

1. Il faut écouter. Tu...
2. Il ne faut pas être inquiet. Nous...
3. Il faut se préparer. Elles...
4. Il ne faut pas crier. On...
5. Il faut se dépêcher. Vous...

3 Pour chaque lieu, exprimez une obligation ou une interdiction.

1. dans un avion (éteindre son téléphone portable)
2. dans une bibliothèque (parler fort)
3. à la piscine (plonger)
4. à la poste (faire la queue)
5. au musée (prendre des photos)

L'impératif

4 Observez ces phrases (document B, p. 79). Les verbes sont conjugués à quelle personne ? Est-ce qu'il y a un pronom sujet ?

1. Partageons nos expériences.
2. Fais ton stage chez eux !

L'impératif

- Pour donner un conseil, une indication ou un ordre, on utilise l'impératif.

viens	ne viens pas
venons	ne venons pas
venez	ne venez pas

⚠ À l'impératif, les verbes en *-er* ne prennent pas de *-s* à la 2e personne du singulier.
Pense à moi !
Va à la bibliothèque !

- L'impératif des verbes pronominaux

Se dépêcher	***S'énerver***
dépêche-toi	ne t'énerve pas
dépêchons-nous	ne nous énervons pas
dépêchez-vous	ne vous énervez pas

⚠ *Avoir : aie, ayons, ayez.*
Être : sois, soyons, soyez.

5 Donnez des conseils, comme dans l'exemple.

Exemple : *Tu as faim ? > Prépare le dîner !*

1. Tu n'aimes pas la ville ? (vivre à la campagne)
2. Tu es fatigué ? (se reposer)
3. Tu cherches une solution ? (réfléchir)
4. Tu veux sortir ce soir ? (aller au cinéma)
5. Tu viens à la fête ? (apporter des boissons)
6. Ton ami est en retard ? (être patient)

6 Conjuguez chaque phrase de l'exercice 5 aux 2e et 3e personnes du pluriel.

VOCABULAIRE

L'entreprise

7 Associez.

1. un ordinateur
2. un stagiaire
3. un bureau
4. un employé
5. un employeur
6. un agenda électronique
7. une imprimante
8. une salle de réunion

a. un objet
b. un lieu
c. une personne

8 Faites trouver à votre voisin(e) un mot de l'exercice 7.

Exemple : Avec cet objet, je peux aller sur Internet.
> C'est un ordinateur !

L'université

9 Faites des phrases. (Plusieurs réponses sont possibles.)

1. Je fais
2. J'ai un cours de
3. Je passe
4. J'étudie le/la
5. Je suis inscrit(e)
6. Je fais des études de
7. Je suis

a. japonais
b. à l'université.
c. en licence de biologie.
d. un examen.
e. géographie.
f. un stage.
g. en 1re année de psychologie.

Les nombres ordinaux

• Pour indiquer un rang et pour classer, on utilise les nombres ordinaux.

deux	deuxième
trois	troisième
quatre	quatrième
cinq	cinquième
neuf	neuvième
treize	treizième
cent	centième
trente et un	trente et unième
⚠ un	premier

• Les nombres ordinaux s'accordent avec le nom.
*Je suis en premi**è**re année.*
*Elles sont arrivées deuxième**s**.*

10 Un journal a publié un classement mondial des « villes vertes ». Donnez le classement des villes suivantes.

Exemple : Stockholm est en première position.

1. Stockholm **(1)**
2. Oslo **(2)**
3. Munich **(3)**
4. Paris **(4)**
5. Lyon **(7)**
6. Nantes **(9)**
7. Pékin **(72)**

Travaillez avec votre voisin(e).
Choisissez une situation. Donnez des ordres et des conseils. Votre voisin(e) devine quelle est la situation.

> Vous êtes l'agent(e) d'un jeune comédien.
– *Tu dois faire des photos. Accepte des rôles intéressants ! Il ne faut pas abandonner…*

> Vous êtes le conseiller/la conseillère du président de la République.

> Vous êtes l'entraîneur/l'entraîneuse d'un grand sportif.

COMPRENDRE ET 

Métiers & Avenir
entrée gratuite
Hall 2
du 10 au 17 mai

 7 MINUTES POUR CONVAINCRE !

Mesdames et messieurs, bonjour ! Vous cherchez un emploi ?
Vous voulez être infirmier ou photographe ? Informaticienne ou styliste ?
Les entreprises vous accueillent sur leur stand pour des entretiens rapides.
Allez les voir et tentez votre chance !

1. — Bonjour. Je suis madame Pinson, la directrice de Promoda.
— Mickaël Lemaire, enchanté. J'ai un BTS[1] Force de vente et je cherche un emploi de vendeur.
— Bien, avez-vous un CV et une lettre de motivation ?
— Voici mon CV, mais je n'ai pas de lettre de motivation, désolé.
— Bon, nous avons sept minutes. Vous êtes prêt ?
— Je suis prêt.
— Avez-vous déjà une expérience dans la vente ?
— Non, et je n'ai jamais fait de stage.

1. *BTS :* brevet de technicien supérieur.

2. — Je m'appelle Julie Valet et je suis commerciale.
— Asseyez-vous. Je vous présente Frédéric. Il travaille chez nous et c'est un excellent commercial ! Il va s'occuper de vous.
— Alors, pourquoi voulez-vous travailler chez Promoda ?
— Parce que j'adore le contact avec les gens et que j'adore la mode ! J'aime aussi être autonome.
— Très bien. Souhaitez-vous suivre une formation en alternance, une semaine à l'école et une semaine dans notre entreprise ?
— Non, j'ai 24 ans et j'ai déjà une formation. Je ne veux plus faire d'études.

3. — Bonjour. Clément Bulot. Je suis agent de voyages mais j'aimerais changer de secteur.
— Vous travaillez toujours dans le tourisme ?
— Non, je n'ai plus d'emploi, mon contrat s'est terminé la semaine dernière.
— Pourquoi souhaitez-vous changer ?
— Parce que je suis passionné par l'environnement. Je voudrais découvrir ce secteur.
— Mais, monsieur, Promoda vend des vêtements...
— Ah ? Je ne suis pas sur le stand Écologia ? ! Désolé...

1 Écoutez les trois dialogues.

Ils se passent :
1. dans le bureau d'une entreprise.
2. dans une agence pour l'emploi.
3. dans un salon pour l'emploi.

2 Réécoutez le dialogue 1 et repérez les notes de Mme Pinson sur Mickaël.

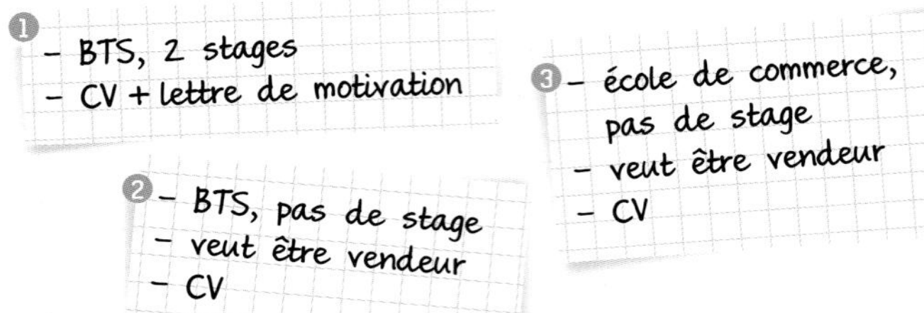

3 Réécoutez les dialogues 2 et 3. Vrai ou faux ?

1. Julie aime travailler seule.
2. Elle veut continuer ses études.
3. Elle veut travailler dans le secteur de la mode.
4. Clément ne veut pas changer d'emploi.
5. Il est passionné par le tourisme.
6. Il n'est pas sur le bon stand.

Outils pour

▶ PARLER DE SON PARCOURS PROFESSIONNEL
- Je suis commercial(e).
- Je travaille dans le (secteur du) tourisme.
- J'ai déjà une expérience dans la vente.
- Je n'ai jamais fait de stage.
- Je cherche un emploi de vendeur.
- J'aimerais travailler dans l'environnement.
- Je n'ai plus d'emploi./Je suis au chômage.

Vocabulaire

▶ L'EMPLOI
- une lettre de motivation
- un curriculum vitae (un CV)
- un contrat (signer un contrat)
- un secteur d'activité (la santé, l'environnement, les transports, le droit, la restauration, l'immobilier...)

4 Jouez la scène à deux.
Vous êtes au salon de l'emploi.
> Choisissez une profession, un secteur d'activité et un stand.
> Passez un entretien de sept minutes avec le/la responsable du stand.

http://www.petitboulot.fr/

petitboulot.fr Le site des annonces dans votre région

LES ANNONCES DU JOUR

RECHERCHE PAR THÈME
- Enfants
- Ménage
- Jardinage
- Bricolage
- Informatique
- Juridique
- Loisirs
- Animaux
- Autres

NOUS CONTACTER

LES ANNONCES DU JOUR

Bonjour !
Je suis une jeune fille très dynamique et je fais des petits boulots pour financer mes études : ménage, repassage et baby-sitting.
Uniquement le week-end.

Contactez-moi : amorin@laposte.fr

Votre ordinateur ne marche plus ? Ne vous inquiétez pas, je peux le réparer !

Interventions le soir, dans toute la région.

ordinet@orange.fr

Je suis retraitée et j'adore les enfants.

Pour rester active, je propose de garder vos enfants après l'école, du lundi au vendredi.

Mon adresse mél : nounou@yahoo.fr

J'ai fondé une association pour aider les personnes âgées. Nous sommes des étudiants bénévoles et nous pouvons faire les courses, le ménage, la lecture...

Écrivez à senior-aide@tele2.fr

5 Associez les annonces, les personnes et la ou les activité(s).

annonce **1**	**1.** Arthur, 24 ans	**a.** garde d'enfant
annonce **2**	**2.** Simone, 70 ans	**b.** ménage
annonce **3**	**3.** Agathe, 18 ans	**c.** informatique
annonce **4**	**4.** Guillaume, 42 ans	**d.** courses

6 Vrai ou faux ?
1. Agathe est libre le samedi et le dimanche.
2. Ses parents paient ses études.
3. Guillaume fait des dépannages dans toute la France.
4. Simone ne travaille plus.
5. Arthur veut gagner de l'argent.

Outils pour

▶ EXPLIQUER LE BUT D'UNE ACTION
- Je fais des petits boulots pour financer mes études.
- Pour rester active, je propose de garder vos enfants.
- J'ai fondé une association pour aider les personnes âgées.

7 Travaillez avec votre voisin(e).
Avez-vous déjà fait un petit boulot ?
> Racontez.

8 Vous avez besoin d'aide.
Répondez à une des annonces du document B.

GRAMMAIRE

La négation (3)

1 Relisez le document A, p. 82. Relevez toutes les phrases négatives.

La négation (3)

• *Ne... plus*

Quand une action a cessé de se produire, on utilise *ne... plus*. C'est la négation de *encore* et *toujours*.

- *Tu as encore faim ?*
- *Non, je **n'ai plus** faim.*
- *Tu habites toujours à Vancouver ?*
- *Non, je **n'habite plus** à Vancouver.*

• *Ne... jamais*

Quand une action ne s'est pas produite, on utilise *ne... jamais*. C'est la négation de *déjà*.

- *Tu as déjà fait un stage ?*
- *Non, je **n'ai jamais** fait de stage.*

⚠ Rappel : au passé composé, la négation entoure l'auxiliaire : *Je **n'ai jamais** chanté.*

2 Mettez les phrases à la forme négative.

1. J'ai déjà joué au golf.
2. Elle est encore dans son bureau.
3. Il vit toujours en France.
4. Nous avons déjà pris l'avion.
5. Tu es toujours mon ami.

3 Deux amis discutent. Trouvez les questions.

– ... ?
– Non, je ne vois plus Marie.
– ... ?
– Non, elle ne m'appelle plus.
– ... ?
– Non, nous ne sommes jamais sortis ensemble.
– ... ?
– Non, je n'ai jamais rencontré ses amis.
– ... ?
– Oui, je l'aime toujours !

C'est/Il est

4 Observez ces phrases (document A, p. 82). Quelle différence observez-vous ?

1. Je suis commerciale.
2. C'est un excellent commercial.

C'est/Il est

• Pour identifier quelqu'un ou quelque chose
 – ***c'est* + nom propre**
  C'est Marc.
 – ***c'est* + article + nom** (+ adjectif)
  C'est un stylo. C'est un stylo vert.
  C'est un médecin. C'est un médecin français.

• Pour décrire quelqu'un ou quelque chose
 ***il/elle est* + adjectif/profession**
  Il est vert. Il est français. Il est médecin.

5 Faites les présentations. Utilisez *c'est un(e)* ou *il/elle est*.

1. Sophie : ... cousine. ... chanteuse. ... très sympathique.
2. Tiger Woods : ... bon golfeur. ... américain.
3. *La Joconde :* ... tableau de Léonard de Vinci. ... célèbre dans le monde entier.
4. Marion Cotillard : ... actrice française. ... petite et châtain.
5. Mon appartement : ... grand. ... appartement ancien.

L'expression de la cause et du but

6 Relisez cet échange (document A, p. 82). Trouvez un autre échange de ce type dans le document.

– Pourquoi voulez-vous travailler chez Promoda ?
– Parce que j'adore le contact avec les gens !

La cause

Pour demander et donner les raisons d'une action
 – ***Pourquoi** est-ce que tu ris ?*
  – ***Parce que** ton frère est drôle.*
  – ***Parce qu'**il est drôle.*

7 Répondez librement aux questions.
1. Pourquoi est-ce que tu veux partir ?
2. Pourquoi pleurez-vous ?
3. Pourquoi est-ce qu'elle ouvre la fenêtre ?
4. Pourquoi est-ce que vous vous disputez ?

8 Relisez les *Outils* du document B, p. 83.
Quel mot exprime le but ?

Le but

Pour exprimer le but d'une action
pour + **infinitif**
Je fais du sport pour être en forme.

⚠ *pour* + infinitif négatif :
Je prends un café ***pour ne pas*** *dormir.*

9 Complétez avec *pour* ou *parce que*.
1. … être un bon sportif, il faut bien manger et il faut s'entraîner tous les jours … la compétition est très dure.
2. Je mange … avoir de l'énergie et … je suis gourmand !
3. … me détendre, je vais à la campagne. Je prends le train … je n'ai pas de voiture.
4. Ce soir, … ne pas m'ennuyer, je vais lire ou regarder la télévision. Je ne vais pas sortir … je suis fatigué.

VOCABULAIRE

Les professions

commerçant	commerçant**e**
informatic**ien**	informatic**ienne**
vend**eur**	vend**euse**
infirm**ier**	infirm**ière**
institu**teur**	institu**trice**
photograph**e**	photograph**e**

chanteur	chanteuse
professeur	professeur
médecin	médecin

10 Repérez les professions mentionnées dans le document A, p. 82. Sont-elles au masculin ou au féminin ?

11 Trouvez le masculin ou le féminin des professions suivantes.
1. un cuisinier
2. une serveuse
3. un agriculteur
4. un représentant
5. une libraire
6. un boulanger
7. une directrice
8. un chirurgien

PHONÉTIQUE

1 Écoutez les séries de mots. Pour chaque série, trouvez la ou les lettre(s) non prononcée(s).
1. Continue ! – la rentrée – la chimie – la vie
2. Vous avez un bon CV. Vous allez travailler.
3. Je dois partir. Je suis à Paris. Je vais en cours.
4. Interdit. Pas du tout. Il faut. Un client.
5. le temps – le corps

2 Écoutez et repérez les lettres non prononcées à la fin des mots.
1. Ton projet est intéressant. Tu dois l'envoyer.
2. Je pars en vacances au mois de juillet.
3. Je peux vous poser une question ?
4. On peut utiliser son portable quand on veut.

Choisissez une profession ou un petit boulot.
Donnez les caractéristiques de cet emploi (secteur d'activité, formation nécessaire, horaires, conditions de travail…).
Dites pourquoi vous faites ce métier et quels sont vos objectifs.
La classe doit trouver quelle est votre profession.

LECTURE

LEÇONS 11-12

Guillaume Musso, écrivain français né à Antibes en 1974. Étudiant, il a vécu à New York. Ses romans mêlent émotion et suspense. Ils sont très appréciés du grand public, traduits dans vingt-sept langues et en cours d'adaptation cinématographique.

New York City, 1965
Elliott a 19 ans

C'est le milieu de l'hiver, en début de soirée, dans la Ville lumière. Une averse[1] soudaine et inattendue vient de s'abattre sur Manhattan…
Les habits trempés, un jeune homme descend les escaliers qui mènent à la station de métro. Il s'appelle Elliott Cooper. Il a dix-neuf ans et ne sait pas trop quoi faire de sa vie. Il y a deux mois, il a arrêté ses études pour entreprendre un périple[2] à travers les États-Unis. Une façon pour lui de voir du pays, de faire le point sur son avenir et de s'éloigner de son père qui vit en Californie.
Au même moment, Ilena Cruz, une jeune Brésilienne de dix-huit ans, s'en revient du zoo du Bronx où elle a trouvé un stage pour l'été qui lui permet de réaliser le rêve de sa vie : s'occuper d'animaux. Aérienne, elle traverse la rue, évitant les flaques[3] et les voitures avant de s'engouffrer dans le métro. Sa bonne humeur en bandoulière[4], elle a le sourire aux lèvres.

Guillaume Musso, *Seras-tu là ?*, © XO Éditions, 2006.

1. *Une averse :* une pluie très forte.
2. *Un périple :* un voyage.
3. *Une flaque :* eau sur le sol, après la pluie.
4. Expression imagée : elle porte sa bonne humeur sur le visage.

1 Lisez la biographie de Guillaume Musso et observez le texte.
Quel point commun y a-t-il entre la vie de l'auteur et son roman ?

2 Lisez le texte en entier et cherchez des informations sur le cadre.
Où se passe l'histoire ? Quand ?

3 Qui sont les personnages ?
1. Indiquez leur nom, leur âge, leur parcours, leur but.
2. Cherchez des informations sur les sentiments de la jeune fille.

4 Cherchez une indication sur la chronologie du récit dans le troisième paragraphe.

5 L'adjectif *aérienne* commence l'avant-dernière phrase.
1. Il caractérise :
a. la rue.
b. la jeune fille.
2. Dans le texte, cet adjectif montre :
a. la gaieté de la jeune fille.
b. la légèreté de la jeune fille.
c. l'imprudence de la jeune fille.

Stratégies de lecture

> **Cherchez où et quand se passe l'histoire, qui sont les personnages, ce qu'ils font.**

> **Pour comprendre un récit, repérez toutes les indications de temps qui vous donnent des informations sur le déroulement des actions *(au début, ensuite, au même moment...)*.**

> **Utilisez le contexte pour deviner le sens des mots.**

Évaluation

Compréhension des écrits 8 points

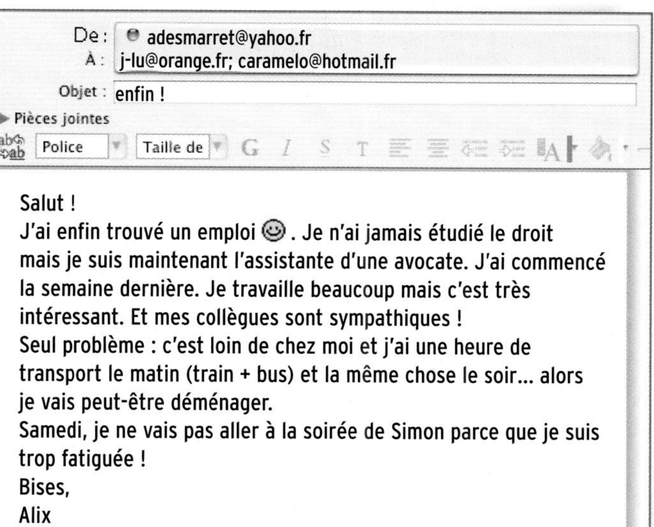

De : adesmarret@yahoo.fr
À : j-lu@orange.fr; caramelo@hotmail.fr
Objet : enfin !
Pièces jointes

Salut !
J'ai enfin trouvé un emploi ☺. Je n'ai jamais étudié le droit mais je suis maintenant l'assistante d'une avocate. J'ai commencé la semaine dernière. Je travaille beaucoup mais c'est très intéressant. Et mes collègues sont sympathiques !
Seul problème : c'est loin de chez moi et j'ai une heure de transport le matin (train + bus) et la même chose le soir... alors je vais peut-être déménager.
Samedi, je ne vais pas aller à la soirée de Simon parce que je suis trop fatiguée !
Bises,
Alix

1 Lisez le mél. Vrai, faux ou cela n'est pas dit ?

1. Alix écrit à ses collègues.
2. Elle annonce une bonne nouvelle.
3. Elle a été au chômage.
4. Elle est avocate.
5. Elle a un bon salaire.
6. Elle apprécie son travail.
7. Elle met deux heures pour aller à son bureau.
8. Elle ne sort pas samedi parce qu'elle déménage.

Production écrite 12 points

2 Vous êtes journaliste. Vous écrivez un article sur un nouveau collège très moderne (architecture et pédagogie). Décrivez les lieux et parlez des matières enseignées. Donnez quelques informations sur les professeurs et les élèves. (60 à 80 mots)

Compréhension de l'oral 8 points

3 Écoutez et répondez.

1. Où se passe le dialogue ?
2. Qui parle ?

4 Vrai, faux ou cela n'est pas dit ?

1. Il faut avoir une carte pour manger à la cafétéria.
2. Les frais d'inscription sont de cinq euros.
3. On peut toujours prendre un dessert.
4. Il ne faut pas utiliser son téléphone portable à la cafétéria.
5. On ne peut pas apporter de sandwich à la cafétéria.
6. On peut fumer à l'extérieur.

Production orale 12 points

Je recherche quelqu'un pour s'occuper d'une personne âgée quelques heures dans la journée.

Téléphoner à M. Bertrand au 06 76 45 43 32.

5 Vous avez vu cette annonce. Vous téléphonez. Vous posez des questions sur le travail, les horaires et le salaire. M. Bertrand vous pose des questions sur vous. Jouez la scène.

Chacun son rythme

Les Français ont en moyenne trente-six jours de congé par an, contre trente jours pour les Espagnols, vingt-quatre pour les Anglais, dix-huit pour les Canadiens et quatorze pour les Américains !
Et pourtant, la France reste la sixième puissance économique du monde et le deuxième pays le plus productif du monde après la Norvège...

Temps libre et temps de travail

Depuis 2000, les Français travaillent trente-cinq heures par semaine. Le Parlement a voté la loi sur les trente-cinq heures pour encourager les entreprises à embaucher et pour réduire le chômage. C'est la « RTT » (Réduction du temps de travail). En fait, les employés peuvent travailler trente-neuf heures : ils font des heures supplémentaires (les « heures sup »). À la fin du mois, ils récupèrent ces heures et prennent des jours de congé.

Les trente-cinq heures sont un grand sujet de débat : certains pensent que ça n'est pas une bonne idée et qu'il faut travailler plus. Mais, en 2007, la majorité des Français sont satisfaits des trente-cinq heures.

QUELLES SONT LES CONSÉQUENCES DES TRENTE-CINQ HEURES SUR VOTRE VIE PERSONNELLE, FAMILIALE ET PROFESSIONNELLE* ?

Conséquences positives	77 % des personnes interrogées
J'ai du temps libre.	**42 %**
J'ai du temps pour ma famille.	31 %
J'ai assez de vacances.	22 %
J'ai du temps pour mes loisirs.	19 %
Je rentre tôt chez moi.	2 %

Conséquences négatives	47 % des personnes interrogées
Ma charge de travail a augmenté.	**29 %**
L'organisation du travail est compliquée.	12 %
Mes horaires de travail changent souvent.	9 %
Je suis stressé(e).	3 %

* Les personnes interrogées ont pu donner plusieurs réponses.

Sondage du ministère du Travail, des Relations sociales et de la Solidarité.

1 Lisez les résultats du sondage. D'après les personnes interrogées, quelles sont les deux principales conséquences des trente-cinq heures ? Sont-elles positives ou négatives ?

2 Pour vous, quelle est la durée idéale de travail ?

3 Voici quelques proverbes francophones sur le temps. Associez chaque proverbe et sa signification.

a. Il ne faut pas perdre de temps.
b. Il ne faut pas se dépêcher.
c. Le temps ne change pas les gens.

1 « Manger trop vite, c'est se brûler la bouche. »
(proverbe congolais)

2 « Le monde appartient à ceux qui se lèvent tôt. »
(proverbe français)

3 « Le temps, ça ne fait pas des sages, seulement des vieillards. »
(proverbe québécois)

Et chez vous ? Quelle est la durée légale du travail ? Quels sont les proverbes sur le temps ?

LES NÉORURAUX

Au 19e siècle, beaucoup d'habitants des campagnes sont venus travailler et habiter en ville. Maintenant, le contraire existe aussi : certains habitants des villes, fatigués de la routine « métro, boulot, dodo », veulent changer de rythme et de cadre de vie. 39 % des habitants des villes de plus de 100 000 habitants souhaitent aller vivre à la campagne pour retrouver une vie agréable. Ceux qui tentent l'aventure s'appellent les néoruraux.

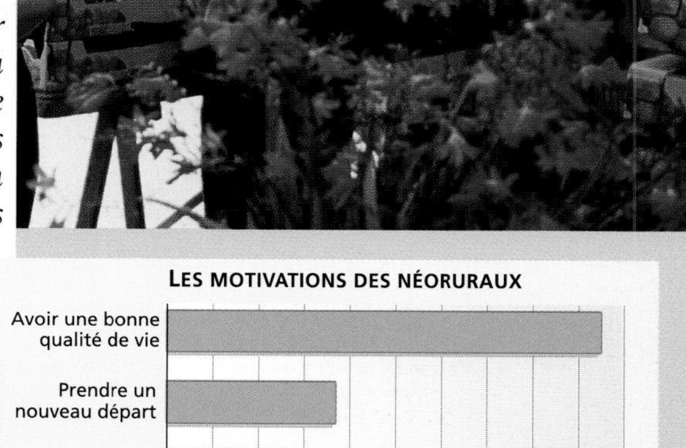

Anaïs, trente et un ans, Saint-Jean-du-Gard (sud-est de la France)

« Nous vivons à la campagne depuis quatre ans. Nous nous sentons très bien ici : nous avons une vraie vie sociale avec nos voisins, et nous avons du temps pour vivre. Nous sommes fatigués du stress et des embouteillages. Je ne veux plus vivre dans la pollution, travailler toute la journée, me déplacer en voiture et passer les week-ends au supermarché pour faire les courses ! Ici, nous connaissons tout le monde et nous discutons avec les commerçants du village. Et puis nous faisons beaucoup de promenades et d'activités sportives. Mon mari ne travaille plus dans un bureau mais dans une ferme. Moi, je cultive les légumes de mon jardin potager, nous avons de bons repas sains et naturels. Nous avons aussi jeté notre télévision à la poubelle. Mais, grâce à Internet, nous restons en contact avec le monde... »

LES MOTIVATIONS DES NÉORURAUX

Avoir une bonne qualité de vie
Prendre un nouveau départ
Retrouver ses racines
Vivre dans une région qu'on aime
Participer au développement des campagnes
0 | 20 % | 40 % | 60 % | 80 % | 100 %

4 Pourquoi est-ce qu'Anaïs préfère la campagne à la ville ? Recopiez et complétez le tableau suivant.

En ville...	À la campagne...
On passe beaucoup de temps dans sa voiture.	...
On ne parle pas avec les employés des magasins.	...
...	Il n'y a pas beaucoup de circulation sur la route.
On n'a pas l'occasion de faire du sport.	...
...	...

5 Observez le graphique sur les motivations des néoruraux. Quels éléments retrouvez-vous dans le témoignage d'Anaïs ?

6 On peut aussi préférer la ville à la campagne. Trouvez cinq avantages de la vie en ville.

Et chez vous ? Est-ce qu'il y a beaucoup de citadins qui vont vivre ou qui veulent vivre à la campagne ?

Les Français sont comme ça...

Quand des Français vous invitent chez eux « à 20 heures », il ne faut surtout pas arriver à 20 heures, encore moins à 19 h 50 ! Si vous êtes en avance, vous dérangez vos hôtes... Arrivez à 20 h 10 ou 20 h 15 : les personnes qui vous invitent ont le temps de se préparer, de mettre la table... C'est le « quart d'heure de politesse ». Attention, si vous arrivez à 20 h 25 ou 20 h 30, on considère que vous êtes en retard, et c'est impoli !

SCÉNARIO

ÉPISODE 3
PROJET

À sa recherche

Un membre de la famille du/de la disparu(e) décide de partir à sa recherche.

Étape 1
Informations pratiques

1. En groupes

Cherchez des informations sur le pays choisi.

Capitale et villes principales, monnaie, climat, durée du voyage, documents utiles (carte d'identité, passeport, carnet de vaccination, visa...)...

⚠ Cherchez les informations dans un dictionnaire, dans des guides de voyage et sur Internet.

2. Mise en commun

La classe rassemble toutes les informations utiles sur le pays.

Vous affichez ces informations sous la carte du pays.

Étape 2
À l'agence de voyages

1. En groupes
Imaginez quatre membres de la famille du/de la disparu(e) (sa mère, son père, sa sœur, son frère).

2. Mise en commun
Chaque groupe présente ses personnages.
La classe choisit ses quatre personnages préférés et décide qui va partir en voyage.

3. Jeu de rôles
Le membre de la famille réserve son billet d'avion et sa chambre d'hôtel dans une agence de voyages.
Jouez la scène.

HÔTEL

Étape 3
Dans le pays

1. Jeu de rôles
Le membre de la famille est arrivé(e) dans la capitale du pays. Il/Elle va au consulat de France.
Jouez la scène.
> Le consul vous reçoit et vous pose des questions.
> Le membre de la famille explique les raisons de sa présence dans le pays.
Il demande de l'aide et des conseils.

2. En groupes
Malgré l'aide de l'ambassade de France, les recherches avancent lentement. Le membre de la famille a cherché dans tous les hôtels de la capitale, sauf deux… Racontez par écrit sa première semaine de recherches. Dites comment il/elle organise ses journées.

3. Mise en commun
La classe rassemble les productions et rédige le mél envoyé par le membre de la famille aux proches restés en France.

Vous affichez le mél dans la classe.

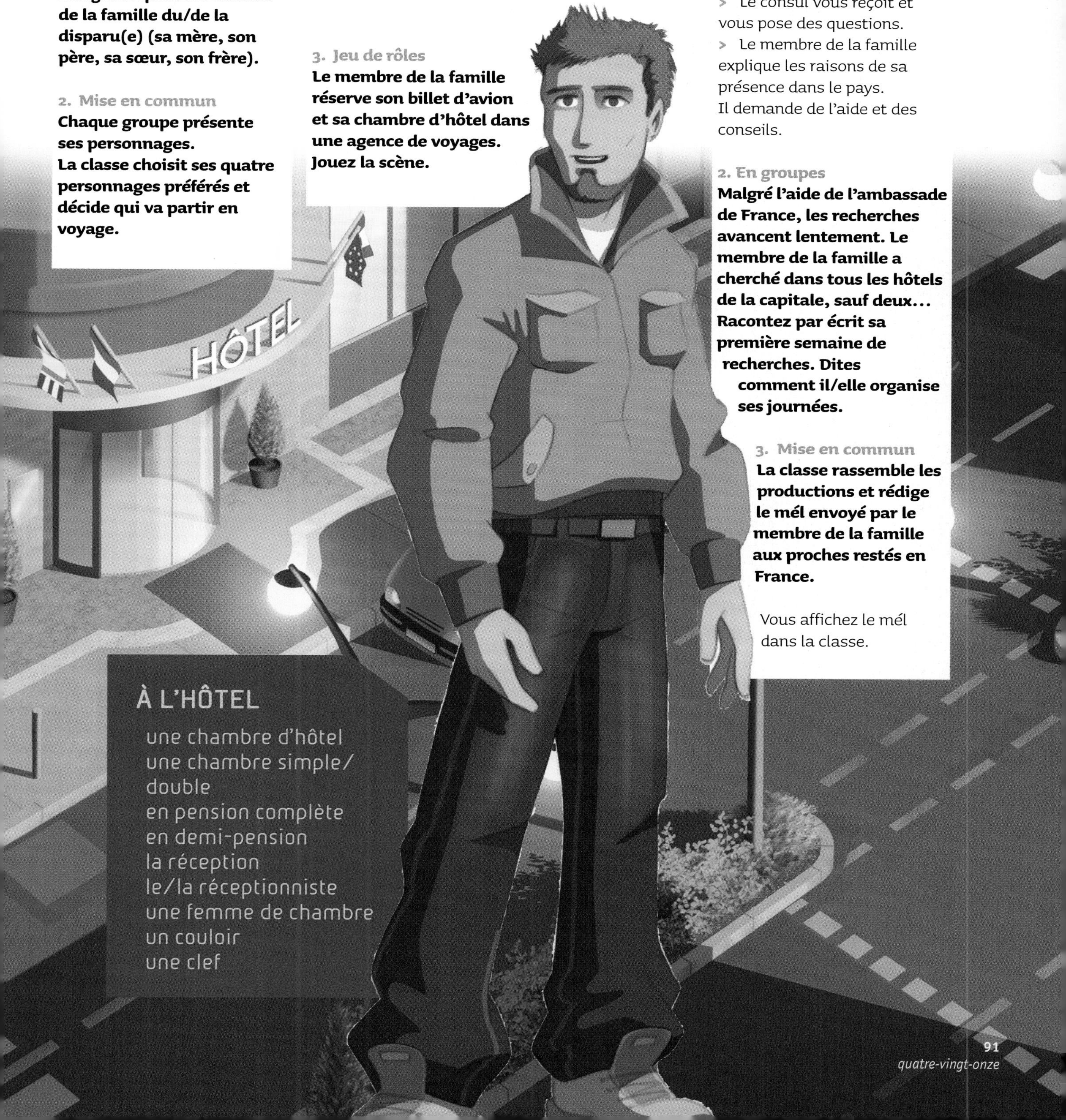

À L'HÔTEL

une chambre d'hôtel
une chambre simple/double
en pension complète
en demi-pension
la réception
le/la réceptionniste
une femme de chambre
un couloir
une clef

MODULE 4

Prendre

COMPRENDR

Les bons plans de juillet

PARIS PLAGE

Une plage à Paris pendant un mois sur les quais de la Seine ! Avec des palmiers, des chaises longues, des tournois de ping-pong et même des concerts en plein air.
Cette année, la mairie a aménagé un deuxième espace de sable fin dans le 13ᵉ arrondissement, pour les Parisiens qui veulent jouer au badminton, au volley ou tout simplement bronzer...

Du 20 juillet au 20 août.
Accès gratuit.

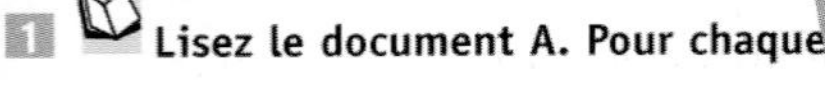

1 **Lisez le document A. Pour chaque**

ÇA TE DIT ?

Visite insolite

Ne manquez pas le château de Roquetaillade, à 40 kilomètres de Bordeaux.
Il date du 14ᵉ siècle, mais il vient d'être restauré.
Les habitants de la région pensent que ce château est hanté. Le soir, on peut voir de la fumée sortir des donjons et on entend des bruits bizarres...
Des étudiants viennent de créer un magazine pour raconter ces phénomènes étranges (le premier numéro est disponible à l'entrée du château).

Visites tous les jours, de mars à octobre.

Savoir...

- accepter et refuser
- informer sur le moment et la durée
- informer sur la quantité
- dire le temps qu'il fait (2)
- exprimer une appréciation (2)
- présenter une ville
- exprimer des sentiments

l'air

Culture pour...

- **discuter des loisirs** et des nouvelles pratiques culturelles
- **découvrir une ville** de France

Pour...

- organiser et participer à des sorties
- faire des courses
- parler de ses habitudes alimentaires
- faire du tourisme
- raconter un voyage
- rédiger une biographie
- parler d'une rencontre

Projet pour...

- **rencontrer un témoin** dans l'épisode 4 du **scénario**

Les bons plans de juillet

PARIS PLAGE

Une plage à Paris pendant un mois sur les quais de la Seine ! Avec des palmiers, des chaises longues, des tournois de ping-pong et même des concerts en plein air.
Cette année, la mairie a aménagé un deuxième espace de sable fin dans le 13ᵉ arrondissement, pour les Parisiens qui veulent jouer au badminton, au volley ou tout simplement bronzer...

Du 20 juillet au 20 août.
Accès gratuit.

EXPO NIPPONNE

La huitième édition du Salon européen du manga et de l'animation japonaise, pendant trois jours au parc des expositions de Villepinte.
Au programme : conférences et dédicaces des auteurs, films, concerts.

Du 6 au 8 juillet.
12 € la journée

LA BATAILLE DE CASTILLON

450 comédiens et plus de 50 cavaliers, dans un beau spectacle qui propose une reconstitution historique de la bataille de Castillon.
Une mise en scène magnifique et des effets pyrotechniques.
Devant le château de Castelet.

Représentations les 25, 26, 27 et 28 juillet.
Prix des places : 18 €

1 **Lisez le document A. Pour chaque événement, dites quel est le lieu, la date et le prix.**

ÇA TE DIT ?

1. — J'ai envie d'aller au salon sur les mangas vendredi. Ça te dit ?
   — Oui, mais vendredi je suis déjà pris. Tu es libre samedi ?

2. — J'ai des places pour le spectacle au château de Castelet. Ça t'intéresse ?
   — Pourquoi pas ? C'est quand ?
   — Le 27.
   — D'accord. Merci pour ta proposition !

3. — Il fait beau, tu as envie d'aller boire un verre sur les quais ?
   — Non, ça ne me dit rien. Il y a beaucoup de monde à Paris Plage.
   — Allez ! Ça va être sympa !
   — Désolée, je n'ai pas envie de sortir !

4. — Jeudi soir, je retrouve des copains pour jouer au volley dans le 13ᵉ. Tu veux venir ?
   — Oui, bonne idée !
   — On se retrouve là-bas à 18 heures et après on peut dîner ensemble si tu veux ?
   — Avec plaisir !

Outils pour

▶ PROPOSER UNE SORTIE
- Ça te dit (d'aller au cinéma) ?
- Ça t'intéresse (de venir) ?
- Tu as envie d'aller boire un verre ?
- On peut dîner ensemble si tu veux.

▶ ACCEPTER OU REFUSER UNE SORTIE
- Bonne idée !
- Pourquoi pas ?
- Avec plaisir !
- Merci pour ta proposition !
- Ça ne me dit rien.
- Je n'ai pas envie de sortir.
- Je suis déjà pris(e).

▶ INDIQUER LA DURÉE D'UN ÉVÉNEMENT
- Une exposition du 6 au 8 juillet.
- Une plage à Paris pendant un mois.

2 **Écoutez chaque dialogue et dites quelle est la sortie (document A) proposée.**

3 **Réécoutez et repérez comment les personnes acceptent ou refusent les propositions.**

Action !

4 **Vous êtes allé(e) à Paris Plage le week-end dernier.**
Racontez cette sortie dans un mél à un(e) ami(e).

5 **Jouez la scène à deux.**
Téléphonez à un(e) ami(e) et proposez-lui une sortie pour ce week-end (cinéma, concert, musée...).

Grand Corps Malade à Genève

Le slameur Grand Corps Malade est en tournée depuis six mois.
Un concert est prévu dans notre ville le samedi 19 décembre : ne manquez pas cet artiste exceptionnel !
Grand Corps Malade (Fabien Marsaud, de son vrai nom) est né le 31 juillet 1977. Il a fait son premier slam il y a six ans, dans un bar parisien. Pour se faire connaître, il a participé pendant trois ans à de nombreux festivals et tournois de slam.

Pour écouter des extraits :
www.grandcorpsmalade.com
Le 19 décembre, salle du Palladium
Billets en vente dans toutes les billetteries

Il y a deux ans, il a sorti son premier album, *Midi 20*. Le succès a été immédiat. En 2007, il a remporté deux Victoires de la musique. Grâce à lui, le public français a découvert un nouveau genre d'expression poétique et musicale. Depuis septembre 2004, Grand Corps Malade anime Slam'Alikoum, les soirées slam mensuelles du Café culturel de Saint-Denis, en région parisienne. Il propose aussi des ateliers d'écriture slam dans les écoles et les centres sociaux. Un deuxième album est prévu pour l'année prochaine.

C'EST QUOI LE SLAM ?
Le slam, c'est de la poésie orale et publique.
Les slameurs disent, lisent ou jouent leurs textes, dans des cafés et des bars.

6 **Lisez l'article. Vrai, faux ou cela n'est pas dit ?**

1. Grand Corps Malade est un artiste.
2. Il fait du rock.
3. Il est né à Saint-Denis.
4. Il a commencé sa carrière à Paris.
5. Il a attendu longtemps le succès.
6. Il a sorti trois albums.
7. Il aide des personnes à écrire des textes.
8. Il va faire d'autres concerts en Suisse.

7 **Trouvez les quatre événements importants du passé de l'artiste. Repérez quatre phrases du texte.**

Action !

8 **Vous proposez à un(e) ami(e) d'aller au concert d'un(e) chanteur/chanteuse (ou d'un groupe) qui n'est pas très connu(e).** Écrivez un mél. Présentez l'artiste (ou le groupe) en quelques phrases.

9 **Faites des groupes de trois.** Parlez des événements importants de votre vie (études, voyages, événements personnels et familiaux...).

Outils pour

▶ INFORMER SUR LE MOMENT ET LA DURÉE
- Il est né le 31 juillet 1977.
- En 2007, il a remporté deux Victoires de la musique.
- Grand Corps Malade est en tournée depuis six mois.
- Il a fait son premier slam il y a six ans.
- Il a participé pendant trois ans à de nombreux festivals.

Vocabulaire

▶ LA MUSIQUE
- un musicien
- un chanteur
- un slameur
- un concert
- un festival (de musique)
- un groupe (de musique, de rock...)
- sortir un album/disque/CD
- faire une tournée/être en tournée

GRAMMAIRE

Le pronom relatif *qui*

1 Relisez ces informations (document A, p. 94). Quelles précisions sont données sur le spectacle et sur les Parisiens ?

1. Un beau spectacle qui propose une reconstitution historique de la bataille de Castillon.
2. Un deuxième espace de sable fin pour les Parisiens qui veulent jouer au badminton.

Le pronom relatif *qui*

Pour donner des précisions sur un objet ou une personne, on utilise le pronom relatif *qui*.
Qui remplace un sujet.

*Prends le livre. **Ce livre** est sur la table.*
*> Prends le livre **qui** est sur la table.*

*Je connais un garçon. **Ce garçon** vit à Rome.*
*> Je connais un garçon **qui** vit à Rome.*

2 Combinez les phrases pour donner des précisions. Utilisez le pronom relatif *qui*.

1. Nous avons vu un film.
2. Ils ont découvert un restaurant.
3. J'ai regardé un reportage sur des animaux.
4. Elle a acheté des livres.
5. Jules a regardé un match de football.
6. Je suis allé à l'anniversaire d'une amie.

a. Ils vivent dans la forêt.
b. Elle a fêté ses trente ans.
c. Il a obtenu un prix.
d. Il a eu lieu au Stade de France.
e. Il propose des plats originaux.
f. Ils ne sont pas difficiles à lire.

3 Terminez les phrases librement.

1. Mes voisins ont un chien qui...
2. Nous avons un professeur qui...
3. Elle travaille dans une entreprise qui...
4. J'ai une machine qui...
5. Vous avez reçu un message qui...

Les indicateurs temporels

4 Relisez ces informations sur Grand Corps Malade (document C, p. 95).
Quelles phrases parlent d'événements passés ?
Quelles phrases parlent d'une situation actuelle ?
Quelles phrases indiquent la durée d'une action ?

1. Grand Corps Malade est en tournée depuis six mois.
2. Il a fait son premier slam il y a six ans.
3. Il a participé pendant trois ans à de nombreux festivals.
4. Depuis septembre 2004, il anime Slam'Alikoum.

Les indicateurs temporels

- ***Pendant*** **(+ passé, présent, futur)**
  Pour indiquer la durée d'une action dans le passé, le présent ou le futur
  *Nous avons travaillé/travaillons/allons travailler **pendant deux heures**.*
- ***Depuis*** **(+ présent)**
  Pour indiquer le point de départ d'une action qui continue dans le présent
  *Nous étudions le français **depuis trois mois**.*
  *Je suis en France **depuis le 1er octobre**.*
- ***Il y a*** **(+ passé composé)**
  Pour situer dans le passé une action terminée
  *Nous avons visité l'Argentine **il y a trois ans**.*

5 Complétez la biographie avec *depuis, il y a* ou *pendant*.

Je suis professeur ... longtemps. J'ai quitté mon pays ... quinze ans et je suis allée au Vietnam. Au Vietnam, j'ai enseigné les mathématiques ... six ans. Je vis à la Réunion ... trois ans et je suis mariée ... deux ans. Notre fils est né ... un an et nous pensons rester sur l'île ... encore un an et demi.

❻ **Observez les dessins et complétez les phrases librement. Utilisez *depuis, il y a* et *pendant*.**

1. > *Il est arrivé il y a deux heures/ il y a une heure/il y a longtemps...*
Il lit...
Il va attendre...

2.
Elle est sortie...
Il pleut...
Il va pleuvoir...

VOCABULAIRE

La durée

De (+ moment) ... *à* (+ moment)

- **de** 4 heures **à** 6 heures
- **de** mai **à** septembre
- **du** lundi **au** jeudi
- **du** matin **au** soir
- **du** 20 juillet **au** 20 août
- **du** début **à la** fin

❼ **Complétez avec une indication de durée (heure, date...). Utilisez *de... à*.**

1. Elsa est en cours ... .
2. L'entreprise ferme deux semaines en été, ...
3. Michel écoute de la musique toute la journée, ...
4. C'est le printemps ... .
5. Le magasin est ouvert ... .
6. Ce film est drôle ! J'ai ri ... .

Les sorties

❽ **Associez les sorties et les illustrations.**

1. un tournoi
2. une exposition
3. un concert
4. une pièce de théâtre

Action!

Présentez un(e) artiste célèbre de votre pays.

Expliquez pourquoi il/elle est célèbre et donnez des indications sur sa biographie.

- *C'est un acteur, une chanteuse, un peintre qui...*
- *Il/Elle est né(e) il y a...*
- *Il/Elle joue, chante, peint depuis...*

De : eva
À : liste groupée
Objet : anniversaire de Dominique
Pièces jointes

Salut tout le monde !
Ça y est, on a trouvé un super endroit pour faire une surprise à Dominique. C'est dans la forêt de Rambouillet, au bord d'un lac. C'est calme et on peut se baigner (n'oubliez pas vos maillots de bain !).
Je m'occupe de la nourriture et des boissons pour le pique-nique. Je vous propose d'acheter six paquets de chips, du pain, de la charcuterie (du jambon et du saucisson, ça vous va ?), du fromage (un gros morceau de gruyère et une boîte de camembert), deux concombres et des fruits (un kilo de pommes et un ananas). Pour les boissons : de l'eau et quatre bouteilles de jus d'orange.
Camille, je vais faire ton délicieux gâteau au chocolat pour le dessert, mais je ne me rappelle plus exactement la recette. Tu peux me l'envoyer et me préciser les ingrédients et les quantités exactes, s'il te plaît ?
Rendez-vous samedi midi !
Bises à tous,
Éva

PS : J'ai invité Marc et sa copine (je ne me souviens plus de son nom !)
Julien, tu peux prendre combien de personnes dans ta voiture ?

1 **Lisez le message. Vrai, faux ou cela n'est pas dit ?**

1. Éva organise une sortie.
2. Dominique va lire ce message.
3. Ils vont aller à la plage.
4. Ils vont déjeuner ensemble.
5. Camille va apporter le dessert.
6. Julien a une grande voiture.

2 **Pour le pique-nique, Éva va faire ses courses sur Internet. Dans quel rayon va-t-elle commander chaque produit ?**

▶ EXPRIMER L'OUBLI ET LE SOUVENIR
- Je (ne) me rappelle (plus) exactement la recette.
- Je (ne) me souviens (plus) de son nom.
- J'ai oublié mon maillot de bain.

▶ S'INFORMER SUR LE NOMBRE ET LA QUANTITÉ
- Tu peux prendre combien de personnes dans ta voiture ?
- Il faut quelle quantité (de farine) ?

3 **Faites des groupes de quatre.**
Vous organisez une fête pour la fin des cours.
> Discutez et faites une liste des aliments à acheter. Précisez les quantités.

4 **Vous avez inventé une salade très originale.**
> Écrivez un mél au magazine *Cuisines du monde* et proposez votre recette.

L'ADDITION, S'IL VOUS PLAÎT !

— Tu es déjà venu ici ?
— Oui, c'est une petite crêperie que je connais bien et qui fait de très bonnes crêpes.
— Bonjour. Vous avez réservé ?
— Non.
— Vous êtes combien ?
— Nous sommes deux.
— Cette table vous va ?
— Oui, c'est très bien.
— Je vous apporte la carte.
— Vous avez choisi ?
— Oui, une galette complète pour moi.
— D'accord. Et pour vous, monsieur ?
— Je vais prendre le plat du jour, la galette forestière.
— Très bien. Qu'est-ce que vous souhaitez boire ?
— On va prendre une bouteille d'eau minérale.
— Eau plate ou gazeuse ?
— Gazeuse.
— S'il vous plaît ! On est un peu pressés. On peut commander les desserts ?
— Oui, bien sûr.
— On va prendre une crêpe à la confiture et une crêpe au chocolat.
— Des cafés ensuite ?
— Oui, deux cafés et l'addition, s'il vous plaît. Au fait, je t'invite !

Outils pour

▶ SERVIR DES CLIENTS AU RESTAURANT
- Vous avez réservé ?
- Vous avez choisi ?
- Qu'est-ce que vous souhaitez boire ?

▶ COMMANDER AU RESTAURANT
- Une galette complète pour moi.
- Je vais prendre le plat du jour.
- On peut commander les desserts ?
- Deux cafés et l'addition, s'il vous plaît.

 **Écoutez et répondez aux questions.**

1. Où se passe la scène ?
2. Qui parle ?
3. Qui va payer ?

6 **Trouvez les quatre erreurs dans l'addition.**

Crêperie
La Bretonnière

2 galettes complètes	*16 €*
1 galette du jour	*8,50 €*
1 crêpe au sucre	*4 €*
1 glace au citron	*5 €*
2 cafés	*2,50 €*
1 bouteille de cidre	*11 €*
Total	*47 €*

7 **Jouez la scène à trois.**
Vous allez dans un restaurant de votre choix avec un(e) ami(e).
> Un(e) serveur/serveuse s'occupe de vous.

8 **Pour votre anniversaire, vous souhaitez inviter vos amis dans un excellent restaurant.**
Envoyez un mél à vos amis et donnez des indications sur le restaurant.

GRAMMAIRE

L'expression de la quantité

1 Voici la liste de courses d'Éva (document A, p. 98). Recopiez le tableau et classez les produits.
6 paquets de chips, du pain, de la charcuterie, un gros morceau de gruyère, une boîte de camembert, 2 concombres, 1 kilo de pommes, 1 ananas, de l'eau, 4 bouteilles de jus d'orange

Quantité précise	Quantité indéterminée
...	...

Les articles partitifs (2)

• Pour indiquer une quantité indéterminée, une partie d'un tout qu'on ne peut pas compter

	MASCULIN	FÉMININ
SINGULIER	**du** *J'ai du travail.*	**de la** *Il faut de la farine.*
	de l' *Je gagne de l'argent.*	**de l'** *Je bois de l'eau.*
PLURIEL	**des** *J'achète des épinards.*	**des** *Je mange des céréales.*

• Devant un nom abstrait
*Il faut **du** courage, j'ai **de la** chance.*

À la forme négative, *du/de la/des* devient *de* ou *d'*.
*Je ne mange pas **de** viande.*
*Je n'ai pas **d'**argent.*

Les quantités précises

Pour préciser une quantité
- nombre
  une pomme, trois oranges...
- unité de mesure + *de/d'*
  un kilo d'abricots, 500 grammes de farine, un litre de lait...
- contenant + *de/d'*
  un sac de pommes, une boîte d'allumettes...
- *beaucoup* + *de/d'*
  beaucoup de pommes, beaucoup d'argent

2 Complétez la liste avec un article partitif.
Je vais acheter ... thé, ... viande, ... fromage, ... huile, ... haricots, ... crème fraîche, ... petits pois et ... eau minérale.

3 Complétez avec *du, de la, des, de* ou *d'*.
1. Pour être en forme, il faut faire ... sport, manger ... fruits et beaucoup ... légumes. Il ne faut pas boire ... alcool.
2. Dans ta sauce, tu peux mettre ... sel mais ne mets pas ... poivre. Tu peux aussi ajouter une cuillère ... moutarde.
3. Il reste un kilo ... pommes de terre, ... pain, ... salade et un litre ... huile. Il faut faire ... courses !

4 Dites ce qu'il faut pour :
1. passer de bonnes vacances ;
2. progresser en français ;
3. avoir des amis.

Exemple : *Pour passer de bonnes vacances, il faut du temps et un lieu agréable.*

Le pronom relatif *que*

5 Observez cette phrase (document B, p. 99). Quelles précisions sont données sur la crêperie ? Au moyen de quels pronoms ?
C'est une petite crêperie que je connais bien et qui fait de très bonnes crêpes.

Le pronom relatif *que*

Pour donner des précisions sur un objet ou une personne, on utilise le pronom relatif *que*.
Que remplace un complément d'objet direct.

*C'est une femme. Je connais **cette femme**.*
*> C'est une femme **que** je connais.*

*Regarde la voiture. Je vais acheter **cette voiture**.*
*> Regarde la voiture **que** je vais acheter.*

Que devient *qu'* devant une voyelle.
*J'adore les plats **qu'**il prépare.*

6 **Faites une seule phrase. Utilisez le pronom relatif *qui* ou *que*.**

*Exemple : C'est un cinéma. Ce cinéma passe de bons films. > C'est un cinéma **qui** passe de bons films.*

1. C'est un bar. Ce bar se trouve dans le 6e arrondissement.
2. C'est un café. J'aime beaucoup ce café.
3. C'est un salon de thé. Ce salon de thé propose de bons gâteaux.
4. C'est une pizzeria. Cette pizzeria a une carte variée.
5. C'est une brasserie. Les guides recommandent cette brasserie.

7 **Complétez librement avec *qui* ou *que*.**

*Exemple : C'est un album. > C'est un album **que** j'écoute beaucoup et **qui** est sorti en 2007.*

1. C'est un livre...
2. C'est un plat...
3. C'est une personne...
4. C'est une photo...
5. C'est une boisson...

VOCABULAIRE

Les aliments et les courses

8 1. **À quelle catégorie appartiennent ces aliments : fruits, légumes, viandes, boissons ou autre ?**

2. **Cherchez d'autres aliments pour chaque catégorie.**

9 **Associez. (Plusieurs réponses sont possibles.)**

1. une assiette
2. une bouteille
3. un paquet
4. une boîte
5. un verre
6. un pot
7. un tube

de

- médicaments
- bonbons
- pâtes
- dentifrice
- lait
- cartes
- confiture
- lessive

PHONÉTIQUE

1 **Écoutez. Vous entendez [də] comme *de* ou [d] comme *d'* ?**

Exemple : du pain de mie > d' [d]

1. combien de personnes ?
2. 500 grammes de farine
3. un kilo de tomates
4. une bouteille de lait
5. une boîte de camembert
6. six paquets de chips
7. 4 bouteilles de jus d'orange
8. un morceau de gruyère

2 **Écoutez. Vous entendez [ɑ̃] ou [ɔ̃] ?**

Exemple : des oranges > [ɑ̃]

Continuez la liste avec des mots qui contiennent [ɑ̃] ou [ɔ̃].

Action!

Préparez un court exposé sur vos habitudes alimentaires.
Dites ce que vous prenez au petit-déjeuner, au déjeuner, au goûter, au dîner.
Parlez du plat que vous préférez et donnez sa recette.

« Rappelle-moi. »

1 Écoutez.

1. Pour chaque message, dites si c'est un message personnel ou public.
2. Pour chaque message, dites quelle est la sortie concernée : cinéma, concert, exposition, spectacle ou théâtre.

2 Réécoutez et répondez aux questions.

Message **1**
1. Quels sont les horaires indiqués ?
2. Complétez le numéro de téléphone : 03 ... 63 ... 21.

Message **2**
1. Quels sont le jour et l'heure indiqués ?
2. Quel est le prix de la place ?
3. Que propose la personne ?

Message **3**
1. Que peut-on faire ?
2. Quel est le tarif indiqué ?
3. Que doit-on faire pour obtenir un horaire ?

Message **4**
1. Pauline appelle qui ?
2. Pourquoi est-ce qu'elle appelle ?
3. Quel est le nom de l'artiste ?
4. Quel est le mois indiqué ?

Message **5**
1. Qui appelle qui ?
2. Pourquoi ?
3. Quels sont les jours indiqués ?
4. Quand Anna peut-elle rappeler ?

Stratégies d'écoute

> **Repérez le sujet utilisé (*tu* ou *vous* ?), pour définir le type de situation (formelle ou informelle).**

> **Soyez attentifs aux noms et aux prénoms des personnes.**

> **Repérez les informations importantes (qui ? où ? quand ? comment ? pourquoi ? combien ?).**

Compréhension des écrits 8 points

Le Guide du Club des croqueurs de chocolat, par Michel Petit et Sophie Fournier

Depuis plus de vingt ans, le Club des croqueurs de chocolat regroupe des amoureux du chocolat et trouve pour nous les meilleurs chocolatiers à travers toute la France. Son jury a goûté, sélectionné et récompensé les meilleurs chocolats et produits à base de chocolat. Les auteurs de ce guide pratique proposent 200 adresses de chocolatiers en France. Ils donnent aussi des conseils pour connaître, apprécier et choisir le chocolat, et proposent un classement des chocolatiers et des grandes marques de tablettes de chocolat. À la fin du guide, vous pouvez trouver des recettes proposées par les chefs pâtissiers de grands restaurants.

Ce guide est disponible dans toutes les librairies au prix de 18 euros.

1 Lisez et répondez aux questions.

1. C'est :
   - a. la présentation d'un club.
   - b. la présentation d'un livre.
   - c. l'extrait d'un livre.
2. Vrai, faux ou cela n'est pas dit ?
   - a. Le livre est une encyclopédie du chocolat.
   - b. Il y a deux auteurs.
   - c. Le Club des croqueurs de chocolat est un club de grands pâtissiers.
   - d. Il y a 200 chocolatiers en France.
   - e. Le livre s'adresse aux personnes qui aiment le chocolat.
   - f. Le livre propose des informations pratiques sur le chocolat.
   - g. On ne peut pas commander le livre.

Compréhension de l'oral 9 points

3 Écoutez les trois documents et répondez aux questions.

Document 1

1. La personne appelle :
   - a. une amie.
   - b. une cliente.
   - c. une collègue.
2. Elle demande :
   - a. une information.
   - b. un rendez-vous.
   - c. un conseil.
3. Elle parle de :
   - a. travail.
   - b. nourriture.
   - c. maladie.

Document 2

1. C'est une annonce :
   - a. à la radio.
   - b. dans un théâtre.
   - c. dans un magasin.
2. On parle :
   - a. d'un spectacle.
   - b. d'une conférence.
   - c. d'un concert.
3. On peut :
   - a. acheter des billets.
   - b. obtenir des billets gratuits.
   - c. faire une réservation.

Document 3

1. Christelle téléphone à :
   - a. des amis.
   - b. Lola.
   - c. un copain.
2. C'est pour :
   - a. une sortie culturelle.
   - b. une soirée privée.
   - c. un dîner au restaurant.
3. Christelle :
   - a. fait des propositions.
   - b. demande des informations.
   - c. décrit un lieu.

Production écrite 12 points

2 Vous souhaitez sortir avec des amis ce week-end. Écrivez-leur un message et proposez deux sorties différentes. (60 à 80 mots)
Donnez des précisions sur chaque sortie proposée.

Production orale 11 points

4 Faites la biographie d'une personne que vous connaissez bien.

ÇA SE PASSE BIEN ?

— Allô ! Maman ? C'est Lisa.
— Ça va, et toi ?
— Oui, le week-end se passe bien.
On se repose, c'est vraiment agréable.
— On est à côté de Valence.
— Oh oui ! C'est charmant et les gens sont très accueillants. On loge dans un gîte de France. C'est très confortable et il y a une terrasse devant notre chambre.
— Aujourd'hui, il pleut et il y a du brouillard. Et, hier, il y avait du vent mais il faisait bon.
— On est allés au Parc Aventura et on a fait de l'accrobranche !
— Ce sont des parcours dans les arbres. On est passés sur des passerelles en bois très hautes ! C'était impressionnant et ce n'était pas toujours facile. En haut, j'ai eu le vertige ! Les enfants ont adoré.
— Oui, oui, on a pris beaucoup de photos.
— Ce matin, on est allés au festival de la bande dessinée de Valence. C'était très intéressant. Camille a participé à un concours de dessin.
— On va faire des courses. Je voudrais acheter des Suisses.
— C'est une pâtisserie de Valence. C'est délicieux !
— On repart ce soir après le dîner.

▶ PARLER DU TEMPS
- Il pleut.
- Il y a du brouillard.
- Il y avait du vent.
- Il fait frais.
- Il faisait bon.

Vocabulaire

▶ LA LOCALISATION
- On est à côté de Valence.
- On loge dans un gîte de France.
- Il y a une terrasse devant notre chambre.
- On est passés sur des passerelles en bois.
- En haut, j'ai eu le vertige.

▶ L'APPRÉCIATION
- C'est/C'était bien/charmant/confortable/intéressant/impressionnant/agréable/délicieux.
- Ce n'est pas/Ce n'était pas facile.

1 Écoutez et répondez.
1. Vous entendez combien de personnes ? Pourquoi ?
2. Avec qui parle Lisa ?
3. De quoi parle-t-elle ?
4. Où sont Lisa et sa famille ?
5. Quand rentrent-ils ?

2 Retrouvez les questions de la deuxième personne.

3 Recopiez et complétez le tableau avec des phrases du document A.

	Temps	Activités	Appréciations
Samedi (hier)	...	...	...
Dimanche (aujourd'hui)	...	...	...

4 Vous êtes allé(e) voir votre frère, qui a déménagé dans une nouvelle ville.
Écrivez un mél à un(e) ami(e) pour donner vos impressions sur la ville, les habitants, le nouvel appartement.

5 Jouez la scène à deux.
Appelez un(e) ami(e) pour raconter votre week-end.
> Donnez des indications sur le lieu, le temps, vos activités et donnez vos appréciations.

Bordeaux
région aquitaine

B

Bordeaux est une ville de 230 000 habitants. C'est la capitale du département de la Gironde. Elle se situe à 100 kilomètres de l'océan Atlantique. Le fleuve qui traverse Bordeaux s'appelle la Garonne.

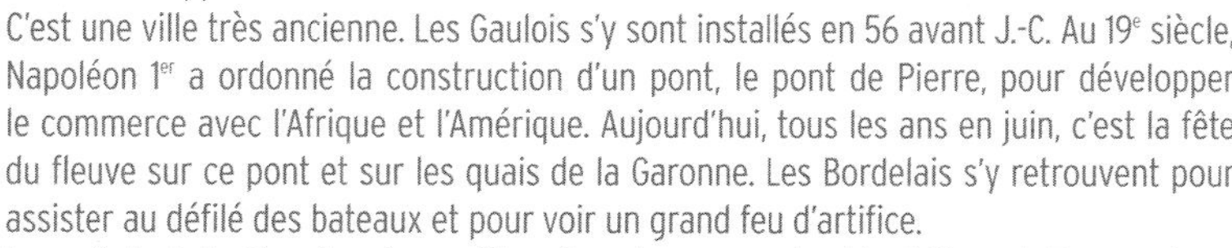

C'est une ville très ancienne. Les Gaulois s'y sont installés en 56 avant J.-C. Au 19e siècle, Napoléon 1er a ordonné la construction d'un pont, le pont de Pierre, pour développer le commerce avec l'Afrique et l'Amérique. Aujourd'hui, tous les ans en juin, c'est la fête du fleuve sur ce pont et sur les quais de la Garonne. Les Bordelais s'y retrouvent pour assister au défilé des bateaux et pour voir un grand feu d'artifice.

La capitale de la Gironde est une ville puissante : son port est le sixième de France et son vin est célèbre dans le monde entier. Les autres activités importantes de la ville sont l'aérospatiale et les hautes technologies.

La cité girondine a une belle architecture du 18e siècle. La Bourse, le Grand-Théâtre, la place Royale sont des exemples de cette architecture. Mais on y trouve aussi des rues étroites et de vieux quartiers populaires pleins de charme.

Visite insolite

Ne manquez pas le château de Roquetaillade, à 40 kilomètres de Bordeaux. Il date du 14e siècle, mais il vient d'être restauré. Les habitants de la région pensent que ce château est hanté. Le soir, on peut voir de la fumée sortir des donjons et on entend des bruits bizarres...
Des étudiants viennent de créer un magazine pour raconter ces phénomènes étranges (le premier numéro est disponible à l'entrée du château).

Visites tous les jours, de mars à octobre.

6 **Lisez le texte et répondez.**

1. Où peut-on trouver ce type de document ?
2. Ce document :
   a. propose beaucoup de visites.
   b. raconte l'histoire de la ville.
   c. propose des hôtels.

7 **Relisez et complétez la fiche sur Bordeaux.**

– Situation géographique : ...
– Population : ...
– Activités : ...
– Histoire : ...
– Architecture : ...
– Monuments : ...

8 **Vrai, faux ou cela n'est pas dit ?**

1. Napoléon 1er a vécu à Bordeaux.
2. La fête du fleuve a lieu deux fois par an.
3. Bordeaux est le sixième port du monde.
4. Les quartiers populaires sont charmants.
5. Le château de Roquetaillade n'est pas à Bordeaux.
6. On a vu des fantômes au château de Roquetaillade.

9 **Trouvez dans le texte deux expressions pour désigner Bordeaux.**

Outils pour

▶ PARLER D'UNE VILLE

Présentation
- C'est une ville de 230 000 habitants.
- Bordeaux se situe à 100 kilomètres de l'océan Atlantique.
- La cité girondine a une belle architecture.

Histoire
- Les Gaulois s'y sont installés en 56 avant J.-C.
- Au 19e siècle, Napoléon 1er a ordonné la construction du pont de Pierre.
- Le château de Roquetaillade date du 14e siècle.

Économie
- Son port est le sixième de France.
- Son vin est célèbre dans le monde entier.
- Les autres activités importantes de la ville sont l'aérospatiale et les hautes technologies.

Vocabulaire

▶ LES LIEUX
- une région
- un département
- une ville
- un quartier
- une rue
- une place
- un fleuve
- un quai
- un pont
- un port
- un château

▶ LES REPÈRES HISTORIQUES
- à l'époque
- au 19e siècle
- en 56 avant J.-C. (Jésus-Christ)

10 **Présentez une ville de votre pays, sur le même modèle que le document B.**

11 **Décrivez un lieu insolite ou étrange à votre voisin(e).**

GRAMMAIRE

L'imparfait

1 Observez le tableau que vous avez complété (activité 3, p. 104) et soulignez les verbes. Connaissez-vous tous les temps ?

L'imparfait

L'imparfait est le temps de la description dans le passé. On peut l'utiliser pour :
- parler du temps
  *Il **faisait** bon, il y **avait** du vent.*
- donner ses impressions, faire des appréciations
  *C'**était** intéressant.*

2 Complétez le texte avec *il faisait, il y avait* ou *c'était*.

Ce week-end, on est allés à Brest. On a logé dans un petit hôtel au bord de la mer. ... très sympa. Samedi, ... beau mais ... frais, alors on ne s'est pas baignés. L'après-midi, on a fait du bateau. ... beaucoup de vent et ... impressionnant. Dimanche, on a mangé des galettes sur la terrasse de l'hôtel. ... délicieux et, dehors, ... bon au soleil. L'après-midi, on a visité un château très ancien. ... magnifique ! J'ai adoré ce week-end, ... vraiment super !

Le pronom *y*

3 Relisez ces phrases (document B, p. 105). Que remplace le pronom *y* ?

1. Les Gaulois s'y sont installés en 56 avant J.-C.
2. Les Bordelais s'y retrouvent pour assister au défilé des bateaux.

Le pronom *y*

Y remplace un nom de lieu précédé d'une préposition (*à, dans, sur, sous, devant...*).
Il se place devant le verbe.

- *J'habite **dans la maison bleue**. = J'**y** habite.*
- *Les Gaulois se sont installés **à Bordeaux**.*
  *= Les Gaulois s'**y** sont installés.*
- *Il va aller **à l'aéroport**. = Il va **y** aller.*

⚠ Forme négative : *Je **n'y** habite **pas**.*

4 Trouvez de quel lieu on parle. (Plusieurs réponses sont possibles.)

1. J'y vais tous les samedis pour faire des courses.
2. On y parle allemand.
3. À Paris, tous les touristes y montent.
4. On y achète des médicaments.
5. On y va pour apprendre le français.

5 Répondez aux questions. Utilisez le pronom *y*.

Exemple : *Judith travaille dans cette banque ?*
> *Oui, elle y travaille.*

1. – Elle passe au supermarché ce soir ?
   – Oui, ...
2. – Vous étudiez les mathématiques à Bordeaux ?
   – Oui, ...
3. – Pierre habite dans cet immeuble ?
   – Non, ...
4. – Vous voulez aller au restaurant ?
   – Non, ...
5. – Quand vont-ils à Berlin ?
   – Ils...
6. – Vous vivez ici depuis combien de temps ?
   – Nous...

Le passé récent

6 Relisez cette phrase (document B, p. 105) et choisissez la bonne réponse.

Des étudiants viennent de créer un magazine pour raconter ces phénomènes étranges (le premier numéro est disponible à l'entrée du château).

1. Les étudiants vont créer un magazine.
2. Les étudiants ont déjà créé le magazine.

Le passé récent

Pour parler d'une action qui a eu lieu dans le passé immédiat, on utilise le passé récent.

***venir* au présent + *de* + infinitif du verbe**

*Il est là depuis cinq minutes : il **vient d'arriver**.*

7 Complétez les réponses librement. Utilisez le passé récent.

Exemple : – Ta valise est prête ?
> – Oui, je viens de la fermer !

1. – Vous dînez avec nous ?
   – Non merci…
2. – Je peux parler à monsieur Motin ?
   – Désolé…
3. – C'est un nouveau manteau ?
   – Oui…
4. – Vous avez trouvé un logement ?
   – Oui…
5. – Tu es toujours au chômage ?
   – Non…
6. – Tu as des nouvelles de Philippe ?
   – Oui…

9 Complétez le mél avec des prépositions de lieu. (Plusieurs réponses sont possibles.)

Salut Rémi,
Je t'envoie en fichier joint les photos de ma nouvelle maison. C'est une maison avec un étage. ..., il y a la cuisine et le salon et ... salon, il y a une grande salle à manger. ..., il y a trois chambres et une salle de bains. ... les chambres des enfants, il y a deux lits. ... leurs lits, ils ont mis leurs bureaux. ... la maison, il y a un grand jardin.
Tu viens nous voir bientôt ?
Bisous
Martine

VOCABULAIRE

La localisation

8 Associez les phrases et les dessins.

1. L'arbre est devant la maison.
2. Le soleil est derrière les nuages.
3. Le livre est sur la chaise.
4. Le ballon est sous la table.
5. Le chat est en haut de l'escalier.
6. Le chien est en bas de l'escalier.
7. Louis est à côté de Flore.
8. Les clefs sont dans le tiroir.

L'appréciation

10 Associez l'adjectif et son contraire.

1. délicieux	a. difficile
2. agréable	b. laid
3. charmant	c. ennuyeux
4. intéressant	d. inconfortable
5. impressionnant	e. banal
6. facile	f. mauvais
7. confortable	g. désagréable

Action!

Faites des groupes de quatre.
Choisissez trois lieux : un pays, une ville et un lieu de la vie quotidienne. Faites deviner ces lieux à la classe.

– Il y fait chaud/froid.
On y trouve…
On y voit…
On y fait…
On y mange…

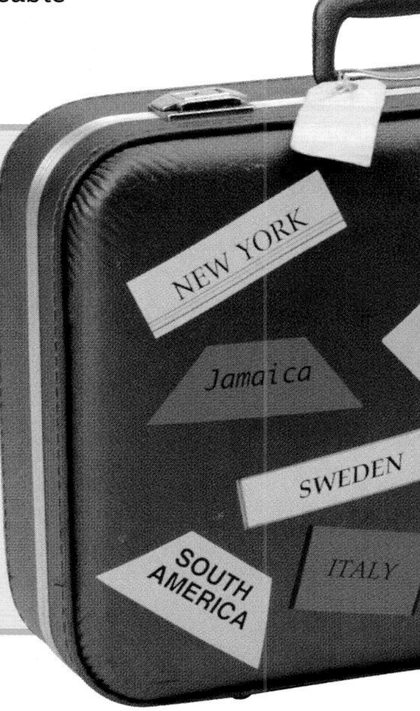

VOS RENCONTRES

1. — Bonjour, c'est une enquête pour Radio Bleue. Pouvez-vous nous raconter une rencontre inoubliable ?
— Oui ! Quand je suis partie en vacances au Maroc, j'ai fait un circuit organisé. À Zagora, le bus s'est arrêté et nous sommes descendus. J'ai vu beaucoup de gens autour d'un homme blond, alors je me suis approchée. Tout à coup, il s'est retourné et j'ai vu... Brad Pitt ! C'était fantastique : Brad Pitt au Maroc, pour un film au milieu du désert marocain. J'étais très heureuse ! C'est mon acteur préféré !

2. — Pour moi, c'est notre rencontre, hein, Lætitia ? On s'est rencontrés chez des amis. On a beaucoup discuté et on a sympathisé. Donc, la semaine suivante, j'ai donné rendez-vous à Lætitia dans un bon restaurant et...
— Moi, j'étais très contente ! Après le travail, je suis vite rentrée pour me préparer, je me suis habillée, je me suis maquillée. J'étais impatiente !
— Je suis tombé amoureux d'elle ce soir-là. Et voilà ! On s'est mariés six mois plus tard.

3. — Alors un jour, j'ai appelé un club de sport pour avoir des renseignements. J'ai eu la directrice au téléphone. Le lendemain, je suis allé m'inscrire. Quand la directrice est venue me dire bonjour, nous nous sommes regardés et... j'ai tout de suite reconnu Sophie, mon amie d'enfance ! Quelle bonne surprise ! Ce jour-là, nous sommes allés prendre un café et nous avons discuté pendant des heures.

Outils pour

▶ PARLER D'UNE RENCONTRE
- Nous nous sommes rencontrés chez des amis.
- Nous avons sympathisé.
- J'ai donné rendez-vous à Lætitia.
- Nous nous sommes regardés et j'ai reconnu Sophie.
- Je suis tombé amoureux d'elle.
- On s'est mariés six mois plus tard.

1 Écoutez et répondez.

1. Où se passent les dialogues ?
2. Quelle question pose le journaliste ?

2 Associez le dialogue et le type de rencontre.

Dialogue 1	**a.** une rencontre amoureuse
Dialogue 2	**b.** une rencontre avec une personne célèbre
Dialogue 3	**c.** une rencontre amicale

3 Vrai, faux ou cela n'est pas dit ?

Dialogue 1 : elle a parlé à son acteur préféré.
Dialogue 2 : ils se sont rencontrés dans un restaurant.
Dialogue 3 : Sophie est la directrice du club de sport.

4 Les personnes interrogées ont-elles apprécié ces rencontres ? Relevez les expressions qui le montrent.

Vocabulaire

▶ LES MOMENTS
- tout de suite
- tout à coup
- ce jour-là
- ce soir-là
- le lendemain
- la semaine suivante
- six mois plus tard

Action !

5 Vous travaillez pour un magazine.

Choisissez deux photos et racontez, dans un article, la rencontre amicale de ces deux personnes.

1

2

3

B

12 octobre, 14 heures
Ça y est ! Je suis arrivée à Antananarivo, la capitale de Madagascar. Le voyage s'est bien passé mais j'ai un petit problème : il manque une de mes valises. Je suis ennuyée. J'ai rempli une déclaration et je dois téléphoner demain à la compagnie aérienne.
L'hôtel où je suis installée est très agréable. Tout à l'heure, Tiana, mon amie malgache, va venir me chercher.

13 octobre, 22 h 30
J'ai téléphoné à l'aéroport ce matin, mais ils n'ont pas retrouvé ma valise. Je suis un peu inquiète...
Cet après-midi, je suis allée à Croc Farm. C'est un parc où il y a des crocodiles, des serpents, des tortues, des autruches. À un moment, le guide m'a proposé de caresser un serpent. J'ai eu très peur mais je l'ai fait ! C'était impressionnant !
La visite était sympa mais j'ai été un peu déçue parce que j'ai raté le repas des crocodiles.
Ce soir, Tiana a préparé plein de spécialités malgaches et j'ai dîné chez elle.
Le repas était délicieux.

14 octobre, 9 h 30
Toujours pas de nouvelles de ma valise. J'ai téléphoné et je me suis énervée. Mais l'employée est restée très calme ! Elle me rappelle ce soir.
Aujourd'hui, on va faire une randonnée dans la campagne.
23 heures
L'employée de la compagnie a rappelé. Ils ont enfin retrouvé ma valise... à New York ! Elle va arriver demain matin. Ouf !

6 Lisez et répondez.
1. Qui écrit : un homme ou une femme ?
2. Comment s'appelle ce type de document ?
3. Où se trouve la personne ?
4. Quel est son problème ?

7 Vrai, faux ou cela n'est pas dit ?
1. Tiana est venue chercher son amie à l'aéroport.
2. La jeune femme a caressé un serpent.
3. Elle a goûté la cuisine du pays.
4. Elle a récupéré sa valise le 14 octobre.
5. Elle va rester deux semaines.

8 Associez les situations et les réactions de la jeune femme.
1. Il manque une valise.
2. Elle n'a pas vu le repas des crocodiles.
3. Elle caresse un serpent.
4. Elle n'a pas de nouvelles de sa valise.

a. Elle est ennuyée.
b. Elle s'énerve.
c. Elle est un peu déçue.
d. Elle a très peur.

Outils pour

▶ EXPRIMER UNE RÉACTION
- Je suis déçu(e).
- Je suis ennuyé(e).
- Je suis (un peu) inquiet/inquiète.
- Je suis énervé(e)/en colère.
- J'ai eu (très) peur.
- Je me suis énervé(e)/mis(e) en colère.
- Elle est restée calme.

9 Jouez la scène à deux.
Vous êtes en vacances mais vous n'êtes pas satisfait(e) de votre hôtel.
Vous allez voir le/la réceptionniste pour vous plaindre (de la vue, de la chambre, du bruit, etc.).

10 Vous avez eu beaucoup de problèmes pendant vos vacances (vous avez perdu vos papiers, vous êtes tombé(e) malade, etc.).
Écrivez une lettre à un(e) ami(e) pour lui raconter.

PAUSE LANGUE

GRAMMAIRE

Le passé composé des verbes pronominaux

1 Relisez le document A, p. 108. Relevez tous les verbes au passé composé et donnez leur infinitif.

Le passé composé des verbes pronominaux

Au passé composé, les verbes pronominaux se conjuguent avec l'auxiliaire *être*.
En général, le participe passé s'accorde en genre et en nombre avec le sujet.

Je me suis préparé(e).
Tu t'es réveillé(e).
Il/Elle s'est lavé(e).
Nous nous sommes rencontré(e)s.
Vous vous êtes regardé(e)s.
Ils/Elles se sont approché(e)s.

⚠ Forme négative : *Il **ne** s'est **pas** réveillé à l'heure.*

2 Conjuguez les verbes au passé composé.
Jour de grève à Paris
Comme tous les matins, les Parisiens (se lever) tôt. Ils (se doucher), puis ils (choisir) leurs vêtements et ils (s'habiller). Ils (prendre) leur petit déjeuner et ils (quitter) leur logement. Mais, quand ils (vouloir) prendre le métro, ils (trouver) toutes les stations fermées ! D'abord, ils (s'énerver), puis ils (se calmer) et ils (essayer) tous les moyens de transports possibles : tramway, bus, rollers, vélo, trottinette. Ils (se dépêcher) mais ils (arriver) en retard au travail !

3 Racontez votre journée d'hier au passé composé.

Le pronom relatif *où*

4 Relisez cette phrase (document B, p. 109).
Je suis allée à Croc Farm. C'est un parc où il y a des crocodiles.
Quelles sont les deux précisions données sur Croc Farm ? Quel mot relie ces deux précisions ?

Le pronom relatif *où*

Le pronom relatif *où* permet de donner des précisions sur un lieu.
Il remplace un complément de lieu.

*C'est un parc. Il y a des crocodiles **dans ce parc**.*
*= C'est un parc **où** il y a des crocodiles.*

5 Complétez les phrases librement.
1. J'habite dans une ville où...
2. Je vis dans un immeuble où...
3. C'est l'école où...
4. Je connais un restaurant où...
5. La France est un pays où...
6. Je n'aime pas les magasins où...

RAPPEL : *qui* remplace un **sujet** et *que* remplace un **complément d'objet direct**.

__Cet homme__ est très sympathique. Je vois souvent __cet homme__.
= C'est un homme __qui__ est très sympathique et __que__ je vois souvent.

6 Complétez cette lettre avec *qui*, *que* ou *où*.
Chère Caroline,
Je t'écris de Paris, ... je passe des vacances extraordinaires avec Romain. Ce matin, nous avons visité le musée du Louvre, ... nous avons vu *La Joconde* de Léonard de Vinci, ... est très belle et ... tout le monde veut voir ! Après la visite, nous sommes allés dans un salon de thé marocain ... on peut déguster d'excellentes pâtisseries orientales ! Demain, on va se promener à Montmartre, ... il y a des artistes ... font des tableaux magnifiques.
Je t'embrasse,
Sandrine

VOCABULAIRE

Réactions et sentiments

7 Dites si les sentiments suivants sont positifs ou négatifs.
malheureux, déprimé, heureux, triste, joyeux, content, fier

8 Complétez avec un sentiment. (Plusieurs réponses sont possibles.)
1. Elle a eu son permis de conduire. Elle est … .
2. Vous avez acheté votre maison ? Vous devez être … .
3. Ils ont eu un bébé. Ils sont … .
4. Ma femme et moi, nous nous sommes séparés. Je suis … .
5. Son petit chat est mort. Elle est vraiment … .

9 Reprenez les phrases des *Outils*, p. 109. Donnez des exemples de situations où vous pouvez avoir ces réactions.
Exemple : être déçu(e) > Il n'y a plus de places pour le concert de mon groupe préféré, je suis déçu(e) !

La conséquence

10 Relisez ces phrases (document A, p. 108).
1. J'ai vu beaucoup de gens autour d'un homme blond, alors je me suis approchée.
2. On a sympathisé. Donc, la semaine suivante, j'ai donné rendez-vous à Lætitia.

Repérez les deux mots qui introduisent une conséquence.

11 Complétez les phrases avec une conséquence. Utilisez *donc* ou *alors*.
1. Je suis malade…
2. Il a perdu ses clefs…
3. Je n'aime pas le café…
4. Ils ont raté le train de 15 heures…
5. Elle adore le cinéma…
6. Le feu est rouge…

PHONÉTIQUE

1 Écoutez. Les deux mots sont identiques ou différents ?

2 Écoutez. Quelle forme entendez-vous ?
1. **a.** C'était inoubliable.
   b. Ça a été inoubliable.
2. **a.** On allait au restaurant.
   b. On est allés au restaurant.
3. **a.** Je dînais seul.
   b. J'ai dîné seul.
4. **a.** J'étais surpris.
   b. J'ai été surpris.
5. **a.** C'était en juillet.
   b. Cet été en juillet.

3 Prononcez les phrases de l'exercice 2.

4 Écoutez et répétez.
Vous vous êtes vus une première fois.
Vous vous êtes rencontrés une deuxième fois.
Vous vous êtes retrouvés une troisième fois.
Et ça s'est très bien passé.

Action !

Vous êtes parti(e) trois jours sur une autre planète (Mars, Pluton ou une planète imaginaire).
Racontez ce voyage dans votre journal intime.
> Décrivez le lieu *(C'est une planète où…)* et les habitants *(Il y a des gens qui…)*.
> Parlez de vos activités, de vos rencontres et dites quels problèmes vous avez rencontrés.

LECTURE

1 Observez le texte et la photo et répondez.

1. Ce texte est :
a. une publicité.
b. un extrait de guide touristique.
c. un extrait de roman.

2. Le texte présente :
a. un monument historique.
b. un musée.
c. un site pittoresque.

2 Lisez le texte et répondez aux questions sur :

1. Le lieu : où se trouve la maison décrite ? Repérez les informations sur la ville et le quartier.

2. Les époques : quels sont les moments importants de l'histoire de cette maison ? Relevez les indications de temps (dates, siècles) et dites à quels événements elles correspondent.

3. Les personnes : qui a habité cette maison ?
Repérez dans le texte des informations sur les personnes citées et indiquez pour chacune leur domaine d'activité : théâtre, peinture, dessin ou poésie.

4. Les particularités de la maison :
a. Quels adjectifs décrivent la maison ? Relevez dans la première phrase une expression équivalente au titre du texte.

b. Quelle surprise attend les visiteurs ? Trouvez cette information à la fin du texte.

La doyenne de Montmartre

18e arrondissement
MUSÉE DE MONTMARTRE
12 RUE CORTOT
75018 PARIS
Métro : LAMARCK-CAULAINCOURT
Ouvert tous les jours sauf lundi et mardi

Le musée de Montmartre est logé dans la plus ancienne maison du village, tout en haut de la Butte. Après la petite boutique donnant sur la rue Cortot, une allée d'arbres conduit à l'entrée du musée, lieu vivant de l'histoire montmartroise. Cette jolie maison blanche est achetée en 1680 par Jean-Baptiste Dumesnil, connu aussi sous le nom de Claude de la Rose ou de Rosimond. Cet acteur de la troupe de Molière est mort lui aussi sur scène, pendant une représentation du *Malade imaginaire*. Au 19e siècle, de nombreux artistes viennent vivre et travailler dans la vieille maison de la rue Cortot. En 1875, Auguste Renoir, à la recherche d'un atelier près du Moulin de la Galette, s'y installe, dans deux pièces sous le toit. Il y peint *La Balançoire*, *Un jardin à Montmartre* et le fameux *Moulin de la Galette*. Suzanne Valadon et son fils, Maurice Utrillo, habitent dans une autre partie du bâtiment, au deuxième étage. Là, au milieu des disputes, de la vaisselle cassée, des pleurs, Utrillo trouve parfois l'énergie de peindre. Le dessinateur Poulbot, le peintre Raoul Dufy, Antoine, le créateur du « théâtre libre », le poète Pierre Reverdy ont habité la vieille maison de la rue Cortot. Divine surprise, les fenêtres du musée offrent une vue exceptionnelle sur les jardins et la vigne de Montmartre. Plus loin, en bas, Paris apparaît, noyé dans la brume.

D'après Rodolphe Trouilleux, *Paris secret et insolite*, © éd. Parigramme, 2003.

Stratégies de lecture

> **Avant de lire le texte, repérez toutes les informations données par les illustrations, le titre : elles vous renseignent sur le genre du texte et son contenu.**

> **Repérez les mots clés : ils vous aident à comprendre des mots qui appartiennent à la même famille thématique.**
> **Exemple : *<u>maison</u>, loger, habiter, pièces.***

> **Repérez les mots de reprise (exemple : *cette jolie maison, cet acteur*) et les pronoms (exemple : *y*) et cherchez à quels mots ils renvoient.**

Compréhension des écrits 8 points

Lundi 14 mars

Chère Martha,

Comment vas-tu ? Je suis rentrée hier soir d'Angleterre, où j'ai passé un très bon week-end. Samedi, je suis allée à Cardiff et j'ai visité le château. Il est magnifique, mais aussi un peu inquiétant, parce qu'il y a beaucoup de petites pièces très sombres. Il pleuvait, alors je n'ai pas pu prendre de photos de l'extérieur. Dommage ! Après, j'ai fait du shopping (les gens sont très aimables dans les magasins). Le soir, j'ai rejoint mon amie Jane à Londres, où elle a un petit appartement. On est allées dîner dans un restaurant indien, puis j'ai dormi chez elle. Dimanche, il faisait beau. On s'est promenées dans les rues de Londres. C'était agréable ! L'après-midi, on est allées au musée de Madame Tussaud (c'est un musée très amusant, avec des statues de cire).
J'espère que tes vacances se passent bien.

Bises

Claire

1 Vrai, faux ou cela n'est pas dit ?

1. Claire n'est plus en Angleterre.
2. Elle est contente de son séjour.
3. Elle a pris des photos à l'intérieur du château.
4. À Cardiff, elle a trouvé les gens désagréables.
5. Il a fait beau pendant tout le week-end.
6. Claire a dormi dans le salon de Jane.
7. Elle est rentrée dimanche soir.
8. Martha est en vacances.

Production écrite 12 points

2 Des amis ont passé trois jours chez vous. Vous avez passé de bons moments ensemble. Mais, le dernier jour, il y a eu plusieurs problèmes et vous vous êtes disputés. Racontez cette visite dans un mél à un(e) ami(e). (60 à 80 mots).

Compréhension de l'oral 8 points

3 Écoutez le dialogue et répondez.

1. La scène se passe dans :
   a. un hôtel.
   b. une agence de voyages.
   c. un restaurant.

2. Vrai, faux ou cela n'est pas dit ?
   a. La femme veut partir une semaine.
   b. Elle veut fêter son anniversaire.
   c. L'hôtel est dans un bâtiment très ancien.
   d. La femme trouve l'idée intéressante.
   e. Les chambres ne coûtent pas cher.
   f. Les clients peuvent manger sur place.
   g. La femme prend tout de suite une décision.

Production orale 12 points

4 Faites un petit exposé sur votre ville natale (population, superficie, histoire, monuments, commerces...).

Nouveau monde, nouveaux loisirs

Que font les Français de leur temps libre ?
Aujourd'hui, les nouvelles technologies leur permettent de se divertir à la maison. La France est d'ailleurs championne d'Europe pour le temps passé à « surfer sur la Toile » : environ 15 heures par semaine ! Les Français ont pourtant beaucoup de raisons de sortir de chez eux...

LES LOISIRS CHANGENT

LES PRÉFÉRENCES CULTURELLES DES FRANÇAIS

	1970	2007
1	télévision (54%)	télévision (59%)
2	livres (49%)	musique (57%)
3	presse (42%) (journaux, magazines)	livres (49%)
4	musique (41%)	presse (49%)
5	cinéma (17%)	cinéma (33%)
6	théâtre (12%)	surfer sur Internet (26%)

Source : TNS-Sofres.

1 Comparez les six loisirs préférés des Français en 1970 et en 2007.
Quel loisir est plus populaire (+) ? Beaucoup plus populaire (++) ? Quel loisir a la même popularité (=) ? Quel loisir a disparu et quel loisir est apparu ?

2 Quelles sont les activités de la liste qui peuvent se faire par Internet ?

Et chez vous ? Est-ce qu'Internet est très important ? Qu'est-ce qui a changé dans votre pays depuis quarante ans ? Comparez vos loisirs et ceux de vos parents et grands-parents.

Musées : du nouveau au 21e siècle

Paris est la ville de la culture, connue surtout pour ses musées prestigieux comme le Louvre, le Grand-Palais, le centre Georges-Pompidou, le musée du quai Branly... **Mais attention, il y a aussi des musées en province !**

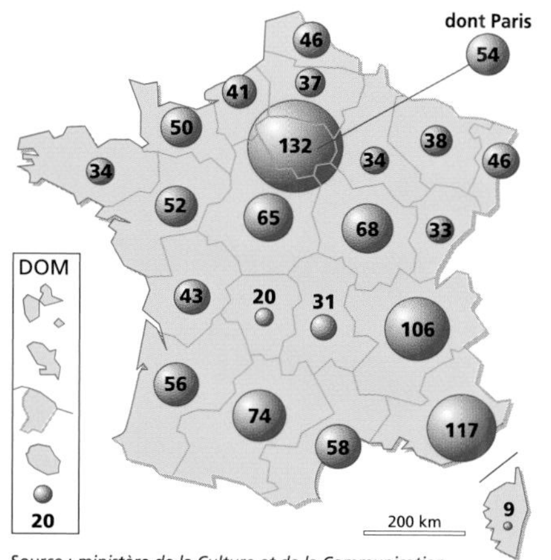

Source : *ministère de la Culture et de la Communication* (DMF/DEPS), 2007.

En 2010, le musée du Louvre va avoir un petit frère à Lens, dans la région Nord-Pas-de-Calais.

Le **Louvre-Lens**, 28 000 m² de verre et de haute technologie, va être construit sur une ancienne mine de charbon touchée depuis 1980 par la crise industrielle. Résultat : dynamisme de la région et fierté pour les habitants. Le concept de ce musée ? Une présentation nouvelle des œuvres, qui mélange l'art antique (grec, romain, égyptien...), l'art classique, l'art moderne et l'art contemporain.

Les champs de fleurs et les ateliers de parfumerie de Grasse, en Provence, ont fait la réputation mondiale des parfums français. Le **Musée international de la parfumerie** à Grasse est un musée original. On peut y découvrir l'histoire des parfums et toutes les étapes de leur fabrication, le métier de nez, le design des flacons au cours des siècles, ou encore les dernières tendances en chimie moléculaire dans le domaine de la parfumerie...

Le **MAC/VAL**, c'est le Musée d'art contemporain du Val de Marne. En 2005, l'art contemporain s'est pour la première fois installé en banlieue, au cœur des HLM*.
Le but est de démocratiser l'art contemporain. Le tarif est très bon marché, l'entrée est gratuite pour les jeunes et le musée propose des ateliers de création, où le public peut échanger directement avec les artistes. On y trouve aussi un cinéma, une librairie, un restaurant et un jardin de 10 000 m² !

* *HLM :* habitations à loyer modéré.

3 Observez la carte des musées de France puis la carte de France, p. 159. Retrouvez le nom des trois régions qui ont beaucoup de musées.

4 Comparez les trois musées présentés. Que peut-on y découvrir ? Quel musée préférez-vous ?

5 Imaginez un musée original autour de la culture française. Choisissez le thème, l'objectif, le public visé, l'architecture, la décoration et la présentation des œuvres.

Et chez vous ? Est-ce qu'il y a beaucoup de musées en province ? Est-ce qu'on crée de nouveaux musées ?

Les Français sont comme ça...

La France est le premier pays européen pour les blogs : en 2007, la blogosphère française compte environ 3,5 millions de blogs ! Sur un blog, on raconte sa vie, on donne son opinion... Il y a des blogs personnels, des blogs d'entreprises, des blogs artistiques, des blogs juridiques, des blogs de quartier, des blogs politiques, des blogs de voyages... Les Français adorent s'exprimer !

SCÉNARIO

ÉPISODE 4
PROJET

Un nouveau témoin

Dans le dernier hôtel visité, le membre de la famille fait la connaissance d'un(e) Français(e) qui a rencontré le/la disparu(e).

Étape 1
Qui est le témoin ?

1. En groupes
Imaginez la personne qui a rencontré le/la disparu(e).

2. Mise en commun
Chaque groupe présente un personnage. La classe choisit son personnage préféré.

Étape 2
La rencontre

1. En groupes
Imaginez les circonstances de la rencontre.
Quand a-t-elle eu lieu ? Où ?
Qui a parlé le premier ?
Comment était le/la disparu(e) ?
De quoi ont-ils parlé ?

2. Mise en commun
Chaque groupe présente son travail. La classe choisit les circonstances de la rencontre.

Étape 3
Le dernier indice

1. En groupes

Le/La disparu(e) a parlé au témoin d'un endroit qu'il a découvert et qu'il aime beaucoup.

Identifiez ce lieu (musée, université, jardin…) et décrivez-le.

⚠ Cherchez des idées dans un guide touristique du pays.

2. Mise en commun

Chaque groupe présente un lieu. La classe choisit son lieu préféré.

3. Jeu de rôles

Le membre de la famille parle avec le témoin. Jouez la scène.

> Le témoin raconte.

> Le membre de la famille pose des questions et dit ce qu'il va faire.

Affichez dans la classe une photo du lieu choisi.

DES LIEUX

- un château
- un manoir
- un parc
- un square
- un jardin
- une forêt
- un zoo
- un musée
- une place
- une piscine
- une plage

MODULE 5

Se ressembler,

La mode éth

Rencontre avec
une nouvelle bo
un e-commerce v

e, quelle est votre première passion :
ode ou le commerce équitable ?
ore m'habiller et faire du shopping.
j'essaie de ne pas acheter trop de
ments : je ne suis pas une victime de la
e ! Mon idée, c'est d'abord de proposer
marques qui respectent l'environne-
t. Sur mon site, on peut trouver des
ssures et des accessoires fabriqués à
r de produits recyclés, ou encore des
ments en matière naturelle, traitée
des produits non-polluants.

l'affiche et répondez.
heter au marché aux Puces ?
les objets sont neufs ?
e stands ?
uvert l'aprè

site au bac.
eu difficile
di vers
ites-le,

à droite,
iverez
tion

1. Où erez
2. Que gerez
3. Pour enez min.
4. Selon essaie
5. Que se

Outils pour

▶ DONNER UN ITINÉRA
- Vous prenez l'avenu la première à droite.
- Vous continuez tout
- Vous arriverez à un p
- Traversez-le.
- Suivez la direction de
- Tournez à gauche.
- Vous passerez sur un p
- Vous longerez une rivièr

Vocabulaire

▶ LES REPÈRES

Savoir...

- décrire le style et la tenue vestimentaire
- donner son avis
- faire des comparaisons
- annoncer un événement
- féliciter quelqu'un
- inviter quelqu'un
- comprendre et indiquer un itinéraire
- rapporter les paroles de quelqu'un

se rassembler

Pour...

- acheter des vêtements
- échanger des idées
- rédiger un faire-part et une invitation
- se déplacer et se repérer
- recevoir des invités
- parler de ses projets

Culture pour...

- **décoder** les rituels sociaux
- **parler** de la mode
- **défendre** le commerce équitable
- **découvrir** la nouvelle typologie de la famille française

Projet pour...

- **choisir un dénouement** dans l'épisode 5 du **scénario**

A La mode éthique est à la mode...

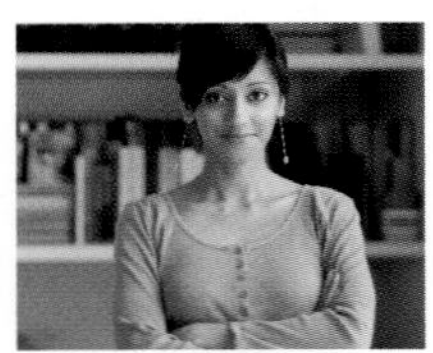

Rencontre avec Claire, chef d'entreprise, qui vient de lancer sur Internet une nouvelle boutique de mode, autremode-autremonde.fr : un e-commerce version éthique et bio.

Claire, quelle est votre première passion : la mode ou le commerce équitable ?
J'adore m'habiller et faire du shopping. Mais j'essaie de ne pas acheter trop de vêtements : je ne suis pas une victime de la mode ! Mon idée, c'est d'abord de proposer des marques qui respectent l'environnement. Sur mon site, on peut trouver des chaussures et des accessoires fabriqués à partir de produits recyclés, ou encore des vêtements en matière naturelle, traitée avec des produits non-polluants.

C'est le cas des vêtements en coton bio, par exemple ?
Oui, c'est ça. Je pense aussi qu'il faut protéger les petits artisans du Cambodge ou du Bangladesh qui fabriquent ces vêtements. Toutes les marques que je distribue font du commerce éthique et collaborent avec des associations qui aident la population locale. Par exemple, ces associations forment et emploient des femmes en situation difficile. Elles scolarisent leurs enfants. Ou encore elles construisent des hôpitaux, des logements... Je trouve qu'elles font un excellent travail !

Vous ne pensez pas que la mode éthique est encore trop chère ?
Si, c'est vrai. Je crois que nous achetons trop de vêtements bon marché et que nous ne sommes pas assez exigeants sur leur fabrication. Nous devons être sûrs qu'ils sont fabriqués dans des conditions justes pour les artisans et qu'ils ne polluent pas l'environnement. La mode éthique, c'est une mode solidaire, qui respecte la nature et l'être humain. À mon avis, c'est la mode de l'avenir !

1 Lisez l'interview et répondez.
1. Claire a créé quel type d'entreprise ?
2. Où peut-on acheter ses produits ?
3. Elle distribue quel type de marques ? Quelles conditions ces marques doivent-elles remplir ?

2 Vrai ou faux ? Justifiez chaque réponse avec une phrase du texte.
Selon Claire...
1. la mode éthique doit aussi penser aux artisans locaux.
2. les associations qui aident les artisans ne sont pas très compétentes.
3. nous achetons beaucoup de vêtements chers.
4. la mode éthique, c'est la mode du futur.

Vocabulaire

▶ S'HABILLER
- un vêtement
- des chaussures
- un accessoire (un collier, un bracelet, une bague, une ceinture...)

▶ LA MODE ÉTHIQUE
- le commerce équitable
- le respect de l'environnement
- les produits recyclés/non-polluants
- les conditions de fabrication et de production

Outils pour

▶ DONNER SON AVIS
- **Je pense qu'**il faut protéger les petits artisans.
- **Je trouve qu'**elles font un excellent travail.
- **Je crois que** nous achetons trop de vêtements.
- **À mon avis/Selon moi,** c'est la mode de l'avenir.

Action !

3 Travaillez avec votre voisin(e).
Que pensez-vous de l'initiative de Claire ? Connaissez-vous des magasins (dans votre ville ou sur Internet) qui proposent ce type de produits ? Les achetez-vous ? Pourquoi ? Comparez vos opinions.

4 Vous interviewez Claire.
Quelles autres questions lui posez-vous ?

JE COMMANDE !

http://www.autremode-autremonde.fr

Autre mode, autre monde
Vêtements, chaussures, accessoires
Commandez nos articles en ligne !

1. — Oh ! J'aime bien ces tongs... mais elles sont bizarres, non ?
   — Elles sont en caoutchouc de pneus recyclés ! Et elles sont très à la mode cette année ! Tu fais du combien ?
   — Du 42. Elles me plaisent beaucoup et, en plus, elles sont écolo ! Je vais les commander.
   — Tu fais quelle pointure, du 42 ? Désolée, Marc : il en reste en 40 mais il n'y en a plus en 42 !

2. — Romain, qu'est-ce que tu préfères : vêtement ou bijou ?
   — Pour la fête des Mères ? Moi, j'aime mieux un bijou... Oh ! Regarde ce collier, il est sympa et il n'est pas trop cher.
   — De l'ivoire ? Il y en a sur ce site ? Mais c'est interdit !
   — Mais non, papa, c'est de l'ivoire végétal !
   — Ah bon ! Mais ta mère a déjà un collier comme ça, non ?
   — Non, elle n'en a pas. À mon avis, elle va aimer !

3. — Tu m'aides ? Je ne sais pas quelle taille prendre.
   — Mais, Juliette, tu t'achètes encore une jupe ? Tu en as acheté une la semaine dernière !
   — Mais c'est différent : je n'en ai pas en coton bio et j'aime bien les fibres naturelles.
   — Oui, c'est vrai, elle est pas mal, cette jupe ! Tu fais quelle taille ?

5 Écoutez les trois dialogues et répondez.

1. Quelle page Internet consultent les personnages ?
2. Associez les dialogues aux photos.

a. un collier

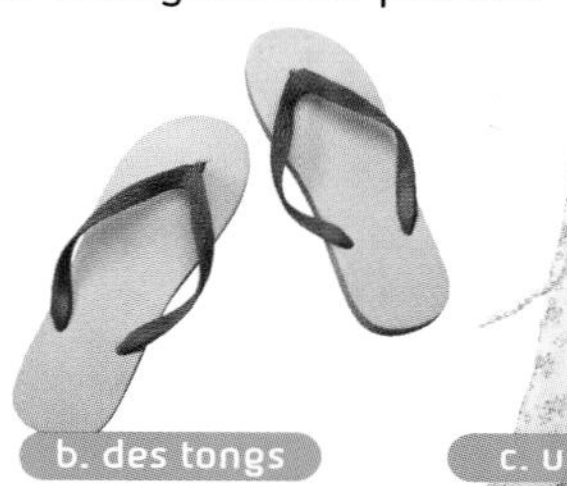
b. des tongs

c. une jupe

6 Répondez.

1. Pourquoi Marc et son amie apprécient-ils les tongs ? Donnez trois raisons.
2. Est-ce que Marc va commander les tongs ? Pourquoi ?
3. Pour qui Romain cherche-t-il un cadeau ?
4. Pourquoi est-ce qu'il n'y a pas d'ivoire sur le site ?
5. Pourquoi Juliette veut-elle acheter cette jupe ?

Vocabulaire

▶ PARLER D'UN PRODUIT
- C'est cher. ≠ C'est bon marché.
- C'est à la mode. ≠ C'est démodé.
- C'est confortable, pratique, élégant.
- C'est écolo(gique).

Outils pour

▶ S'HABILLER
- Tu fais du combien ? *(vêtements et chaussures)*
- Tu fais quelle taille ? *(vêtements)*
- Tu fais quelle pointure ? *(chaussures)*
- Je fais du 40.

▶ EXPRIMER DES APPRÉCIATIONS
- J'aime bien ces tongs.
- Elles me plaisent beaucoup.
- Il est sympa, ce collier !
- Elle est pas mal, cette jupe !

▶ EXPRIMER SA PRÉFÉRENCE
- J'aime mieux/Je préfère un bijou.

Action !

7 Travaillez avec votre voisin(e).
Que pensez-vous de ces trois produits de mode éthique ?

GRAMMAIRE

Les adverbes *trop* et *assez*

1 Retrouvez les phrases équivalentes dans le document A, p. 120 et complétez.

1. Les prix de la mode éthique sont encore excessifs. > La mode éthique est encore ... chère.
2. Nous ne faisons pas attention à la fabrication des vêtements. > Nous ne sommes pas ... exigeants sur la fabrication des vêtements.

Trop (de) et assez (de)

Ces adverbes de quantité accompagnent :
- un adjectif :
  *Ces accessoires sont **trop** chers.*
  *Ton café est **assez** chaud ?*
- un verbe :
  *Il travaille **trop**.*
  *Elle ne dort pas **assez**.*
- un nom :
  *Il a **trop de** travail.*
  *Tu as **assez de** vêtements !*

2 Complétez les phrases avec *trop (de)* ou *assez (de)*.

1. Dans mon quartier, il n'y a pas ... magasins bio.
2. Ce pull est ... cher, je n'ai pas ... argent !
3. Mon appartement n'est pas ... clair et il y a ... bruit.
4. Tu passes ... temps devant ton ordinateur et tu ne lis pas ... .
5. Cette voiture est ... polluante et ne respecte pas ... l'environnement.
6. Notre hôtel n'est pas ... proche de la plage et les chambres sont ... petites.

La place des adjectifs

3 1. Placez les adjectifs suivants avant ou après le nom. Aidez-vous du document A, p. 120.

1. nouvelle – une boutique
2. éthique – la mode
3. excellent – un travail
4. équitable – le commerce
5. petits – les artisans
6. première – votre passion

2. Quels adjectifs se placent avant le nom ?

La place des adjectifs

- **La majorité** des adjectifs se placent **après** le nom.
  un site intéressant
- Les adjectifs de **couleur, nationalité, religion et forme,** ainsi que les **participes passés**, se placent toujours **après** le nom.
  une jupe bleue, des tongs brésiliennes, des produits recyclés...
- Certains **adjectifs courts** *(beau, bon, double, grand, gros, jeune, joli, mauvais, nouveau, petit...)*, ainsi que les **ordinaux**, se placent **avant** le nom.
  une nouvelle boutique, les petits artisans, votre première passion...
- Certains adjectifs d'**appréciation** peuvent se placer **avant ou après** le nom.
  un excellent travail/un travail excellent

4 Mettez l'adjectif à la bonne place (attention à l'accord). Aidez-vous des indices entre parenthèses.

1. grand *(court)* – Elle travaille dans une ... entreprise ... .
2. rouge *(couleur)* – Tu ne mets jamais ta ... jupe ... .
3. usé *(participe passé)* – Je n'aime pas porter des ... vêtements ... .
4. superbe *(appréciation)* – Aujourd'hui, elle porte un ... collier ... .
5. deuxième *(ordinal)* – C'est son ... enfant ... .

5 Associez le nom et l'adjectif (plusieurs réponses sont possibles). Mettez l'adjectif à la bonne place.

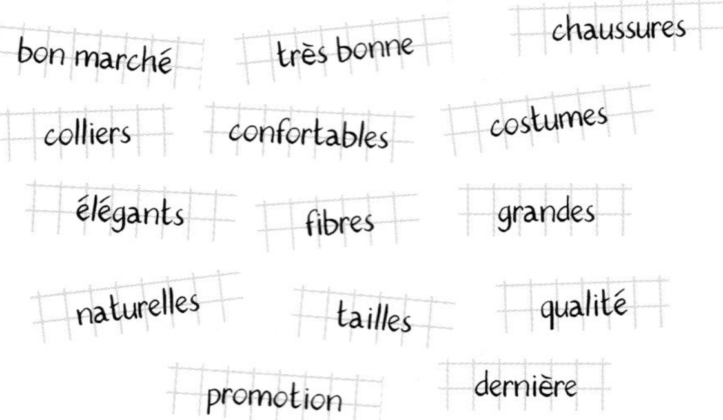

VOCABULAIRE

Le pronom *en* complément d'objet direct (COD)

6 Observez ces phrases (document B, p. 121).

1. **Que remplace le pronom *en* ?**

Il en reste en 40. > Il reste … en 40.
Il y en a sur ce site ? > Il y a … sur ce site ?
Tu en as acheté une. > Tu as acheté … .

2. **Trouvez d'autres phrases avec *en* dans le document B et dites ce qu'il remplace.**

Le pronom *en* COD

- Il remplace un nom COD introduit par *un*, *une*, *des* ou par le partitif *du*, *de la*, *des*.
  ***Des tongs**, j'**en** mets/je n'**en** mets pas en été.*
  ***Du coton bio**, on **en** vend/on n'**en** vend pas sur ce site.*
- Quand le nom COD à remplacer est introduit par *un* ou *une*, le pronom *en* est composé de deux éléments : *en … un(e)*.
  ***Un collier**, j'**en** mets **un** tous les jours.*
  ***Une jupe**, j'**en** mets **une** pour aller au travail.*

⚠ *Un* et *une* disparaissent à la forme négative.
***Une jupe**, je n'**en** mets jamais.*

7 Répondez aux questions. Utilisez le pronom *en*.

1. Vous connaissez un magasin de mode éthique ?
2. Vous portez un collier aujourd'hui ?
3. Vous achetez des produits équitables ?
4. Vous avez une marque de vêtements préférée ?
5. Vous portez du coton bio ?

8 1. Qu'est-ce que c'est ? Devinez.

1. On **en** achète chez le boucher.
2. On **en** trouve dans une bijouterie.
3. On **en** utilise **un** pour écrire.
4. On **en** met dans son café.
5. On **en** réserve **un** pour prendre l'avion.
6. On **en** fait pour être en forme.

2. Sur le même modèle, posez des devinettes à votre voisin(e).

Vêtements et accessoires

9 Observez le catalogue puis associez.

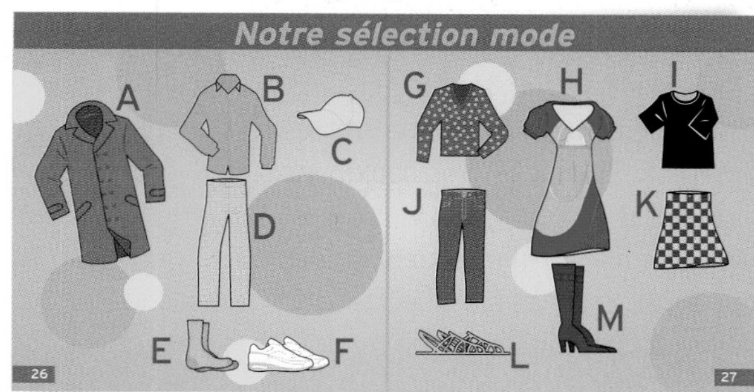

1. des baskets blanches
2. des bottes marron
3. un jean bleu
4. des chaussettes orange
5. un manteau violet
6. une chemise à rayures
7. une casquette jaune
8. des sandales dorées
9. une jupe à carreaux
10. un pantalon beige
11. un pull à pois
12. une robe multicolore
13. un tee-shirt noir

10 Que mettez-vous pour…

1. passer un week-end à Paris ?
2. aller dans une soirée élégante ?
3. sortir avec vos amis ?
4. rester à la maison ?

Comparez avec votre voisin(e).

11 Retrouvez les questions.

1. Non, c'est bon marché.
2. Oui, c'est en coton bio.
3. En chaussures, je fais du 38.
4. En jupe, je fais du 42.

12 Associez.

1. Ils me plaisent,
2. Elle me plaît,
3. Elles sont pas mal,
4. Il est sympa,

a. ces robes.
b. ce pull.
c. cette boutique.
d. ces manteaux.

Action !

Travaillez avec votre voisin(e).
Vous pensez à quelqu'un de la classe. Votre voisin(e) vous pose des questions sur sa tenue pour deviner qui c'est.
– Il/Elle a des baskets blanches ?
– Oui, il en a./Non, il n'en a pas.

http://www.blognotes.fr

7 MAI – L'HABIT NE FAIT PAS LE MOINE !
Mode > Looks > Camille

Dans le métro, il y a des gens qui lisent, des gens qui écoutent de la musique... moi, j'observe les autres, c'est passionnant... Les gens ne se ressemblent pas, ils sont tous différents ! Par exemple, cette belle et grande jeune femme au look urbain : elle porte un pantalon noir, un chemisier, une veste de tailleur très chic et des chaussures à talons. Elle ressemble à un mannequin... Est-ce qu'elle va à un casting ? Ou est-ce qu'elle va simplement faire ses courses ? Moins élégante et plus décontractée, cette jeune fille au style bohème, qui porte une jupe en dentelle et un gilet à fleurs... Elle a l'air très doux... mais peut-être qu'elle écoute du hard-rock sur son MP3 ?? Et ce garçon au look rasta, avec ses dreadlocks, son vieux jean trop large et son bonnet vert, rouge et jaune... Est-ce qu'il est aussi cool qu'il paraît ? Est-il musicien, étudiant ou... ingénieur ? Un homme au style plus classique vient de s'asseoir : costume à rayures, chemise blanche, cravate et chaussures en cuir. Est-ce qu'il est cadre[1] dans une entreprise ? Il a l'air pressé... Va-t-il à une réunion ? À un rendez-vous amoureux ? Comment savoir ?

1. *Un cadre :* personne qui occupe un poste à responsabilités dans une entreprise.

1 Lisez le texte et répondez.

1. Que fait Camille dans le métro ?
2. Qu'essaie-t-elle de deviner ? (Plusieurs réponses sont possibles.)
   - **a.** l'âge des gens
   - **b.** leur profession
   - **c.** leur caractère
   - **d.** leur situation familiale
   - **e.** leurs pensées
   - **f.** leur destination

2 Associez les photos et les styles décrits par Camille.

1. style urbain **2.** style bohème **3.** style rasta **4.** style classique

Outils pour

▶ DÉCRIRE L'APPARENCE, LES RESSEMBLANCES ET LES DIFFÉRENCES
- Les gens se ressemblent. ≠ Ils sont différents.
- Elle ressemble à un mannequin.
- Il a l'air pressé.
- Il est aussi cool qu'il paraît.
- Elle est moins élégante et plus décontractée.

a b c d

Vocabulaire

▶ VÊTEMENTS ET ACCESSOIRES
- un tailleur
- un chemisier
- un gilet
- une cravate
- un bonnet
- des chaussures à talons

Action !

3 Vrai, faux ou cela n'est pas dit ? Justifiez avec des phrases du document A.

1. Camille ne s'intéresse pas aux autres.
2. Elle prend souvent le métro.
3. Elle pose des questions aux gens.
4. La jeune femme est élégante.
5. La jeune fille aime le hard-rock.
6. Le jeune homme semble calme.
7. L'homme ne porte pas de baskets.

4 Travaillez avec votre voisin(e).

Quel est votre style préféré ? Pourquoi ? Comparez.
– *Mon style/look préféré, c'est ... parce que...*
– *Le style ... est moins élégant/pratique que le style...*

5 Dans le bus, vous observez le style de trois personnes et imaginez leur profession, leur caractère...

Écrivez un texte pour le blog de Camille.

6 Observez l'affiche et répondez.

1. Que peut-on acheter au marché aux Puces ?
2. Est-ce que tous les objets sont neufs ?
3. Il y a combien de stands ?
4. Est-ce que c'est ouvert l'après-midi ?

C ÇA ME VA BIEN ?

— Tu m'aides à chercher un chemisier des années soixante ?
— OK ! J'adore les Puces, on y fait toujours de bonnes affaires !
— J'espère, parce que je n'ai pas un gros budget...
— Regarde ce chemisier à pois !
— Il est génial ! Et, en plus, il n'est pas cher du tout !
— Bonjour ! Je peux vous aider ?
— Oui, je voudrais essayer ce chemisier : vous pourriez m'indiquer où se trouve la cabine ?
— Oh ! Elle est petite, cette cabine ! Tiens, tu pourrais tenir ma veste un moment, s'il te plaît ?
— Attends, je la pose là.
— Alors ? Ça me va ?
— Euh, je ne sais pas... Tiens, voilà le vendeur, on peut lui demander son avis.
— Moi, je trouve que ça vous va très bien !
— D'accord, alors je vais le prendre !
— Euh... Où est ma veste ? Je ne la vois pas !
— Pardon, monsieur, vous n'avez pas vu une veste bleue ?
— Il y a deux minutes, mon collègue a vendu une veste bleue, mais la dame est partie !
— Alors là, c'est malin ! C'est ça, tes bonnes affaires ?

7 Écoutez le document C et répondez.

1. Où sont le garçon et la fille ?
2. Que cherchent-ils ?
3. Pourquoi ont-ils choisi cet endroit ?
4. Selon son ami, est-ce que le vêtement qu'elle essaie lui va bien ? Et selon le vendeur ?
5. Que se passe-t-il avec la veste de la jeune fille ?

8 Retrouvez dans le document C trois phrases proches des phrases suivantes.

1. Je **veux** essayer ce chemisier.
2. Vous **pouvez** m'indiquer où se trouve la cabine ?
3. Tu **peux** tenir ma veste ?

Outils pour

▶ COMMUNIQUER DANS UN MAGASIN

- Je peux vous aider ?
- Avez-vous cette robe en 40 ?
- Je voudrais essayer ce chemisier.
- Vous pourriez m'indiquer où se trouve la cabine ?
- Ça vous va très bien.
- Je vais le prendre !

Action !

9 Jouez la scène à trois.

Vous accompagnez un(e) ami(e) dans un magasin pour essayer des vêtements.

> Il y a un problème (de taille, de couleur, de prix...).

> Vous posez des questions au vendeur/à la vendeuse.

10 Une de vos amies souhaite tout changer dans sa vie trop classique (son style, la décoration de sa maison...).

Dans un mél, vous lui suggérez d'aller au marché aux Puces de sa ville et vous lui décrivez ce qu'elle peut y trouver.

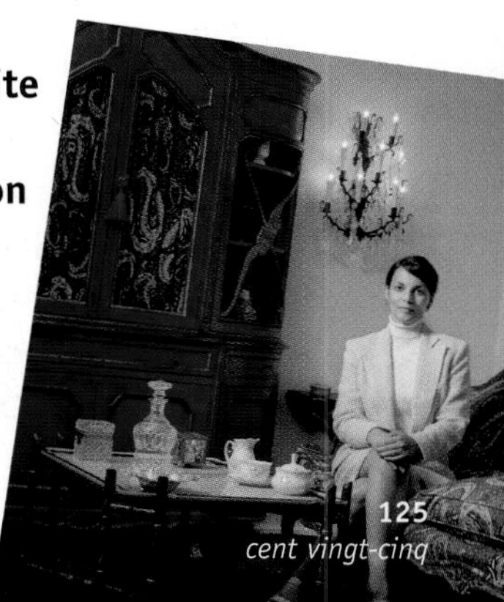

GRAMMAIRE

Les comparatifs

1 Relisez le document A, p. 124 et remplacez (+), (–) et (=) par le mot qui convient.

1. La jeune fille au style bohème est (–) élégante et (+) décontractée que la jeune femme au look urbain.
2. Est-ce que le garçon au look rasta est (=) cool qu'il paraît ?

Les comparatifs

Pour marquer :
- la supériorité : *plus* + adjectif/adverbe + *que*
  *Elle est **plus** élégante **que** sa sœur.*
- l'égalité : *aussi* + adjectif/adverbe + *que*
  *Il s'habille **aussi** bien **que** toi.*
- l'infériorité : *moins* + adjectif/adverbe + *que*
  *Le pull est **moins** cher **que** la robe.*

⚠ Comparatifs de supériorité irréguliers
bon > meilleur : Le gâteau est meilleur que la tarte.
bien > mieux : Il s'habille mieux que toi.

2 1. Donnez votre avis. Complétez avec *plus*, *moins* ou *aussi*.

1. Les baskets sont … confortables que les bottes.
2. Les jupes longues sont … élégantes que les minijupes.
3. Les jeans sont … pratiques que les costumes.
4. Les pantalons sont … féminins que les jupes.
5. Les talons hauts sont … jolis que les talons plats.

2. Comparez vos réponses dans la classe.
> *Dans la classe, X personnes pensent que…*

3 Complétez pour comparer.

Exemple : *La tour Eiffel est **plus haute que** la tour Montparnasse. (haut +)*

1. Emma est … sa sœur. (grand =)
2. Le désert du Kalahari est … le désert du Sahara. (vaste –).
3. L'eau est … pour la santé … le vin. (bon +)
4. Une voiture va … un train. (vite –)
5. Il travaille … son voisin. (bien +)
6. La Russie est … que la France et l'Allemagne réunies. (peuplé =)

Les pronoms personnels compléments d'objet indirect (COI)

4 Relisez ces phrases (document C, p. 125). Que remplace le pronom souligné ? Associez.

1. Tu m'aides ?
2. Vous pourriez m'indiquer ?
3. Je la pose là.
4. Ça me va ?
5. On peut lui demander son avis.
6. Je vais le prendre.

a. le chemisier
b. la veste
c. moi
d. à moi
e. au vendeur

Les pronoms personnels COI

Ils remplacent des noms de personnes introduits par la préposition à.

*demander **à** quelqu'un*

*Il **me** demande. (à moi)*
*Il **te** demande. (à toi)*
*Il **lui** demande. (à lui/elle)*
*Il **nous** demande. (à nous)*
*Il **vous** demande. (à vous)*
*Il **leur** demande. (à eux/elles)*

⚠ *penser à* + pronom tonique :
*Il pense à **moi**, à **toi**, à **lui**, à **elle**…*

Rappel : quand la relation entre le verbe et le nom est directe (sans préposition), on utilise les pronoms compléments d'objet direct (COD).

5 Retrouvez la construction des verbes suivants : ajoutez la préposition *à* si nécessaire.

1. aider … quelqu'un
2. donner … quelqu'un
3. parler … quelqu'un
4. écouter … quelqu'un
5. dire … quelqu'un
6. voir … quelqu'un
7. plaire … quelqu'un
8. écrire … quelqu'un
9. expliquer … quelqu'un
10. regarder … quelqu'un

❻ **Remplacez le groupe souligné par un pronom COI.**

1. Tu téléphones souvent à tes amis ?
2. Ils ont donné l'adresse à Lisa.
3. Je parle souvent à mes voisines.
4. Tu demandes le prix au vendeur ?

❼ **Complétez les réponses avec un pronom COD ou COI. Attention à la construction du verbe.**

1. – Tu as parlé à Pierre ce matin ?
   – Non, je ne ... ai pas vu.
2. – Tu as trouvé la vendeuse ?
   – Oui, je ... ai demandé la taille 40.
3. – Tes parents sont d'accord ?
   – Je ne sais pas, je ne ... ai rien dit.
4. – Tu as invité tes cousins ?
   – Non, je vais ... appeler tout de suite.

VOCABULAIRE

Le conditionnel de politesse

Pour formuler une demande polie, on utilise le conditionnel présent au lieu de l'indicatif présent.

je veux	*Je **voudrais** une taille 40.*
je peux	*Je **pourrais** l'essayer ?*
tu peux/vous pouvez	*Tu **pourrais**/Vous **pourriez** m'aider ?*

❽ **Transformez les phrases en utilisant un conditionnel de politesse.**

1. Je veux ce pull en 42.
2. Tu peux fermer la porte ?
3. Je peux avoir la carte, s'il vous plaît ?
4. Vous pouvez parler moins fort ?
5. Tu peux me prêter ton stylo ?

PHONÉTIQUE

❶ **Écoutez. Vous entendez [ɛ̃] ou [ɑ̃] ? Répétez.**

❷ **Écoutez. Les deux mots sont identiques ou différents ?**

Exemple : fin [fɛ̃] ≠ *vin* [vɛ̃]

❸ **Écoutez. Vous entendez [s] ou [z] ? Répétez.**

Action!

Faites cinq phrases pour comparer ces looks. Ensuite, discutez avec votre voisin(e).

look techno

look skater

– Ça me plaît/Ça ne me plaît pas. C'est plus/moins/aussi élégant, sophistiqué, laid, simple, discret, gai…

look grunge

« Vous allez être surpris ! »

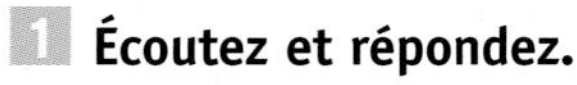

1 Écoutez et répondez.

1. Il s'agit :
   a. d'un jeu sur la mode.
   b. d'un défilé de mode.
   c. d'un sondage sur la mode.

2. On entend combien de personnes ?

3. Cécile et Rémi sont :
   a. des critiques de mode.
   b. des spectateurs.
   c. des mannequins.
   d. des présentateurs.

2 Réécoutez.

1. Quels types de vêtements sont présentés ?
   a. des robes de soirée
   b. des vêtements de sport
   c. des tenues de mariés

2. Notez tous les vêtements cités.

3. Quelle est la particularité de la première tenue présentée ? Et de la dernière tenue ?

4. Qui prononce les phrases suivantes ?

1 Je trouve ça original !

2 Moi, je trouve ça ridicule !

3 Vivent les couleurs et les nouvelles formes originales !

4 C'est pas mal !

5 Je suis sûre que c'est hors de prix !

6 Pour lui, ce costume blanc, avec une veste très élégante.

7 C'est… très élégant !

5. Que demande Rémi à Cécile ?

6. Que demande la femme à Cécile ?

Stratégies d'écoute

> **Soyez attentifs au ton des personnes (ton moqueur, surpris, énervé…).**

> **N'oubliez pas : en français parlé, quand la personne parle vite, certains mots ou certaines voyelles peuvent disparaître.**
*– **Je** veux. > **J'**veux.*
*– **Tu** aimes. > **T'**aimes.*
*– Tu **ne** viens pas. > Tu viens pas.*
*– **Je ne** veux pas. > **J'**veux pas.*

Compréhension des écrits 8 points

http://www.forumdivers.com

FORUM > SUJET > MODE

auteur	discussion
moussi	Incroyable ! Je viens de trouver un blog où on parle d'une nouvelle mode qui vient du Japon (et ça commence à se développer ici !). Des gens s'habillent comme dans les dessins animés ! Je vous joins une photo. C'est super drôle !
sali	C'est horrible ! Tu es sûr qu'ils ne se sont pas déguisés pour une fête ? Je veux dire : tu es sûr que c'est une nouvelle mode ?
anna	Mais oui, c'est une mode ! On s'habille comme ça pour sortir entre copains... mais pas pour une occasion spéciale ! Moi, je suis une grande fan ! Je n'ai pas encore essayé, mais je consulte régulièrement des sites Internet sur le sujet. En fait, c'est un style inspiré des mangas et je trouve ça génial !
achille	Génial ? Pour se faire remarquer, c'est vrai, c'est une bonne idée ! Moi, je préfère mon jean et mes baskets !
willy	Moi, je trouve ça original ! Vous pensez qu'on peut trouver ce type de vêtements et d'accessoires en France ?

1 Lisez la discussion et répondez.

1. De quel type de mode parle le forum ?
2. Qui apprécie cette mode ? Qui ne l'apprécie pas ?
3. Repérez les expressions qui le montrent.

2 Vrai, faux ou cela n'est pas dit ?

1. Cette mode n'est pas arrivée en France.
2. On met ces vêtements seulement pour des soirées déguisées.
3. Anna s'habille souvent comme ça.
4. Achille préfère un style plus simple.
5. On peut acheter ce type de vêtements en France.

Production écrite 12 points

3 Vous participez à un forum de discussion sur le thème de la mode. Un des intervenants est fan du style gothique. Répondez-lui : dites comment vous vous habillez et donnez votre avis sur le style gothique. (60 à 80 mots)

Compréhension de l'oral 8 points

4 Écoutez le dialogue et répondez aux questions.

1. Quel vêtement essaie le garçon ?
2. Quelles couleurs essaie-t-il ?
3. Laquelle préfère-t-il ? Pourquoi ?
4. Quelles tailles essaie-t-il ?
5. Quelle taille préfère-t-il ?
6. Quelle taille préfère son amie ?
7. Achète-t-il le vêtement ? Pourquoi ?
8. Combien coûte le vêtement ?

Production orale 12 points

5 Vous devez faire un cadeau à un(e) ami(e) commun(e). Votre voisin(e) choisit un des objets suivants. Vous lui posez des questions sur l'objet (prix, couleur, utilité...), puis vous donnez votre avis.

1. Pour elle ou lui : pendentif avec roche lunaire, certifié authentique. (240 €)
2. Écrivez votre message sur ce tee-shirt à écran digital. (40 €)
3. Lunettes MP3. (140 €)

1
Adeline et Loïc sont heureux
de vous faire part de leur mariage
et vous convient à la cérémonie religieuse
qui aura lieu le samedi 3 août à 15 h
en l'église Saint-Pierre-de-Marsat.

Un cocktail réunira ensuite famille et amis
à la salle des fêtes de Marsat.

M. et Mme Laurent Sauvage
102, avenue de la République
63 000 Clermont-Ferrand

M. et Mme Bertrand Couturier
3, rue des Passants
63 200 Riom

Réponse souhaitée avant le 15 juillet.

2
Nous serons heureux
de vous accueillir
dans notre nouvelle maison
pour pendre la crémaillère,
le 6 mai,
à partir de 21 heures.

Rendez-vous au
112, rue des Cordeliers
34 000 Montpellier
04 85 12 02 10

On compte sur vous !

Sarah et Ivan

3
Valence, le 3 mai

Chers papa et maman,

J'ai la joie de vous annoncer que Louis, après la quatrième tentative, a enfin eu son permis ! Nous sommes très

4
Chers tous,

Je vous invite dans mon château hanté, à ma soirée d'Halloween le 31 octobre à partir de 19 h 30.

J'espère que vous viendrez nombreux et déguisés !

Château de Lucie
6, impasse de la Libération
75018 Paris

5
Patrick et Lola
ont le plaisir
de vous faire part
de la naissance
de leur fille Daphné.

Son grand frère,
Clément,
se joint à eux !

6
Chère Laura,
Le 5 juillet prochain, je fêterai mes trente ans dans ma maison de campagne, à Souvigny.
La fête commencera samedi à 19 heures et finira dimanche, après le déjeuner. Les invités pourront dormir sur place, la maison est grande ! J'ai invité tous les copains du tennis et tout le monde sera là. J'espère que tu pourras venir.
Grosses bises,
Pierre

1 Observez les documents 1 à 6 et répondez.

1. Associez chaque document à un type de message.
- **a.** un mél
- **b.** une lettre
- **c.** un carton d'invitation
- **d.** un faire-part

2. À votre avis, quel document
- **a.** invite à une soirée à thème ?
- **b.** invite à fêter un emménagement ?
- **c.** annonce un mariage ?
- **d.** annonce la naissance d'un enfant ?

2 Lisez les documents et complétez les phrases.

*Exemple : Le 6 mai, c'est **la pendaison de crémaillère de Sarah et Ivan**.*

1. Le 31 octobre, c'est...
2. Le 3 août, c'est...
3. Le 5 juillet, c'est...

3 Vrai ou faux ? Justifiez avec des phrases des documents.

1. Adeline et Loïc ont seulement invité leur famille.
2. Daphné est le deuxième enfant de Patrick et Lola.
3. Les invités de Lucie doivent se déguiser.
4. La fête de Pierre va se terminer dimanche soir.
5. Louis a passé son permis trois fois.

Outils pour

▶ ANNONCER UN ÉVÉNEMENT
- Nous sommes heureux de vous annoncer notre mariage.
- J'ai la joie de vous apprendre que Louis a eu son permis.
- Nous avons le plaisir de vous faire part de la naissance de notre fille.

▶ INVITER QUELQU'UN
- Je vous invite à ma soirée.
- Nous vous convions à la cérémonie.
- Nous serons heureux de vous accueillir.
- J'espère que tu pourras venir.
- Nous comptons sur vous/votre présence.

Vocabulaire

▶ FÊTES ET ÉVÉNEMENTS
- un mariage, une naissance
- un anniversaire (de mariage)
- un enterrement de vie de garçon/jeune fille
- une pendaison de crémaillère
- le jour de l'an, la Saint-Valentin, Halloween, Noël...

Action !

4 Vous écrivez une lettre à un(e) ami(e).

> Annoncez-lui une des nouvelles suivantes : vous venez de réussir un examen, gagner à la loterie, trouver un nouvel emploi, avoir des triplés.
> Invitez-le/la à fêter cet événement.

BRAVO !

1. — Amélie ! Je suis en train de chatter avec Louis. Il dit qu'il a eu son permis !
— Je suis contente pour lui !
— Il va faire une fête et il demande quel jour on préfère.
— C'est sympa ! Dis-lui qu'on est libres le 7 juin. Ah ! Romain, attends : demande-lui ce qu'on doit apporter pour la fête et aussi s'il va inviter Sophie.
— OK !

2. — Allô, Claudine ? C'est Adeline. Je vous téléphone pour vous annoncer que, Loïc et moi, nous allons nous marier. Vous êtes bien sûr invités au mariage !
— Oh ! Je suis très heureuse pour vous ! Nous viendrons avec plaisir !
— Félicite-les de ma part !
— Charles me dit de vous féliciter !

3. — Dis, Pierre, je viens d'apprendre que tu vas avoir trente ans le 2 juillet !
— Eh oui... D'ailleurs, tu sais si tu es libre le samedi 5 ? Je fais une fête...
— Le 5 juillet ? C'est très gentil de ta part, mais j'ai déjà quelque chose de prévu ! Désolée !

4. — Alors, Sarah, il paraît que vous venez d'acheter une maison en plein centre-ville ? Félicitations !
— Merci ! Je ne sais pas encore quand nous allons pendre la crémaillère, mais j'espère que Clara et toi vous pourrez venir.
— Oui, bien sûr, tu peux compter sur nous ! Et merci pour l'invitation !

5. — Alors, madame Legrand, j'ai appris que vous êtes à nouveau grand-mère ?
— Eh oui, Lola a eu son bébé le 5 juin !
— Toutes mes félicitations aux parents !

5 **Écoutez et associez les dialogues aux messages du document A.**

6 **Réécoutez. Vrai, faux ou cela n'est pas dit ?**

Dialogue 1
1. Romain est au téléphone.
2. Louis va inviter Sophie.

Dialogue 2
1. Claudine téléphone à Adeline.
2. Charles est le mari de Claudine.

Dialogue 3
1. Pierre a vingt-neuf ans.
2. Son amie lui souhaite un bon anniversaire.

Dialogue 4
1. La maison de Sarah est en ville.
2. Sarah a envoyé ses invitations.

Dialogue 5
1. Madame Legrand est la mère de Lola.
2. La femme félicite madame Legrand.

7 **Qui accepte ou refuse chaque invitation ?**

Outils pour

▶ FÉLICITER
- Bravo !
- Félicitations !/Toutes mes félicitations !
- Je te félicite !
- Je suis content(e)/heureux/heureuse pour toi.

▶ ACCEPTER OU REFUSER UNE INVITATION
- Merci pour l'invitation.
- C'est très sympa[1]/gentil/aimable (de ta/votre part).
- Tu peux compter sur moi.
- Nous viendrons avec plaisir.
- J'ai déjà quelque chose de prévu, désolé(e) !

1. Mot familier.

8 **Un(e) ami(e) va se marier et vous invite à son enterrement de vie de garçon/jeune fille. Vous lui écrivez un mél.**
> Félicitez-le/la pour son mariage.
> Acceptez ou refusez son invitation.

9 **Jouez la scène à deux.**
Vous êtes invité(e) à une pendaison de crémaillère. Vous appelez un(e) ami(e) pour lui proposer de vous accompagner.
> Il/Elle vous demande des précisions sur l'heure, le moyen de transport, les autres invités, le cadeau à faire...

GRAMMAIRE

Le futur simple

1 Observez ces verbes au futur simple (document A, p. 130). Quel radical utilise-t-on pour former le futur simple ?
je fêter**ai**, un cocktail réunir**a**, la fête commencer**a**, la fête finir**a**

Le futur simple

Formation : infinitif du verbe + terminaison

Inviter

j'inviter-**ai**	nous inviter-**ons**
tu inviter-**as**	vous inviter-**ez**
il/elle inviter-**a**	ils/elles inviter-**ont**

⚠ Verbes en *-re* :
infinitif sans *-e* + terminaison
*dire : je **dir**ai*
*mettre : je **mettr**ai*
*prendre : je **prendr**ai*

2 Retrouvez l'infinitif des verbes suivants et mettez les phrases au futur.

1. Demain, nous commandons les cartons d'invitation.
2. Vous participez à la cérémonie ?
3. Ils dorment chez moi après la fête.
4. Je danse avec Marc.
5. Est-ce que tu te déguises pour Halloween ?
6. Elle sort avec nous ?
7. Nous partons après le repas.
8. Elles boivent du jus d'orange.

3 Retrouvez dans le document A p. 130 le futur des formes suivantes et dites quel est le radical utilisé.

1. La cérémonie religieuse **a** lieu le samedi 3 août.
2. Nous **sommes** heureux de vous accueillir.
3. J'espère que vous **venez**.
4. Les invités **peuvent** dormir sur place.
5. Tout le monde **est** là.
6. J'espère que tu **peux** venir.

Les futurs irréguliers

avoir	j'aur-ai	*être*	je ser-ai
aller	j'ir-ai	*faire*	je fer-ai
pouvoir	je pourr-ai	*vouloir*	je voudr-ai
venir	je viendr-ai	*savoir*	je saur-ai
devoir	je devr-ai	*voir*	je verr-ai
falloir	il faudr-a		

4 Vous préparez un jeu de piste avec des amis. Complétez la liste avec un des verbes suivants au futur simple.
offrir – devoir – inviter – falloir – être – pouvoir – préparer – avoir

1. Nous ... cinquante personnes.
2. Tout le monde ... participer.
3. Le jeu ... difficile.
4. Les joueurs ... porter des tee-shirts rouges.
5. Il y ... dix indices.
6. Il ... aussi prévoir des jeux pour les enfants.
7. Les garçons ... des sandwichs pour le déjeuner.
8. Nous ... des cadeaux aux gagnants.

5 Complétez les phrases avec un verbe au futur (utilisez un verbe différent pour chaque phrase).
J'espère que/qu'...

1. vous ... venir !
2. ils ... libres !
3. elle ... à ma soirée !
4. tu ... ton permis de conduire !
5. ils ... une fête pour leur emménagement !
6. nous ... les photos du mariage !
7. tout ... bien !

Le discours indirect

6 Retrouvez dans le document B p. 131 les phrases suivantes au discours indirect.
Exemple : *J'ai eu mon permis.*
> *Il dit qu'il a eu son permis.*

1. Quel jour préférez-vous ?
2. Qu'est-ce qu'on doit apporter pour la fête ?
3. Est-ce qu'il va inviter Sophie ?
4. Félicite-les de ma part.

Le discours indirect

DISCOURS DIRECT	DISCOURS INDIRECT
Affirmation	*+ que*
Nous sommes libres le 7.	*Elle dit **qu**'ils sont libres le 7.*
Question	
Est-ce que	***si***
(Est-ce que) Sophie vient ?	*Je demande/Je ne sais pas **si** Sophie vient.*
Où, quand, comment, quel…	
Où habitez-vous ?	*Il leur demande **où** ils habitent.*
Qu'est-ce que	***ce que***
Qu'est-ce qu'on apporte ?	*Demande-lui **ce qu**'on apporte.*
Qu'est-ce que tu veux ?	*Je te demande **ce que** tu veux.*
Ordre ou demande	***Dire, demander, conseiller de + infinitif***
Viens, s'il te plaît !	*Elle lui demande **de** venir.*
Félicite-les !	*Il lui dit **de** les féliciter.*

⚠ Pour passer du discours direct au discours indirect, il faut penser aux changements de pronoms et d'adjectifs.
*J'ai eu **mon** permis. > Il dit qu'**il** a eu **son** permis.*

7 Qu'est-ce qu'ils disent ?

1. « Je suis très contente d'être invitée. » Elle dit...
2. « Je ne trouve pas mon invitation ! » Il dit...
3. « On va au mariage avec toute notre famille. » Ils disent...
4. « Nous invitons nos cousins à notre fête. » Elles disent...
5. « Aline et moi fêtons notre anniversaire de mariage. » Tu dis...

8 Mettez les phrases au discours indirect.

1. « Qu'est-ce que tu fais ? » Je te demande...
2. « Vous avez fini vos exercices ? » Le professeur vous demande...
3. « Lis ce roman ! » Je te conseille...
4. « Tu viens quel jour ? » Elle me demande...
5. « Venez avec moi ! » Julie nous dit ...

9 Observez le dessin puis répondez.

1. Que demande l'élève au professeur ?
2. Qu'est-ce qu'elle lui répond ? lui demande ? lui dit ?

VOCABULAIRE

Invitations et félicitations

10 Complétez ces annonces avec les mots qui conviennent.

1. J'ai la ... de vous apprendre que Pierre a trouvé un nouvel emploi.
2. Nous sommes très ... de vous annoncer que vous êtes le gagnant du concours.
3. Nous voulons vous faire ... de la naissance de notre sixième enfant !
4. Nous avons le ... de vous apprendre que notre grand-mère a fêté son centième anniversaire.

11 Que dites-vous aux personnes de l'exercice 10 pour les féliciter ?

1. À la femme de Pierre ?
2. Au gagnant du concours ?
3. Aux parents ?
4. À la grand-mère ?

Action!

Jouez la scène à deux.
Des extraterrestres visitent notre planète. Vous êtes le/la seul(e) à les comprendre. Le président de votre pays vous engage comme interprète.

- *Ils disent qu'ils sont contents d'être là.*
- *Combien de temps resteront-ils parmi nous ?*
- *Le Président vous demande combien de temps vous resterez parmi nous.*

De : thom@orange.fr
À : liste
Objet : itinéraire
Pièces jointes plan.doc
Police | Taille de

Salut à tous !

Comme vous le savez, je vous invite samedi prochain pour fêter ma réussite au bac. Mes parents me prêtent leur maison de campagne à Varennes. C'est un peu difficile à trouver, alors je vous donne l'itinéraire (je partirai avec mon frère samedi vers 9 heures pour tout préparer : alors, si vous ne savez pas comment venir, dites-le, il reste trois places dans la voiture !)

D'abord, vous prenez l'avenue de Paris et, au feu, vous prenez la première à droite, direction Vichy. Vous continuez tout droit pendant deux kilomètres. Vous arriverez à un petit village avec trois maisons : traversez-le et suivez toujours la direction de Vichy. Au premier carrefour, tournez à gauche. Un peu plus loin, vous passerez sur un pont et, tout de suite après, vous tournerez encore à gauche. Vous longerez la rivière (environ 500 mètres) et vous arriverez à Varennes. Au rond-point, prenez la petite route sur la droite et, en face de l'auberge du Bois, prenez le petit chemin. Au bout du chemin, vous trouverez cinq maisons : ma maison, c'est la blanche, entre la bleue et la rose.

C'est facile, non ?! Au cas où, je vous donne aussi le plan en pièce jointe. Je sais, je ne dessine pas très bien... si vous ne comprenez pas mon plan, vous pouvez regarder sur Internet : il y a des sites avec des cartes très précises.
J'espère que vous trouverez la maison sans problème mais, si vous vous perdez, appelez-moi sur mon portable (06 85 24 26 87), je vous expliquerai !

À bientôt,

Thomas

Outils pour

▶ DONNER UN ITINÉRAIRE
- Vous prenez l'avenue de Paris/ la première à droite.
- Vous continuez tout droit.
- Vous arriverez à un petit village.
- Traversez-le.
- Suivez la direction de Vichy.
- Tournez à gauche.
- Vous passerez sur un pont.
- Vous longerez une rivière.

Vocabulaire

▶ LES REPÈRES
- un chemin, une rue, une route, une autoroute, une avenue, un boulevard, un carrefour, un rond-point, un feu (rouge)
- un village, une rivière, une auberge, un bois

1 Lisez le mél et répondez.

1. À qui écrit Thomas ?
2. Pourquoi ?
3. Où et quand a lieu la fête ?

2 Vrai, faux ou cela n'est pas dit ?

1. Thomas a eu son baccalauréat.
2. C'est très facile de trouver sa maison.
3. Il va arriver avant ses invités.
4. Ses parents seront là.
5. Sa voiture a quatre places.
6. Sur le chemin, les invités vont trouver un village, un pont, une rivière et un bois.
7. Il y a un plan trouvé sur Internet en pièce jointe.
8. Thomas n'a pas de téléphone fixe.

3 À quel passage du mél correspond chaque panneau ?

Exemple : 

> *Vous prenez l'avenue de Paris.*

1

2

3

4

5

6
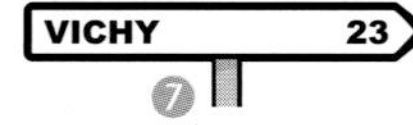

7

8

9

Action !

4 Vous faites du camping et un(e) ami(e) va vous rejoindre.

Vous lui écrivez un mél pour lui donner l'itinéraire et lui dire comment trouver votre tente.

5 Jouez la scène à deux.

Dans la rue, un(e) touriste vous demande son chemin. Il/Elle répète vos explications pour vérifier qu'il/elle a bien compris.

C'EST LA FÊTE !

1. — Salut Thomas !
— Bienvenue à tous les deux ! Vous avez trouvé facilement ?
— On s'est un peu perdus, Laurent et moi, désolés pour le retard...
— Pas de problème. Entrez et donnez-moi vos manteaux.
— Les autres sont arrivés ?
— Oui, tout le monde est là ! Ils sont tous dans le salon, mais on va d'abord monter vos bagages dans les chambres. Vous me suivez ?
— On te suit !

2. — Alors, vous voulez boire quelque chose ? J'ai...
— Mais c'est Manon !
— Eh, Mounir ! Tu vas bien ? Qu'est-ce que tu deviens ?
— Eh bien, je travaille depuis un an dans une entreprise d'import-export.
— Et ça te plaît ?
— Bof, pas trop. Quand je pourrai, je commencerai à chercher autre chose. Et toi alors, quoi de neuf depuis deux ans ?

3. — Ça va ? Si vous avez faim, le buffet est prêt, servez-vous ! Alors Mounir, est-ce que tu voyages beaucoup pour ton travail ?
— Non, je ne sors pas du bureau ! C'est pour ça que je veux changer !
— Moi, je pense que l'an prochain je partirai étudier à l'étranger : tu pourras venir me voir !
— Merci pour la proposition ! Je suis justement en train d'économiser et, quand j'aurai le temps, je ferai un petit voyage.
— Eh ! J'adore cette chanson : on danse ?

Outils pour

▶ ACCUEILLIR QUELQU'UN
- Bienvenue à tous !
- Vous avez trouvé facilement ?
- Tout le monde est là.
- Entrez et donnez-moi vos manteaux.
- Vous me suivez ?
- Vous voulez boire/manger quelque chose ?
- Servez-vous !
- Faites comme chez vous !
- Installez-vous !

▶ DEMANDER DES NOUVELLES
- Qu'est-ce que tu deviens ?
- Quoi de neuf ?

6 Écoutez les trois dialogues et associez.

Dialogue 1 — **a.** Mounir reconnaît Manon.
Dialogue 2 — **b.** Thomas accueille deux invités.
Dialogue 3 — **c.** Manon et Mounir parlent de leurs projets.

7 Repérez les dix erreurs et corrigez-les.

Manon et Laurent sont les premiers arrivés. Ils ont trouvé facilement. Thomas les aide à descendre leurs bagages dans les chambres. Ensuite, ils vont dans la cuisine où se trouvent les autres invités. Manon discute avec Mounir, qu'elle voit souvent. Il travaille depuis deux ans dans l'import-export et il adore son travail. Manon explique qu'elle va partir en vacances à l'étranger et elle invite Mounir à venir la voir. Il refuse parce qu'il n'a pas assez d'argent. Ensuite, il invite Manon à danser.

Action !

8 Jouez la scène à deux.

Vous avez invité à dîner un(e) ami(e) d'enfance. Vous ne vous êtes pas vu(e)s depuis dix ans.
> Accueillez-le/la chez vous.
> Pendant le dîner, parlez de vos vies.

9 Un(e) ami(e) part s'installer aux États-Unis et vous propose de le/la rejoindre l'an prochain.

Vous lui écrivez pour refuser son invitation car vous avez déjà des projets. Donnez-lui des détails.

GRAMMAIRE

L'hypothèse avec *si*

1 Associez (document A, p. 134).

1. Si vous ne savez pas comment venir,
2. Si vous ne comprenez pas mon plan,
3. Si vous vous perdez,

a. appelez-moi sur mon portable.
b. dites-le, il reste trois places dans la voiture !
c. vous pouvez regarder sur Internet.

L'hypothèse avec *si*

Hypothèse > résultat

– *si* + présent > impératif ou présent
Si tu te perds, appelle-moi/tu peux m'appeler.
(conseil ou recommandation)

– *si* + présent > présent
Si (= Quand) je suis fatigué, je fais une sieste.
(habitude ou généralité)

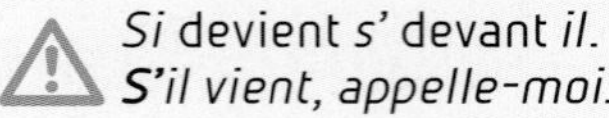
Si devient *s'* devant *il*.
S'*il vient, appelle-moi.*

2 Complétez la première partie de l'hypothèse. Comparez vos réponses avec votre voisin(e).

1. Si tu ..., appelle les renseignements.
2. Si vous ..., je peux vous aider.
3. Si tu ..., dépêche-toi !
4. S'il ..., dis-lui que je ne suis pas là !
5. Si elle ..., elle doit travailler.

3 Complétez les phrases librement.

1. **Donnez des conseils.**
1. Si vous allez au cinéma ce soir, ...
2. Si tu veux parler français, ...
3. Si tu rates ton train, ...
4. Si vous perdez vos clés, ...

2. **Formulez des généralités.**
1. Si on ne dort pas assez, on...
2. Si on ne lit pas les journaux, on...
3. Si on est heureux, on...
4. Si on voyage beaucoup, on...

Quand + futur

4 Retrouvez les verbes manquants (document B, p. 135). À quel temps sont-ils conjugués ?

1. Quand je ..., je ... à chercher autre chose.
2. Quand j'... le temps, je ... un petit voyage.

Quand + futur

Pour exprimer un moment ou une condition dans le futur
Quand j'aurai *mon baccalauréat,*
je m'inscrirai à l'université.

5 Associez.

1. Quand il aura son permis,
2. Quand ils arriveront,
3. Quand tu auras un ordinateur,
4. Quand tu verras Sophie,
5. Quand je pourrai,
6. Quand tu seras majeur,

a. on s'enverra des méls.
b. tu pourras voter.
c. il achètera une moto.
d. je t'aiderai.
e. la fête pourra commencer.
f. tu lui diras bonjour de ma part.

6 Faites trois phrases en utilisant l'expression familière *Quand les poules auront des dents...* (= *jamais*).

Exemple : *Je serai millionnaire quand les poules auront des dents !*

VOCABULAIRE

La localisation

7 Observez les passagers de la voiture puis complétez les phrases avec les prépositions suivantes.
à côté de – à droite de – à gauche de – derrière – devant – en face de – entre

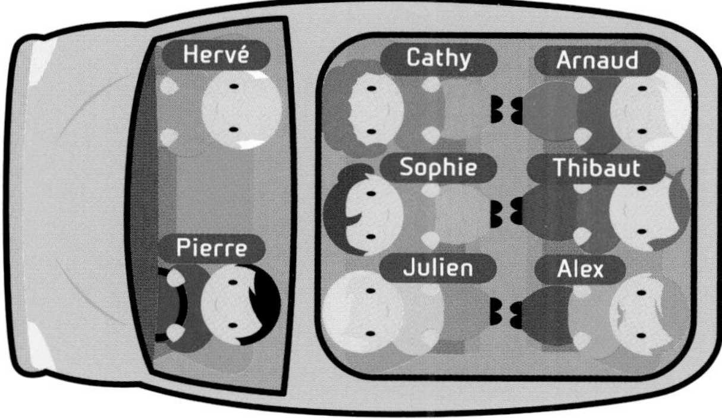

1. Sophie est … Julien et Cathy.
2. Thibaut est … Alex et … Arnaud.
3. Hervé est … Cathy.
4. Hervé est … Pierre.
5. Julien est … Pierre.
6. Sophie est … Thibaut.

8 Complétez avec les verbes proposés.
arriver – continuer – marcher – prendre (2 fois) – *passer – traverser*
« Pour aller à la piscine municipale, c'est facile : vous … la rue Manaudou. Vous … pendant deux minutes et vous … à un carrefour. Là, vous … la première rue à droite. Vous … la place de la Mairie et vous … tout droit. Vous … devant le commissariat de police et la piscine est tout de suite après ! »

9 Observez le plan.

1. **Donnez l'itinéraire pour aller du stade de foot à l'université.**

2. **Travaillez avec votre voisin(e).** Donnez-lui un point de départ et un itinéraire. Il/Elle doit trouver le point d'arrivée.

PHONÉTIQUE

1 Écoutez. Les deux mots sont identiques ou différents ?
Exemple : qui ≠ Guy

2 Écoutez et repérez le *e* non prononcé.
1. Je fêterai mon emménagement.
2. Il arrivera dans son nouveau logement.

3 Écoutez et répétez (attention à la chute du *e*).
1. Vous commande̸rez un menu spécial.
2. Ils participe̸ront à la cérémonie ?
3. Je la laisse̸rai partir.
4. Vous vous déguise̸rez en quoi ?
5. Nous goûte̸rons un nouveau plat.
6. Je commence̸rai un nouveau travail.
7. Tu fête̸ras tes vingt ans.
8. Nous se̸rons en vacances.

Action!

Préparez votre programme électoral en six points :
« Quand je serai président(e), … »
Votez ensuite dans la classe pour le meilleur programme.

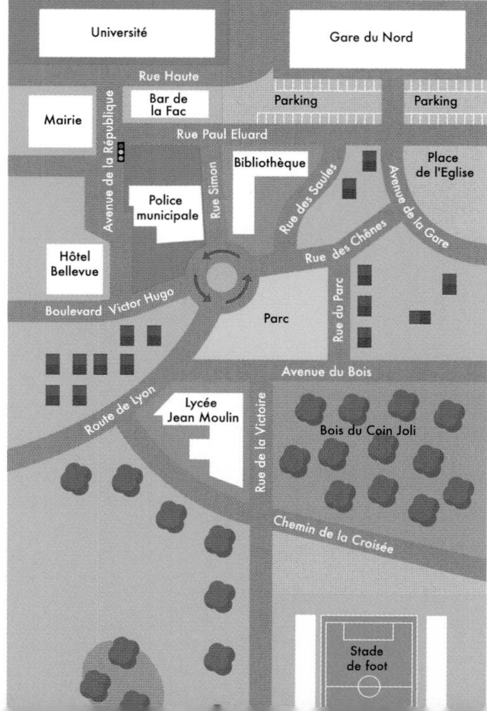

LECTURE

1 Lisez le texte et répondez.
Le texte est :
1. une annonce publicitaire.
2. une invitation amicale.
3. un mél professionnel.

2 De quel événement parle le texte ? Expliquez le titre.

3 Le texte donne des informations sur les préparatifs.
1. Indiquez dans quels paragraphes.

2. Repérez les informations sur :
a. le jour.
b. l'heure.
c. le lieu.
d. le trajet.
Est-ce que toutes les informations sont précises ?

3. Dans l'avant-dernier paragraphe *(J'ai déjà…)*, l'auteur du message veut :
a. donner des informations.
b. rassurer.
c. conseiller.
Justifiez votre réponse avec des mots du texte.

4 Relevez les abréviations du texte et donnez le mot entier.
> ***Exemple :*** *apéro / apéritif.*

5 Le texte contient un mot difficile : *aléatoire*. Utilisez le contexte (informations sur le trajet) pour répondre.
Un *trajet aléatoire* est :
a. un trajet bien défini, fixé à l'avance.
b. un trajet qui peut changer.

http://www.parisetudiant.com

SOIRÉE MÉTRO BLEU

Date : 30 octobre

Quoi de plus agréable que de partager un verre entre amis…
Et pourquoi pas dans le métro ? Oui, vous avez bien lu : dans le métro !

Le principe est simple : un apéro dans une rame de métro. Chacun prépare une boisson (un cocktail de jus de fruits amusant, une boisson originale), de quoi grignoter (salé et sucré), des verres en plastique, des serviettes en papier et… en route pour la fête !

Le lieu du rendez-vous est place de la Nation. Je n'ai pas encore défini notre trajet, on se retrouvera à l'extérieur de la station et on descendra tous ensemble dans le métro.

Pour que ce soit plus sympa, le thème proposé est : métro bleu. Tous en bleu avec nous dans le métro ! Faites preuve d'imagination : vêtements, maquillage, coiffure… mettez du bleu !

Le rendez-vous sera à 19 heures, on restera dans Paris, donc un ticket ou une carte pour une zone suffiront.

On changera sûrement de ligne de métro, c'est assez drôle de circuler dans les couloirs quand on est nombreux.

Si vous avez des idées pour un peu de musique, ça peut être sympa.

Pour info : il est très difficile de nous rejoindre en route, notre trajet est aléatoire, donc, merci d'être à l'heure au rendez-vous.

J'ai déjà lancé plusieurs soirées comme celle-là, toutes des succès au niveau ambiance et convivialité. Aucun risque, pas de surprise désagréable, posez-moi des questions si vous hésitez.

À vendredi 9 novembre !

Mon numéro si besoin : 06 82 40 20 60
Informations complémentaires : rdv en face de la supérette Casino, 26 place de la Nation, Paris 12ᵉ
Allez voir sur mon site www.soireemetro.com, vous ne serez pas déçus !

Stratégies de lecture

> **Repérez les indications chiffrées : elles peuvent vous donner des informations sur des dates, des heures, des adresses.**

> **Faites attention aux abréviations, cherchez dans le texte si le mot figure en entier.**

> **Utilisez le contexte pour comprendre les mots difficiles.**

Évaluation

Compréhension des écrits 8 points

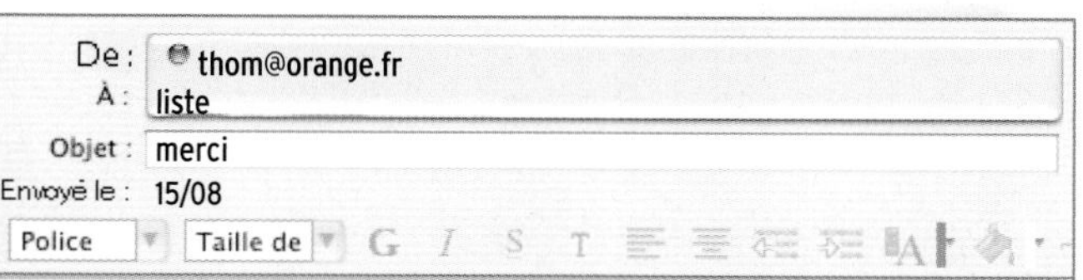
De : thom@orange.fr
À : liste
Objet : merci
Envoyé le : 15/08

Chers tous,

J'ai passé une soirée d'anniversaire vraiment très agréable et je tiens à vous remercier ; c'est très gentil de votre part d'être tous venus, sauf la pauvre Aurélie qui n'a pas pu à cause de sa jambe cassée ! (Aurélie, comment va ta jambe ?)
Vos cadeaux m'ont fait très plaisir : les livres, les parfums, les CD, le sac de sport, le pull... Merci à tous ! (Je ne sais pas si je vais avoir l'occasion de mettre la cravate rose de Laurent, mais je la trouve très sympa ! ☺)
Maintenant je suis un peu triste, sans vous tous, dans cette grande maison... Mais, le mois prochain, Manon aura 20 ans et on organisera sa fête ici, chez moi ! Donc nous nous reverrons bientôt ! Manon vous donnera les détails quand la date approchera.
Si un jour vous ne savez pas quoi faire, passez me voir : comme vous savez maintenant où se trouve la maison, vous pouvez venir quand vous voulez.

Encore un grand merci à tous,

À bientôt !

Thomas

1 Vrai, faux ou cela n'est pas dit ?

1. Il s'agit d'un mél d'invitation à une fête.
2. Aurélie s'est cassé la jambe pendant la fête.
3. Thomas a aimé tous ses cadeaux.
4. On lui a offert des bandes dessinées.
5. Il est triste parce qu'il se sent seul.
6. Manon va organiser sa fête d'anniversaire chez elle.
7. Elle est née au mois de septembre.
8. Thomas propose à ses amis de passer le voir un week-end.

Production écrite 12 points

2 La fin de l'année scolaire approche et vous proposez à vos amis d'organiser une fête. Écrivez-leur un mél pour leur parler de l'idée et de l'organisation. (60 à 80 mots)

Compréhension de l'oral 8 points

3 Écoutez. Dessinez le plan et l'itinéraire.

Production orale 12 points

4 Vous avez eu une réunion avec votre professeur principal/votre supérieur. Il vous a donné une liste de points à communiquer à vos camarades/collègues de travail. Vous avez pris les notes suivantes.

Réunion du 20 mai
(à transmettre à tous)

- être plus ponctuels !!
- ranger ses affaires avant de partir
- éteindre les lumières le soir
- journée portes ouvertes : le 30 juin
- Est-ce que tout le monde recycle le papier ?
- Est-ce que tout le monde est disponible pour une réunion le 15 juin ?

> communiquer les réponses avant le 5 juin

Faites part à vos camarades/collègues de travail des différents points de la liste.

– Le professeur/directeur nous dit/demande...
– Il veut savoir...

La famille dans

Depuis la « révolution » de Mai 1968, la famille a changé en France : rébellion des jeunes, libération de la femme… Le nombre de mariages et de naissances a baissé et le nombre de divorces a augmenté. Aujourd'hui, environ un mariage français sur deux se termine par une séparation. On assiste donc à l'apparition de nouvelles « tribus » familiales, élargies par les divorces et les remariages, qui redeviennent des familles nombreuses !

	Âge moyen au mariage		Nombre de mariages	Nombre de naissances	Âge moyen des mères au premier enfant
	Femmes	Hommes			
1990	25,6	27,6	287 099	762 407	28,3
1995	26,9	28,9	254 651	729 609	29
2000	28,0	30,2	297 922	774 782	29,4
2005	29,1	31,1	276 303	774 335	29,4
2006	29,2	31,3	268 100	796 800	29,5

INSEE, 2007.

1 Observez le tableau. Vrai ou faux ?

a. Les femmes sont plus âgées que les hommes au moment du mariage.

b. L'âge au mariage a augmenté pour les hommes et pour les femmes.

c. Les femmes ont des enfants plus tôt qu'avant.

d. En 1995, il n'y a pas eu beaucoup de mariages.

e. Il y a eu beaucoup de naissances en l'an 2000.

f. Le nombre de naissances a baissé entre 2005 et 2006.

g. Le nombre de mariages a baissé entre 2005 et 2006.

LA FAMILLE RECOMPOSÉE

La famille de Nicolas Sarkozy, président de la République française élu en 2007, est représentative de la famille française : Nicolas Sarkozy a deux fils d'un premier mariage. Son ex-femme, Cécilia, a deux filles d'un premier mariage. Remariés ensemble, ils ont eu un fils. À eux deux, ils ont donc cinq enfants. Le petit dernier, Louis, est le demi-frère des quatre aînés. Voilà une famille où il y a huit grands-parents et des dizaines d'oncles, tantes et cousins ! Nicolas et Cécilia Sarkozy ont divorcé en 2007. Nicolas Sarkozy s'est remarié en 2008…

Et chez vous ? Le divorce est-il courant ? Y a-t-il beaucoup de familles nombreuses ? Et de familles recomposées ?

tous ses états

Le phénomène *Tanguy*

Les jeunes Français restent de plus en plus longtemps chez leurs parents. En 1970, les jeunes quittent la maison familiale à 21 ans. En 2000, c'est à 23 ans, et en 2007, à 25 ans ! On appelle cela le phénomène Tanguy, du nom d'un film d'Étienne Chatiliez (2001). Dans cette comédie, le personnage principal est un jeune homme de 28 ans qui a fait de longues études. Il travaille et a une petite amie, mais vit toujours chez ses parents, qui commencent à s'impatienter...

2 Observez l'affiche du film *Tanguy*. D'après vous, quels sont les sentiments des personnages : la mère, le père, le fils ? Qui profite de la situation ? Pourquoi est-elle comique ?

3 Quelles sont les causes possibles du phénomène Tanguy ? Classez les causes suivantes de la plus importante à la moins importante, selon vous.

a. le chômage et la difficulté de trouver un emploi

b. la peur de l'indépendance

c. les prix de l'immobilier

d. la fin du conflit des générations

e. l'allongement de la durée des études

Et chez vous ? Est-ce qu'il y a un phénomène similaire ? Depuis combien de temps ? Pour quelles raisons ? Ce phénomène a-t-il un nom ?

Les Français sont comme ça...

En France, quand les jeunes font des études longues, ils peuvent aller à l'université ou entrer dans une grande école. Les grandes écoles ont été créées par Napoléon pour former l'« élite de la nation ». Elles ont un concours d'entrée très difficile et choisissent les meilleurs étudiants. La plus connue est l'École nationale d'administration (ENA). Beaucoup d'hommes politiques français sont d'anciens énarques.

SCÉNARIO

ÉPISODE 5
PROJET

Retrouvailles ?

Le membre de la famille va à l'endroit que le/la disparu(e) aime beaucoup. Que se passe-t- il ?

Étape 1
Le dénouement

1. En groupes
Choisissez un dénouement parmi les trois propositions suivantes.

1 Il/Elle arrive sur le lieu, observe bien les gens qui sont là. Il/Elle regarde à droite, puis à gauche, attend quelques minutes. Soudain, il/elle reconnaît le/la disparu(e) et l'appelle. Il/Elle se retourne. Ils courent l'un(e) vers l'autre et s'embrassent. Ils sont très émus. Quelques jours plus tard, le/la disparu(e) rentre en France. Malgré les questions de sa famille et de ses amis, il/elle refuse de donner des explications sur son départ. Son caractère a changé et il/elle pleure souvent... Personne ne le/la comprend, sauf un(e) collègue qui arrive à le/la faire parler...

2 Il/Elle arrive sur le lieu et croit apercevoir le/la disparu(e). Il/Elle se précipite et crie son prénom. La personne se retourne mais ce n'est pas lui/elle ! Quelle déception ! Il/Elle revient plusieurs jours de suite sur ce lieu, y reste des heures entières mais ne retrouve jamais le/la disparu(e). Au bout d'une semaine, il/elle décide de téléphoner au témoin de l'hôtel pour lui demander de l'aide...

3 Il/Elle arrive sur le lieu. Après deux heures d'attente, il/elle voit arriver le/la disparu(e) et l'appelle. Le/La disparu(e) le/la reconnaît, hésite un instant et s'enfuit. Impossible de le/la rattraper. Quel choc ! Quelques jours plus tard, en France, la famille reçoit une lettre du/de la disparu(e). Il/Elle explique les raisons de son départ. Il/Elle dit qu'il a beaucoup de projets. Il/Elle affirme qu'il ne reviendra jamais en France...

2. Mise en commun
Vous votez dans la classe. Quel dénouement obtient la majorité des voix ?

3. En groupes
Complétez la version choisie.

4. Mise en commun
Vous lisez vos productions. La classe choisit la meilleure production.

RÉACTIONS ET SENTIMENTS

- la joie
- la tristesse
- l'espoir
- le découragement
- l'inquiétude
- la déception
- la peur
- la colère

DONNER DES EXPLICATIONS

car
parce que
à cause de
grâce à

Étape 2
Le scénario

1. En classe entière

Rassemblez les cinq épisodes du projet (*La disparition*, *L'enquête progresse*, *À sa recherche*, *Un nouveau témoin*, *Retrouvailles ?*) et rédigez le plan détaillé de l'histoire.

2. En classe entière

À partir de ce plan, rédigez, complétez et enrichissez le scénario de la classe.

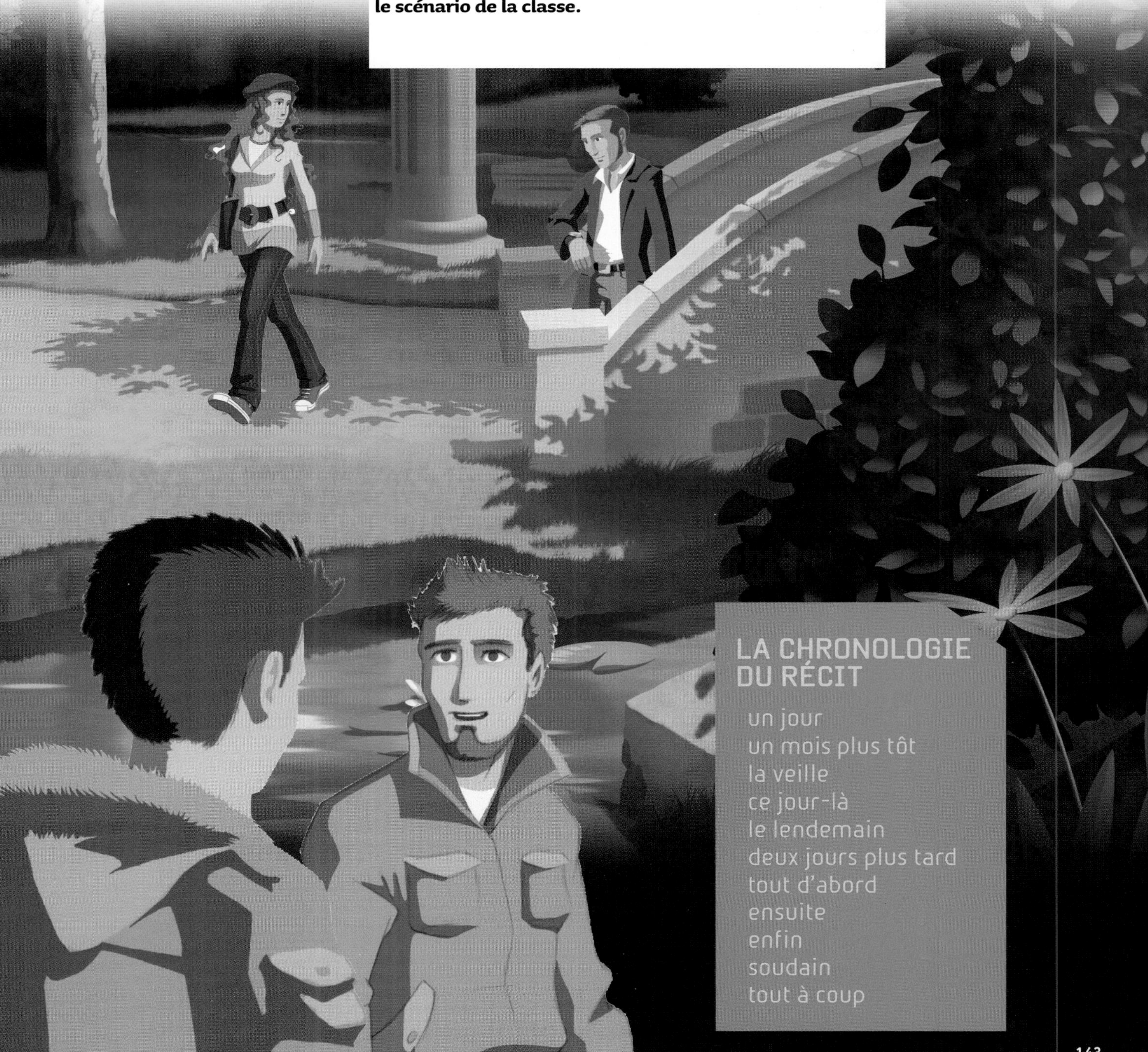

LA CHRONOLOGIE DU RÉCIT

un jour
un mois plus tôt
la veille
ce jour-là
le lendemain
deux jours plus tard
tout d'abord
ensuite
enfin
soudain
tout à coup

TABLEAU DE

INFINITIF	INDICATIF				IMPÉRATIF
	Présent	Passé composé	Imparfait	Futur	Présent
Être (auxiliaire)	je **suis** tu **es** il/elle **est** nous **sommes** vous **êtes** ils/elles **sont**	j'**ai été** tu as été il/elle a été nous avons été vous avez été ils/elles ont été	j'**ét**ais tu étais il/elle était nous étions vous étiez ils/elles étaient	je **ser**ai tu seras il/elle sera nous serons vous serez ils/elles seront	sois soyons soyez
Avoir (auxiliaire)	j'**ai** tu **as** il/elle **a** nous **av**ons vous **av**ez ils/elles **ont**	j'**ai eu** tu as eu il/elle a eu nous avons eu vous avez eu ils/elles ont eu	j'**av**ais tu avais il/elle avait nous avions vous aviez ils/elles avaient	j'**aur**ai tu auras il/elle aura nous aurons vous aurez ils/elles auront	aie ayons ayez
Aller	je **vai**s tu **vas** il/elle **va** nous **all**ons vous **all**ez ils/elles **vont**	je **suis allé**(e) tu es allé(e) il/elle est allé(e) nous sommes allé(e)s vous êtes allé(e)s ils/elles sont allé(e)s	j'**all**ais tu allais il/elle allait nous allions vous alliez ils/elles allaient	j'**ir**ai tu iras il/elle ira nous irons vous irez ils/elles iront	va allons allez
Boire	je **boi**s tu bois il/elle boit nous **buv**ons vous buvez ils/elles boivent	j'**ai bu** tu as bu il/elle a bu nous avons bu vous avez bu ils/elles ont bu	je **buv**ais tu buvais il/elle buvait nous buvions vous buviez ils/elles buvaient	je **boir**ai tu boiras il/elle boira nous boirons vous boirez ils/elles boiront	bois buvons buvez
Chanter	je **chant**e tu chantes il/elle chante nous chantons vous chantez ils/elles chantent	j'**ai chanté** tu as chanté il/elle a chanté nous avons chanté vous avez chanté ils/elles ont chanté	je **chant**ais tu chantais il/elle chantait nous chantions vous chantiez ils/elles chantaient	je **chanter**ai tu chanteras il/elle chantera nous chanterons vous chanterez ils/elles chanteront	chante chantons chantez
Choisir	je **chois**is tu choisis il/elle choisit nous **choisiss**ons vous choisissez ils/elles choisissent	j'**ai choisi** tu as choisi il/elle a choisi nous avons choisi vous avez choisi ils/elles ont choisi	je **choisiss**ais tu choisissais il/elle choisissait nous choisissions vous choisissiez ils/elles choisissaient	je **choisir**ai tu choisiras il/elle choisira nous choisirons vous choisirez ils/elles choisiront	choisis choisissons choisissez
Connaître	je **connai**s tu connais il/elle connaît nous **connaiss**ons vous connaissez ils/elles connaissent	j'**ai connu** tu as connu il/elle a connu nous avons connu vous avez connu ils/elles ont connu	je **connaiss**ais tu connaissais il/elle connaissait nous connaissions vous connaissiez ils/elles connaissaient	je **connaîtr**ai tu connaîtras il/elle connaîtra nous connaîtrons vous connaîtrez ils/elles connaîtront	connais connaissons connaissez
Devoir	je **doi**s tu dois il/elle doit nous **dev**ons vous devez ils/elles **doiv**ent	j'**ai dû** tu as dû il/elle a dû nous avons dû vous avez dû ils/elles ont dû	je **dev**ais tu devais il/elle devait nous devions vous deviez ils/elles devaient	je **devr**ai tu devras il/elle devra nous devrons vous devrez ils/elles devront	*n'existe pas*

CONJUGAISON

INFINITIF	INDICATIF				IMPÉRATIF
	Présent	Passé composé	Imparfait	Futur	Présent
Écrire	j'**écri**s tu écris il/elle écrit nous **écriv**ons vous écrivez ils/elles écrivent	**j'ai écrit** tu as écrit il/elle a écrit nous avons écrit vous avez écrit ils/elles ont écrit	j'**écriv**ais tu écrivais il/elle écrivait nous écrivions vous écriviez ils/elles écrivaient	j'**écrir**ai tu écriras il/elle écrira nous écrirons vous écrirez ils/elles écriront	écris écrivons écrivez
Faire	je **fai**s tu fais il/elle fait nous **fais**ons vous **faites** ils/elles **font**	**j'ai fait** tu as fait il/elle a fait nous avons fait vous avez fait ils/elles ont fait	je **fais**ais tu faisais il/elle faisait nous faisions vous faisiez ils/elles faisaient	je **fer**ai tu feras il/elle fera nous ferons vous ferez ils/elles feront	fais faisons faites
Falloir	il **faut**	il **a fallu**	il **fallait**	il **faudr**a	*n'existe pas*
Pouvoir	je **peux** tu peux il/elle peut nous **pouv**ons vous pouvez ils/elles **peuv**ent	**j'ai pu** tu as pu il/elle a pu nous avons pu vous avez pu ils/elles ont pu	je **pouv**ais tu pouvais il/elle pouvait nous pouvions vous pouviez ils/elles pouvaient	je **pourr**ai tu pourras il/elle pourra nous pourrons vous pourrez ils/elles pourront	*n'existe pas*
Prendre	je **prend**s tu prends il/elle prend nous **pren**ons vous prenez ils/elles **prenn**ent	**j'ai pris** tu as pris il/elle a pris nous avons pris vous avez pris ils/elles ont pris	je **pren**ais tu prenais il/elle prenait nous prenions vous preniez ils/elles prenaient	je **prendr**ai tu prendras il/elle prendra nous prendrons vous prendrez ils/elles prendront	prends prenons prenez
Savoir	je **sais** tu sais il/elle sait nous **sav**ons vous savez ils/elles savent	**j'ai su** tu as su il/elle a su nous avons su vous avez su ils/elles ont su	je **sav**ais tu savais il/elle savait nous savions vous saviez ils/elles savaient	je **saur**ai tu sauras il/elle saura nous saurons vous saurez ils/elles sauront	sache sachons sachez
Venir	je **vien**s tu viens il/elle vient nous **ven**ons vous venez ils/elles **vienn**ent	je **suis venu**(e) tu es venu(e) il/elle est venu(e) nous sommes venu(e)s vous êtes venu(e)s ils/elles sont venu(e)s	je **ven**ais tu venais il/elle venait nous venions vous veniez ils/elles venaient	je **viendr**ai tu viendras il/elle viendra nous viendrons vous viendrez ils/elles viendront	viens venons venez
Voir	je **vois** tu vois il/elle voit nous **voy**ons vous voyez ils/elles voient	**j'ai vu** tu as vu il/elle a vu nous avons vu vous avez vu ils/elles ont vu	je **voy**ais tu voyais il/elle voyait nous voyions vous voyiez ils/elles voyaient	je **verr**ai tu verras il/elle verra nous verrons vous verrez ils/elles verront	vois voyons voyez
Vouloir	je **veux** tu veux il/elle veut nous **voul**ons vous voulez ils/elles **veul**ent	**j'ai voulu** tu as voulu il/elle a voulu nous avons voulu vous avez voulu ils/elles ont voulu	je **voul**ais tu voulais il/elle voulait nous voulions vous vouliez ils/elles voulaient	je **voudr**ai tu voudras il/elle voudra nous voudrons vous voudrez ils/elles voudront	veuillez

PRÉCIS GRAMMATICAL

LA PHRASE

LA PHRASE INTERROGATIVE

	Question intonative (forme familière)	Question avec *est-ce que* (forme standard)	Question avec inversion (forme formelle)
Question fermée	*Tu es français ?*	*Est-ce que tu es français ?*	*Es-tu français ?*
Question ouverte	*Vous vous appelez comment ?* *Vous mangez quoi ?* *Ils partent quand ?* *Vous habitez où ?*	*Comment est-ce que vous vous appelez ?* *Qu'est-ce que vous mangez ?* *Quand est-ce qu'ils partent ?* *Où est-ce que vous habitez ?*	*Comment vous appelez-vous ?* *Que mangez-vous ?* *Quand partent-ils ?* *Où habitez-vous ?*

LA PHRASE NÉGATIVE

	Place de la négation	
Verbe conjugué à un temps simple	La négation encadre le verbe.	*Je* ***ne*** *comprends* ***pas****.*
Verbe conjugué à un temps composé	La négation encadre l'auxiliaire.	*Nous* ***n'****avons* ***pas*** *visité le Louvre.*
Avec deux verbes	La négation encadre le premier verbe.	*Paul* ***ne*** *veut* ***pas*** *manger.*

LE NOM

Un nom est masculin ou féminin. Il n'y a pas de neutre.
une table, un lit

Les noms de personne

Masculin	Féminin	
un ami un étudiant un voisin	une amie une étudiante une voisine	masculin + *-e*
un homme un père un garçon	une femme une mère une fille	masculin ≠ féminin

Les noms de profession

Masculin	Féminin	
un musicien	une musicienne	*-ien* > *-ienne*
un vendeur	une vendeuse	*-eur* > *-euse*
un infirmier	une infirmière	*-er* > *-ère*
un directeur	une directrice	*-teur* > *-trice*
un photographe un secrétaire	une photographe une secrétaire	masculin = féminin

Le nombre : singulier et pluriel

Singulier	Pluriel	
un stylo	des stylos	singulier + *-s*
un mois	des mois	singulier = pluriel
un animal	des animaux	*-al* > *-aux*
un lieu un bureau	des lieux des bureaux	singulier + *-x*

LES DÉTERMINANTS

LES ARTICLES

	Masculin		Féminin	
	Singulier	**Pluriel**	**Singulier**	**Pluriel**
Articles définis	le livre l'étudiant	les livres les étudiants	la table l'adresse	les tables les adresses
Articles indéfinis	un livre	des livres	une table	des tables
Articles partitifs	du pain de l'argent	des épinards	de la farine de l'eau	des céréales

- Les articles *le* et *les* se contractent après une préposition.
  à + le > au *de + le > du* *à + les > aux* *de + les > des*

- *Un, une, du, de la* et *des* deviennent *de* à la forme négative.
  *J'ai des amis. > Je n'ai pas **d'**amis.*
  *Tu manges du pain. > Tu ne manges pas **de** pain.*

LES ADJECTIFS INTERROGATIFS

	Masculin	Féminin
Singulier	*Quel est votre nom ?*	*Quelle est votre profession ?*
Pluriel	*Quels sont vos noms et prénoms ?*	*Quelles sont vos activités préférées ?*

LES ADJECTIFS DÉMONSTRATIFS

	Masculin	Féminin
Singulier	*ce plat* *cet* arbre*	*cette lampe*
Pluriel	*ces plats*	*ces lampes*

* *Ce* devient *cet* devant une voyelle ou un *h*.

LES ADJECTIFS POSSESSIFS

Possesseur	Singulier		Pluriel	
	Masculin	Féminin	Masculin	Féminin
je	mon chien	ma carte	mes cahiers	mes amies
tu	ton chien	ta carte	tes cahiers	tes amies
il/elle	son chien	sa carte	ses cahiers	ses amies
nous	notre chien	notre carte	nos cahiers	nos amies
vous	votre chien	votre carte	vos cahiers	vos amies
ils/elles	leur chien	leur carte	leurs cahiers	leurs amies

LES ADJECTIFS QUALIFICATIFS

LE MASCULIN ET LE FÉMININ DES ADJECTIFS

Masculin	Féminin	
petit	petite	masculin + *-e*
marié	mariée	masculin + *-e*
sincère	sincère	masculin = féminin
heureux	heureuse	*-eux* > *-euse*
créatif	créative	*-if* > *-ive*
gros	grosse	masculin + *-se*
beau/bel - nouveau/nouvel - franc - gentil - roux - jaloux - doux - long - vieux	belle - nouvelle - franche - gentille - rousse - jalouse - douce - longue - vieille	formes différentes au masculin et au féminin

LES PRONOMS

LES PRONOMS PERSONNELS

Personnes				
Pronoms sujets	Pronoms toniques	Pronoms réfléchis	Pronoms compléments d'objet direct (COD)	Pronoms compléments d'objet indirect(COI)
je	moi	me/m'	me/m'	me/m'
tu	toi	te/t'	te/t'	te/t'
il/elle	lui/elle	se/s'	le/la/l'	lui
on	nous	se/s'	–	–
nous	nous	nous	nous	nous
vous	vous	vous	vous	vous
ils/elles	eux/elles	se/s'	les	leur

– *Vous connaissez la directrice ?*
– *Oui.* ***Moi****, je* ***la*** *trouve très sympathique.*

– *Tu aimes tes grands-parents ?*
– *Oui. Je* ***les*** *vois souvent et je* ***leur*** *téléphone tous les jours.*

Choses			
Pronoms sujets	**Pronoms compléments d'objet direct**	**Avec une expression de quantité (article indéfini, partitif...)**	**Pour remplacer un complément de lieu**
il/elle	le/la/l'	en	y
ils/elles	les		

– Tu as pris des photos ?
*– Oui, j'**en** ai pris. Je **les** regarde souvent.*

– Quand est-ce que tu vas en Guadeloupe ?
*– J'**y** vais la semaine prochaine.*

- Les pronoms compléments se placent **devant** :
  - un verbe conjugué à un temps simple :
    *Je **lui** pose une question.*
  - l'auxiliaire d'un verbe conjugué à un temps composé :
    *Il **nous** a donné un livre.*
  - un verbe conjugué à l'impératif négatif :
    *Ne **le** regardez pas.*
  - un verbe à l'infinitif :
    *Elle va **vous** recevoir dans un instant.*

- Les pronoms compléments se placent **derrière** un verbe conjugué à l'impératif affirmatif :
  *Dites-**lui** bonjour.*

LES PRONOMS RELATIFS SIMPLES

Pour remplacer		
un sujet	**un COD**	**un complément de lieu**
qui	que	où

*Je connais la personne **qui** porte un pull rouge.*
*Véronique a pris le livre **que** tu as acheté.*
*Je suis allé dans la ville **où** tu es née.*

LA COMPARAISON

	Formes	
Avec un adjectif Avec un adverbe	*plus* *aussi* + adjectif ou adverbe + *que* *moins*	*La moto va **plus** vite **que** le vélo.* *L'autocar coûte **moins** cher **que** le train et il est **aussi** confortable.*

plus bon(ne)(s) > ***meilleur(e)(s)***
plus bien > ***mieux***

L'EXPRESSION DE LA DURÉE

	Pour indiquer	
pendant (+ passé/présent/futur)	une durée limitée	*J'ai travaillé/Je travaille/Je travaillerai* ***pendant*** *deux heures.*
depuis (+ présent)	l'origine d'une situation actuelle	*Elle travaille* ***depuis*** *trois semaines.*
il y a (+ passé composé)	un moment précis dans le passé	*Je l'ai vu* ***il y a*** *deux jours.*

L'EXPRESSION DE L'HYPOTHÈSE

Proposition hypothétique	Expression du résultat	
si + **présent**	La conséquence est exprimée au **présent** ou à l'**impératif**.	*Si tu* ***as*** *le temps,* ***viens*** *avec moi.* *Si tu* ***veux****, on* ***peut*** *aller au cinéma.*

LE DISCOURS INDIRECT

Changements syntaxiques	
Discours direct	**Discours indirect**
« Je ne veux pas partir ! » *« Est-ce que tu viens avec moi ? »* *« Qu'est-ce que vous voulez ? »* *« Comment vas-tu ? »* *« Appelle-moi demain. »*	*Je te dis* ***que*** *je ne veux pas partir.* *Il/Elle veut savoir* ***si*** *tu viens avec* ***lui/elle****.* *Elle demande* ***ce que nous*** *voulons.* *Il me demande* ***comment je*** *vais.* *Elle me demande* ***de l'****appeler demain.*

LES RELATIONS LOGIQUES

L'EXPRESSION DE LA CAUSE ET DE LA CONSÉQUENCE

	Conjonctions + phrase subordonnée à l'indicatif	Mots de liaison
Cause	*– Pourquoi tu viens jeudi ?* *–* ***Parce que*** *je travaille.*	parce que
Conséquence	*Je suis en voyage* ***donc*** *je ne serai pas là pour ton anniversaire.*	donc alors

L'EXPRESSION DU BUT

	Préposition + infinitif	Préposition + nom
But	*pour* + infinitif *Je fais du sport* ***pour*** *être en bonne santé.*	*pour* + nom *Je fais un gâteau* ***pour*** *ta fête.*

LEXIQUE MULTILINGUE

LISTE DES ABRÉVIATIONS

adj. : adjectif adv. : adverbe conj. : conjonction f. : féminin m. : masculin n. : nom pl. : pluriel prép. : préposition v. : verbe

A

à côté de (prép.)	next to	al lado de	ao lado de
à droite de (prép.)	to the right of	a la derecha de	à direita de
à gauche de (prép.)	to the left of	a la izquierda de	à esquerda de
à l'époque (adv.)	at the time	en aquel entonces	na altura
abonnement (n. m.)	subscription	suscripción	assinatura
abonner (s') (v.)	to subscribe	suscribirse	assinar
accepter (v.)	to accept	aceptar	aceitar
accessoire (n. m.)	accessory	accesorio	acessório
accueillir (v.)	to welcome	acoger	acolher
achat (n. m.)	purchase	compra	compra
acheter (v.)	to buy	comprar	comprar
acteur (n. m.)	actor	actor	actor
activité (n. f.)	activity	actividad	actividade
addition (n. f.)	bill	suma	conta
adorer (v.)	to adore	adorar	adorar
adresse (n. f.)	address	dirección	morada
affaire (n. f.)	deal	negocio	negócio
âge (n. m.)	age	edad	idade
agence (n. f.)	agency	agencia	agência
agir (v.)	to act	actuar	agir
agréable (adj.)	pleasant	agradable	agradável
aile (n. f.)	wing	ala	asa
aimer (v.)	to love	amar	amar
album (n. m.)	album	álbum	álbum
aliment (n. m.)	food	alimento	alimento
aller (v.)	to go	ir	ir
alors (adv.)	so	entonces	então
ambiance (n. f.)	atmosphere	ambiente	ambiente
ami (n. m.)	friend	amigo	amigo
amical (adj.)	friendly	amistoso	amigável
amoureux (adj.)	in love	enamorado	apaixonado
animal (n. m.)	animal	animal	animal
année (n. f.)	year	año	ano
anniversaire (n. m.)	anniversary, birthday	aniversario	aniversário
annoncer (v.)	to announce	anunciar	anunciar
août (n. m.)	August	agosto	Agosto
appartement (n. m.)	apartment	apartamento	apartamento
appeler (v.)	to call	llamar	chamar
appeler (s') (v.)	to be named	llamarse	chamar-se
appréciation (n. f.)	appreciation	valoración	apreciação
apprendre (v.)	to learn	aprender	aprender
après (prép.)	after	después	depois
après-midi (n. m. et f.)	afternoon	tarde	tarde
arbre (n. m.)	tree	árbol	árvore
argent (n. m.)	money, silver	dinero	dinheiro, prata
arrivée (n. f.)	arrival	llegada	chegada
arriver (v.)	to arrive	llegar	chegar
ascenseur (n. m.)	elevator	ascensor	elevador
assez (adv.)	enough	bastante	bastante
assiette (n. f.)	plate	plato	prato
association (n. f.)	association	asociación	associação
au bout de (prép.)	at the end of	al cabo de	no fim de
auberge (n. f.)	inn	albergue	pousada
aujourd'hui (adv.)	today	hoy	hoje
aussi (adv.)	also	también	também, tão
automne (n. m.)	autumn	otoño	outono
avant (prép.)	before	antes	antes
avis (n. m.)	opinion	opinión	parecer
avoir (v.)	to have	tener	ter
avoir envie de (v.)	to want to	tener ganas de	ter vontade de
avoir l'air de (v.)	to seem	tener aspecto de	parecer
avoir mal (v.)	to hurt	doler	doer

B

bac(calauréat) (n. m.)	secondary school diploma	bachillerato	12.º ano
bagage (n. m.)	baggage	equipaje	bagagem
bague (n. f.)	ring	anillo	anel
baignoire (n. f.)	bathtub	bañera	banheira
bande dessinée (n. f.)	comic book	cómic	banda desenhada
barbe (n. f.)	beard	barba	barba
baskets (n. f. pl.)	sneakers	zapatillas	sapatilhas
beau (adj.)	handsome, beautiful	bonito	lindo
beaucoup (adv.)	a lot	mucho	muito
bénévole (adj.)	volunteer	voluntario	voluntário
bibliothèque (n. f.)	library	biblioteca	biblioteca
bien (adv.)	well	bien	bem
bienvenu (adj.)	welcome	bienvenido	bem-vindo
bijou (n. m.)	jewel	joya	jóia
bio(logique) (adj.)	organic	biológico	bio(lógico)
bizarre (adj.)	strange	raro	estranho
blond (adj.)	blond	rubio	louro

LEXIQUE MULTILINGUE

bohème (adj.)	bohemian	bohemio	boémio
boire (v.)	to drink	beber	beber
bois (n. m.)	wood	madera	madeira, bosque
boisson (n. f.)	drink	bebida	bebida
boîte (n. f.)	box	caja	caixa
bon (adj.)	good	bueno	bom
bon marché (adj.)	inexpensive	barato	barato
bonnet (n. m.)	bonnet	gorro	gorro
botte (n. f.)	boot	bota	bota
bouclé (adj.)	curly	rizado	encaracolado
boulangerie (n. f.)	bakery	panadería	padaria
bouteille (n. f.)	bottle	botella	garrafa
boutique (n. f.)	shop	tienda	loja
bracelet (n. m.)	bracelet	pulsera	pulseira
bras (n. m.)	arm	brazo	braço
brouillard (n. m.)	fog	niebla	nevoeiro
brun (adj.)	brown	moreno	moreno
budget (n. m.)	budget	presupuesto	orçamento
bureau (n. m.)	desk/office	escritorio - oficina	secretária, escritório
bus (n. m.)	bus	autobús	autocarro
C			
cabine (n. f.)	fitting room	cabina	cabina
cadeau (n. m.)	gift	regalo	prenda
calme (adj.)	calm	tranquilo	calmo
campagne (n. f.)	countryside	campo	campo
caoutchouc (n. m.)	rubber	goma	borracha
carré (adj.)	square	cuadrado	quadrado
carte (n. f.)	map/card	tarjeta - mapa - carta	cartão
casser (se) (v.)	to break	romperse	partir-se
cave (n. f.)	cellar	sótano	cave
ceinture (n. f.)	belt	cinturón	cinto
célèbre (adj.)	famous	célebre	célebre
centre d'intérêt (n. m.)	centre of interest	centro de interés	centro de interesse
cérémonie (n. f.)	ceremony	ceremonia	cerimónia
chambre (n. f.)	bedroom	habitación	quarto
chanson (n .f.)	song	canción	canção
chanter (v.)	to sing	cantar	cantar
château (n. m.)	castle	castillo	castelo
chaud (adj.)	hot	caliente	quente
chauffeur (n. m.)	driver	conductor	motorista
chaussure (n. f.)	shoe	zapato	sapato
chemin (n. m.)	path	camino	caminho
chemise (n. f.)	shirt	camisa	camisa
chemisier (n. m.)	blouse	blusa	blusa
cher (adj.)	expensive, dear	caro	caro
chercher (v.)	to look for	buscar	procurar
chez (prép.)	at someone's house	en casa de	em casa de
chic (adj.)	chic	elegante	chique
chien (n. m.)	dog	perro	cão
choisir (v.)	to choose	elegir	escolher
chômage (n. m.)	unemployment	paro	desemprego
circuit (n. m.)	tour	circuito	circuito
classe (n. f.)	classroom	clase	aula
client (n. m.)	client, customer	cliente	cliente
code postal (n. m.)	post code	código postal	código postal
collègue (n. m.)	colleague	colegio	colega
collier (n. m.)	necklace	collar	colar
combien (adv.)	how much/many	cuánto	quanto
commander (v.)	to order	pedir	pedir
commencer (v.)	to begin	comenzar	começar
comment (adv)	how	cómo	como
commerçant (n. m.)	shop-owner	comerciante	comerciante
commercial (n.)	sales person	comercial	comercial
compétent (adj.)	competent	competente	competente
connaître (v.)	to know	conocer	conhecer
conseil (n. m.)	advice	consejo	conselho
content (adj.)	happy	contento	contente
continuer (v.)	to continue	continuar	continuar
contrat (n. m.)	contract	contrato	contrato
convaincre (v.)	to convince	convencer	convencer
conversation (n. f.)	conversation	conversación	conversa
copain (n. m.)	friend	amigo	amigo
corps (n. m.)	body	cuerpo	corpo
costume (n. m.)	suit	traje	fato
coucher (se) (v.)	to go to bed	acostarse	deitar-se
couleur (n. f.)	colour	color	cor
cours (n. m.)	course	curso	curso
course (n. f.)	race	carrera	corrida
court (adj.)	short	corto	curto
coûter (v.)	to cost	costar	custar
créer (v.)	to create	crear	criar

croire (v.)	to believe	creer	crer
cuisine (n. f.)	kitchen, cooking	cocina	cozinha
D			
d'abord (adv.)	first	primero	antes de mais
d'accord (adv.)	okay	de acuerdo	de acordo
dangereux (adj.)	dangerous	peligroso	perigoso
dans (prép.)	in	en	em, dentro de
danser (v.)	to dance	bailar	dançar
décembre (n. m.)	December	diciembre	Dezembro
décoration (n. f.)	decoration	decoración	decoração
décontracté (adj.)	casual	relajado	descontraído
déçu (adj.)	disappointed	decepcionado	decepcionado
déguisé (adj.)	in costume	disfrazado	disfarçado
déjà (adv.)	already	ya	já
déjeuner (v.)	to have lunch	desayuno	almoçar
délicieux (adj.)	delicious	delicioso	delicioso
demain (adv.)	tomorrow	mañana	amanhã
demander (v.)	to ask	preguntar	pedir
déménager (v.)	to move	mudarse	mudar de casa
démodé (adj.)	out of style	pasado de moda	fora de moda
départ (n. m.)	departure	salida	partida
depuis (prép.)	since	desde	desde, a partir de
déranger (v.)	to bother	molestar	incomodar
dernier (adj.)	last	último	último
derrière (prép.)	behind	detrás	atrás, por trás de
descendre (v.)	to go down	bajar	descer
désolé (adj.)	sorry	lo lamento	desolado
dessin (n. m.)	drawing	dibujo	desenho
destination (n. f.)	destination	destino	destino
devant (prép.)	in front of	delante	diante de, à frente de
devenir (v.)	to become	volverse	tornar-se
deviner (v.)	to guess	adivinar	adivinhar
devoir (v.)	to have to	deber	dever, ter de
dîner (v.)	to have dinner	cena	jantar
dire (v.)	to say	decir	dizer
directeur (n. m.)	director	director	director
discuter (v.)	to discuss	discutir	discutir
disponible (adj.)	available	disponible	disponível
disputer (se) (v.)	to get into an argument	reñir	ter uma discussão
distribuer (v.)	to distribute	distribuir (v.)	distribuir
divorcé (adj.)	divorced	divorciado	divorciado
donc (conj.)	so, therefore	por tanto	pois, portanto
donner (v.)	to give	dar	dar
dormir (v.)	to sleep	dormir	dormir
doux (adj.)	sweet	dulce	meigo
E			
école (n. f.)	school	escuela	escola
écouter (v.)	to listen	escuchar	ouvir
écrire (s') (v.)	to write (to each other)	escribirse	escrever-se
emménagement (n. m.)	moving in	instalación	mudança de casa
emploi (n. m.)	job	empleo	emprego
en bas de (prép.)	at the bottom of	debajo de	no fundo de
en face de (prép.)	across from	frente a	em frente de
en haut de (prép.)	at the top of	arriba de	no cimo de
endormir (s') (v.)	to fall asleep	dormirse	adormecer
énervé (adj.)	annoyed	nervioso	enervado
enfant (n. m.)	child	niño	criança
enfin (adv.)	finally	finalmente	finalmente
ennuyeux (adj.)	boring	aburrido	aborrecido
enquête (n. f.)	survey/investigation	encuesta - investigación	inquérito
ensuite (adv.)	then	a continuación	de seguida
entre (prép.)	between	entre	entre
entreprise (n. f.)	company	empresa	empresa
entrer (v .)	to enter	entrar	entrar
entretien (n. m.)	interview	entrevista	entrevista
environnement (n. m.)	environment	medio ambiente	ambiente
envoyer (v.)	to send	enviar	enviar
équitable (adj.)	fair	justo	justo
escalier (n. m.)	staircase	escalera	escada
essayer (v.)	to try	intentar	tentar
étage (n. m.)	floor	piso	andar
été (n. m.)	summer	verano	Verão
éteindre (v.)	to put out	apagar	desligar
étranger (n. m.)	foreigner	extranjero	estrangeiro
être (v.)	to be	ser	ser, estar
étudiant (n. m.)	student	estudiante	estudante
étudier (v.)	to study	estudiar	estudar
événement (n. m.)	event	acontecimiento	acontecimento
examen (n. m.)	exam	examen	exame
excuser (v.)	to excuse	disculpar	desculpar
exposé (n. m.)	presentation	presentación	exposição

LEXIQUE MULTILINGUE

exposition (n. f.)	exhibition	exposición	exposição
F			
fabriquer (v.)	to make	fabricar	fabricar
falloir (v.)	to need	hacer falta	ser preciso
faim (n. f.)	hunger	hambre	fome
faire (v.)	to do, to make	hacer	fazer
faire part de (v.)	to invite	anunciar	informar
famille (n. f.)	family	familia	família
fantôme (n. m.)	ghost	fantasma	fantasma
faux (adj.)	false	falso	falso
féliciter (v.)	to congratulate	felicitar	felicitar
femme (n. f.)	woman, wife	mujer	mulher
fenêtre (n. f.)	window	ventana	janela
ferme (n. f.)	farm	granja	quinta
fête (n. f.)	party	fiesta	festa
fêter (v.)	to celebrate	festejar	festejar
feu (n. m.)	fire	fuego	fogo
février (n. m.)	February	febrero	Fevereiro
fiche (n. f.)	form	ficha	ficha
fille (n. f.)	girl, daughter	chica	rapariga, filha
financer (v.)	to finance	financiar	financiar
finir (v.)	to end	acabar	acabar
fixer (v.)	to set	fijar	fixar
fleuve (n. m.)	river	río	rio
flûte (n. f.)	flute	flauta	flauta
fois (n. f.)	time	vez	vez
formation (n. f.)	training	formación	formação
forme (n. f.)	shape	forma	forma
formulaire (n. m.)	form	formulario	formulário
forum (n. m.)	forum	foro	fórum
frais (adj.)	cool	fresco	fresco
français (adj.)	French	francés	francês
frère (n. m.)	brother	hermano	irmão
froid (adj.)	cold	frío	frio
frontière (n. f.)	border	frontera	fronteira
fruit (n. m.)	fruit	fruta	fruta
futur (n. m.)	future	futuro	futuro
G			
gagner (v.)	to win, to earn	ganar	ganhar
garder (v.)	to keep	guardar	guardar
gare (n. f.)	train station	estación	estação
génial (adj.)	great	genial	genial
gens (n. m. ou f. pl.)	people	gente	gente
gentil (adj.)	nice	amable	amável
gîte (n. m.)	lodge	casa rural	casa de turismo de habitação
gourmand (adj.)	gourmet	gastrónomo - voraz	guloso
goût (n. m.)	taste	gusto - sabor	gosto
goûter (v.)	to taste	probar - saborear	provar
grand (adj.)	large, tall	grande	grande
grand-mère (n. f.)	grandmother	abuela	avó
grand-père (n. m.)	grandfather	abuelo	avô
gros (adj.)	fat	grueso	gordo
H			
habiller (s') (v.)	to get dressed	vestirse	vestir-se
habiter (v.)	to live	habitar	morar
habitude (n. f.)	custom	costumbre	hábito
hanté (adj.)	haunted	encantado	assombrado
haut (adj.)	high	alto	alto
heure (n. f.)	time, hour	hora	hora
heureux (adj.)	happy	feliz	feliz
hier (adv.)	yesterday	ayer	ontem
hiver (n. m.)	winter	invierno	Inverno
homme (n. m.)	man	hombre	homem
horaire (n. m.)	timetable	horario	horário
I			
impressionnant (adj.)	impressive	impresionante	impressionante
incroyable (adj.)	unbelievable	increíble	incrível
indiquer (v.)	to indicate	indicar	indicar
ingrédient (n. m.)	ingredient	ingrediente	ingrediente
inquiet (adj.)	worried	inquieto	preocupado
inscription (n. f.)	registration	inscripción	inscrição
inscrire (s') (v.)	to sign up	inscribirse	inscrever-se
insecte (n. m.)	insect	insecto	insecto
interdit (adj.)	prohibited	prohibido	proibido
intéressant (adj.)	interesting	interesante	interessante
intéresser (s') (v.)	to be interested in	interesarse	interessar-se
intime (adj.)	intimate	íntimo	íntimo
invité (n. m.)	guest	invitado	convidado
inviter (v.)	to invite	invitar	convidar
itinéraire (n. m.)	itinerary	itinerario	itinerário

J			
jaloux (adj.)	jealous	celoso	ciumento
jamais (adv.)	never	nunca	nunca
jeu (n. m.)	game	juego	jogo
jeune (adj.)	young	joven	jovem
joie (n. f.)	joy	alegría	alegria
joindre (v.)	to reach	ponerse en contacto	contactar
joli (adj.)	pretty, attractive	bonito	lindo
jouer (v.)	to play	jugar - tocar	jogar
jour (n. m.)	day	día	dia
journal (n. m.)	newspaper	diario	jornal
journée (n. f.)	day	jornada	dia
juillet (n. m.)	July	julio	Julho
juin (n. m.)	June	junio	Junho
jupe (n. f.)	skirt	falda	saia
K			
kilo(gramme) (n. m.)	kilo(gram)	kilogramo	quilo/grama
kilomètre (n. m.)	kilometre	kilómetro	quilómetro
L			
là (adv.)	there	ahí	lá, ali
là-bas (adv.)	over there	allí	além
laid (adj.)	ugly	feo	feio
laine (n. f.)	wool	lana	lã
lait (n. m.)	milk	leche	leite
langue (n. f.)	language	lengua	língua
laver (se) (v.)	to wash	lavarse	lavar-se
lecture (n. f.)	reading	lectura	leitura
légume (n. m.)	vegetable	verdura	legume
lendemain (n. m.)	next day	día siguiente	dia seguinte
lettre (n. f.)	letter	carta - letra	letra, carta
lever (se) (v.)	to get up	levantarse	levantar-se
libre (adj.)	free	libre	livre
lieu (n. m.)	place	lugar	local
lire (v.)	to read	leer	ler
litre (n. m.)	litre	litro	litro
logement (n. m.)	housing	alojamiento	alojamento
loger (v.)	to live in	alojar	habitar
loin (adv.)	far	lejos	longe
loisir (n. m.)	hobby, leisure	ocio	lazer
longtemps (adv.)	for a long time	mucho tiempo	muito tempo
lumineux (adj.)	bright	luminoso	luminoso
long (adj.)	long	largo	comprido
lourd (adj.)	heavy	pesado	pesado
lunettes (n. f. pl.)	glasses	gafas	óculos
M			
magasin (n. m.)	store	almacén - tienda	loja
magazine (n. m.)	magazine	revista	revista
maintenant (adv.)	right now	ahora	agora
mairie (n. f.)	town hall	ayuntamiento	câmara municipal
mais (conj.)	but	pero	mas
malade (adj.)	ill	enfermo	doente
malheureux (adj.)	unhappy	desgraciado	infeliz
manger (v.)	to eat	comer	comer
mannequin (n. m.)	model	maniquí	modelo
manteau (n. m.)	coat	abrigo	casaco
maquiller (se) (v.)	to put on make-up	maquillarse	maquilhar-se
marché (n. m.)	market	mercado	mercado
marcher (v.)	to walk	andar	caminhar
mariage (n. m.)	wedding	boda	casamento
marier (se) (v.)	to get married	casarse	casar-se
marque (n. f.)	brand	marca	marca
mars (n. m.)	March	marzo	Março
matière (n. f.)	material, subject	material	matéria
matin (n. m.)	morning	mañana	manhã
mauvais (adj.)	bad	malo	mau
médecin (n. m.)	doctor	médico	médico
médiathèque (n. f.)	media library	mediateca	mediateca
médicament (n. m.)	medication	medicamento	medicamento
message (n. m.)	message	mensaje	mensagem
métier (n. m.)	profession	oficio	profissão
meuble (n. m.)	furniture	mueble	móvel
mince (adj.)	thin	delgado	magro
minuit (n. m.)	midnight	medianoche	meia-noite
mode (n. f.)	fashion	moda	moda
moins (adv.)	less	menos	menos
mois (n. m.)	month	mes	mês
moment (n. m.)	moment	momento	momento
monde (n. m.)	world	mundo	mundo
monnaie (n. f.)	change	cambio	moeda
monter (v.)	to go up	subir	subir

monument (n. m.)	monument	monumento	monumento
mourir (v.)	to die	morir	morrer
moyen de transport (n. m.)	means of transportation	medio de transporte	meio de transporte
musicien (n. m.)	musician	músico	músico
N			
nager (v.)	to swim	nadar	nadar
naissance (n. f.)	birth	nacimiento	nascimento
naître (v.)	to be born	nacer	nascer
neige (n. f.)	snow	nieve	neve
neuf (adj.)	new, nine	nuevo	novo
neveu (n. m.)	nephew	sobrino	sobrinho
nez (n. m.)	nose	nariz	nariz
nièce (n. f.)	niece	sobrina	sobrinha
noir (adj.)	black	negro	preto
nom (n. m.)	name	apellido	apelido
nombre (n. m.)	number	número	número
nombreux (adj.)	many	numerosos	numeroso
nourriture (n. f.)	food	alimento	comida
nouveau/nouvel (adj.)	new	nuevo	novo
nouvelle (n. f.)	news	noticia	nova
novembre (n. m.)	November	noviembre	Novembro
nuage (n. m.)	cloud	nube	nuvem
nuit (n. f.)	night	noche	noite
O			
objet (n. m.)	object	objeto	objecto
obligation (n. f.)	obligation	obligación	obrigação
occupé (adj.)	busy	ocupado	ocupado
occuper (s') (v.)	to stay busy	ocupar	ocupar-se
offrir (v.)	to give	regalar	oferecer
oncle (n. m.)	uncle	tío	tio
orage (n. m.)	storm	tormenta	tempestade
ordinateur (n. m.)	computer	ordenador	computador
ordre (n. m.)	order	orden	ordem
originaire de (adj.)	from	originario de	natural de
original (adj.)	original	original	original
ou (conj.)	or	o	ou
oublier (v.)	to forget	olvidar	esquecer
ouvert (adj.)	open	abierto	aberto
P			
page (n. f.)	page	página	página
panneau (n. m.)	sign	panel	placa
pantalon (n. m.)	trousers	pantalón	calça
paquet (n. m.)	package	paquete	embrulho
paraître (v.)	to appear	parecer	parecer
parc (n. m.)	park	parque	parque
parce que (conj.)	because	porque	porque
parcours (n. m.)	course	recorrido	percurso
parents (n. m. pl.)	parents	padres	pais
parler (v.)	to speak	hablar	falar
partir (v.)	to leave	partir, salir	partir
passer (v.)	to pass	pasar	passar
payer (v.)	to pay	pagar	pagar
pays (n. m.)	country	país	país
pendant (prép.)	during	durante	durante
pensée (n. f.)	thought	pensamiento	pensamento
perdre (se) (v.)	to get lost	perderse	perder-se
permis de conduire (n. m.)	driver's license	permiso de conducción	carta de condução
personnel (adj.)	personal	personal	pessoal
petit (adj.)	small	pequeño	pequeno
petit déjeuner (n. m.)	breakfast	desayuno	pequeno-almoço
pièce (n. f.)	room	habitación	compartimento
piscine (n. f.)	pool	piscina	piscina
place (n. f.)	place/square	plaza - lugar	lugar
plaindre (se) (v.)	to complain	quejarse	queixar-se
plaire (v.)	to please	gustar	agradar
plaisir (n. m.)	pleasure	placer	prazer
plan (n. m.)	map	plano - mapa	plano
plastique (adj.)	plastic	plástico	plástico
plat (n. m.)	dish	plato	refeição
pleuvoir (v.)	to rain	llover	chover
plongée (n. f.)	diving	inmersión	mergulho
plume (n. f.)	feather	pluma	pena
plus (adv.)	more	más	mais
pointu (adj.)	pointed	puntiagudo	difícil
pointure (n. f.)	shoe size	número	tamanho
poisson (n. m.)	fish	pez - pescado	peixe
polluant (adj.)	pollutant	contaminante	poluente
ponctuel (adj.)	punctual	puntual	pontual
pont (n. m.)	bridge	puente	ponte
population (n. f.)	population	población	população

port (n. m.)	port	puerto	porto
porter (v.)	to wear	llevar	levar
portrait (n. m.)	portrait	retrato	retrato
poser (v.)	to ask	plantear	pousar
pour (prép.)	for	para	para
pourquoi (adv.)	why	por qué	porquê
pouvoir (v.)	to be able to	poder	poder
pratique (adj.)	practical	práctico	prático
pratiquer (v.)	to practice	practicar	praticar
préférer (v.)	to prefer	preferir	preferir
premier (adj.)	first/leading	primero	primeiro
prendre (v.)	to take	tomar	tomar
prénom (n. m.)	first name	nombre	nome
préparer (se) (v.)	to get ready	prepararse	preparar-se
près de (prép.)	near	cerca de	perto de
présenter (se) (v.)	to introduce oneself	presentarse	apresentar-se
pressé (adj.)	in a hurry	que tiene prisa	apressado
prêt (adj.)	ready	listo, preparado	pronto
prévu (adj.)	expected	previsto	previsto
printemps (n. m.)	spring	primavera	Primavera
prix (n. m.)	price	precio	preço
prochain (adj.)	next	próximo	próximo
produit (n. m.)	product	producto	produto
profession (n. f.)	profession	profesión	profissão
projet (n. m.)	project	proyecto	projecto
proposer (v.)	to suggest	proponer	propor
propre (adj.)	clean	propio - limpio	limpo
protéger (v.)	to protect	proteger	proteger
publicité (n. f.)	advertisement	publicidad	publicidade
puis (adv.)	then	luego	depois, em seguida
Q			
qualité (n. f.)	quality	calidad	qualidade
quand (adv.)	when	cuando - cuándo	quando
quantité (n. f.)	quantity	cantidad	quantidade
quartier (n. m.)	neighbourhood	barrio	bairro
question (n. f.)	question	pregunta	pergunta
R			
raide (adj.)	straight	rígido	liso
rappeler (se) (v.)	to remember	acordarse	lembrar-se
raser (se) (v.)	to shave	afeitarse	barbear-se
recette (n. f.)	recipe	receta	receita
recycler (v.)	to recycle	reciclar	reciclar
refuser (v.)	to refuse	rechazar	recusar
regarder (v.)	to watch	mirar	olhar
région (n. f.)	region	región	região
règlement (n. m.)	rules	reglamento	regulamento
rejoindre (v.)	to join	reunirse con	ir ter com
remercier (v.)	to thank	agradecer	agradecer
remplir (v.)	to fill	rellenar	preencher
rencontre (n. f.)	meeting	encuentro	encontro
rendez-vous (n. m.)	appointment	cita	encontro
réserver (v.)	to reserve	reserva	reservar
respecter (v.)	to respect	reservar	respeitar
ressembler (se) (v.)	to look alike	respetar	ser parecido com
rester (v.)	to remain, to stay	parecerse	ficar
retourner (v.)	to have left /to turn around	quedarse	voltar
retraité (adj.)	retired	dar(se) la vuelta	reformado
réussir (v.)	to pass	jubilado	conseguir
réveiller (se) (v.)	to wake up	despertarse	acordar
rez-de-chaussée (n. m.)	ground floor	planta baja	rés-do-chão
rien (adv.)	nothing	nada	nada
rivière (n. f.)	river	río	rio
rond (adj.)	round	redondo	redondo
rond-point (n. m.)	roundabout	rotonda	rotunda
route (n. f.)	road	carretera	estrada
roux (adj.)	red-haired	pelirrojo	ruivo
S			
sac (n. m.)	bag	bolso	saco
salaire (n. m.)	salary	salario	salário
salle de bains (n. f.)	bathroom	cuarto de baño	casa de banho
salon (n. m.)	living room, exhibition	salón	salão
satisfait (adj.)	satisfied	satisfecho	satisfeito
sauvage (adj.)	savage/wild	salvaje	selvagem
selon (prép.)	according to	según	consoante
semaine (n. f.)	week	semana	semana
sembler (v.)	to seem	parecer	parecer
serveur (n. m.)	waiter/waitress	camarero	empregado de mesa
servir (se) (v.)	to use	servirse	servir-se
seul (adj.)	alone	solo	sozinho
si (adv.)	yes, if	si	se

siècle (n. m.)	century	siglo	século
sincère (adj.)	sincere	sincero	sincero
site (n. m.)	site	sitio	sítio
situer (se) (v.)	to be located	situarse	situar-se
sœur (n. f.)	sister	hermana	irmã
soir (n. m.)	evening	tarde	noite
soirée (n. f.)	party	noche	serão
solidaire (adj.)	solidary	solidario	solidário
sondage (n. m.)	survey	sondeo	sondagem
sortie (n. f.)	exit	salida	saída
sortir (v.)	to go out	salir	sair
souhaiter (v.)	to wish	desear	desejar
souvenir (n. m.)	memory, souvenir	recuerdo	lembrança
souvenir (se) (v.)	to remember	recordar	lembrar-se
souvent (adv.)	often	a menudo	com frequência
spécialité (n. f.)	speciality	especialidad	especialidade
spectacle (n. m.)	show	espectáculo	espectáculo
stage (n. m.)	training course/internship	prácticas	estágio
stagiaire (n. m.)	trainee/interne	persona en prácticas	estagiário
stresser (v.)	to stress out	provocar stress	stressar
strict (adj.)	strict	estricto	rigoroso
stupide (adj.)	stupid	estúpido	estúpido
style (n. m.)	style	estilo	estilo
suivre (v.)	to follow	seguir	seguir
sûr (adj.)	sure	seguro	seguro
sur (prép.)	on	sobre	sobre
sympa(tique) (adj.)	nice	simpático	simpático
T			
table (n. f.)	table	mesa	mesa
taille (n. f.)	size	talla	tamanho, altura
tailleur (n. m.)	women's suit	traje	tailleur
tante (n. f.)	aunt	tía	tia
témoignage (n. m.)	testimony/testimonial	testimonio	testemunho
température (n. f.)	temperature	temperatura	temperatura
temps (n. m.)	time, weather	tiempo	tempo
tenir (v.)	to hold	sujetar	segurar
terrasse (n. f.)	terrace	terraza	esplanada
timide (adj.)	shy	tímido	tímido
tissu (n. m.)	fabric	tela	tecido
tomber (v.)	to fall	caer	cair
toujours (adv.)	always, still	siempre	sempre
tout à coup (adv.)	all of a sudden	de repente	de repente
transport (n. m.)	transportation	transporte	transporte
travail (n. m.)	work	trabajo	trabalho
travailler (v.)	to work	trabajar	trabalhar
traverser (v.)	to cross	atravesar	atravessar
très (adv.)	very	muy	muito
triste (adj.)	sad	triste	triste
trop (adv.)	too much	demasiado	demasiado
trouver (v.)	to find	encontrar	encontrar
U			
unique (adj.)	unique	único	único
urbain (adj.)	urban	urbano	urbano
V			
vacances (n. f. pl.)	holidays, vacation	vacaciones	férias
valise (n. f.)	suitcase	maleta	mala
vendeur (n. m.)	sales person	vendedor	vendedor
venir (v.)	to come	venir	vir
vent (n. m.)	wind	viento	vento
verre (n. m.)	glass	vaso - vidrio	vidro, copo
vers (prép.)	near	hacia	para, em direcção a
veste (n. f.)	jacket	chaqueta	casaco
vêtement (n. m.)	clothing (article of)	ropa	roupa
viande (n. f.)	meat	carne	carne
vieux (adj.)	old	viejo	velho
village (n. m.)	village	pueblo	aldeia
ville (n. f.)	town, city	ciudad	cidade
vin (n. m.)	wine	vino	vinho
vite (adv.)	quickly	rápidamente	depressa
vivre (v.)	to live	vivir	viver
voisin (n. m.)	neighbour	vecino	vizinho
voiture (n. f.)	car	coche	carro
vouloir (v.)	to want	querer	querer
voyage (n. m.)	journey	viaje	viagem
vrai (adj.)	true, real	verdadero	verdadeiro
vraiment (adv.)	really	verdaderamente	verdadeiramente

Villes et régions de France

—— Limite de région □ Capitale régionale

La francophonie

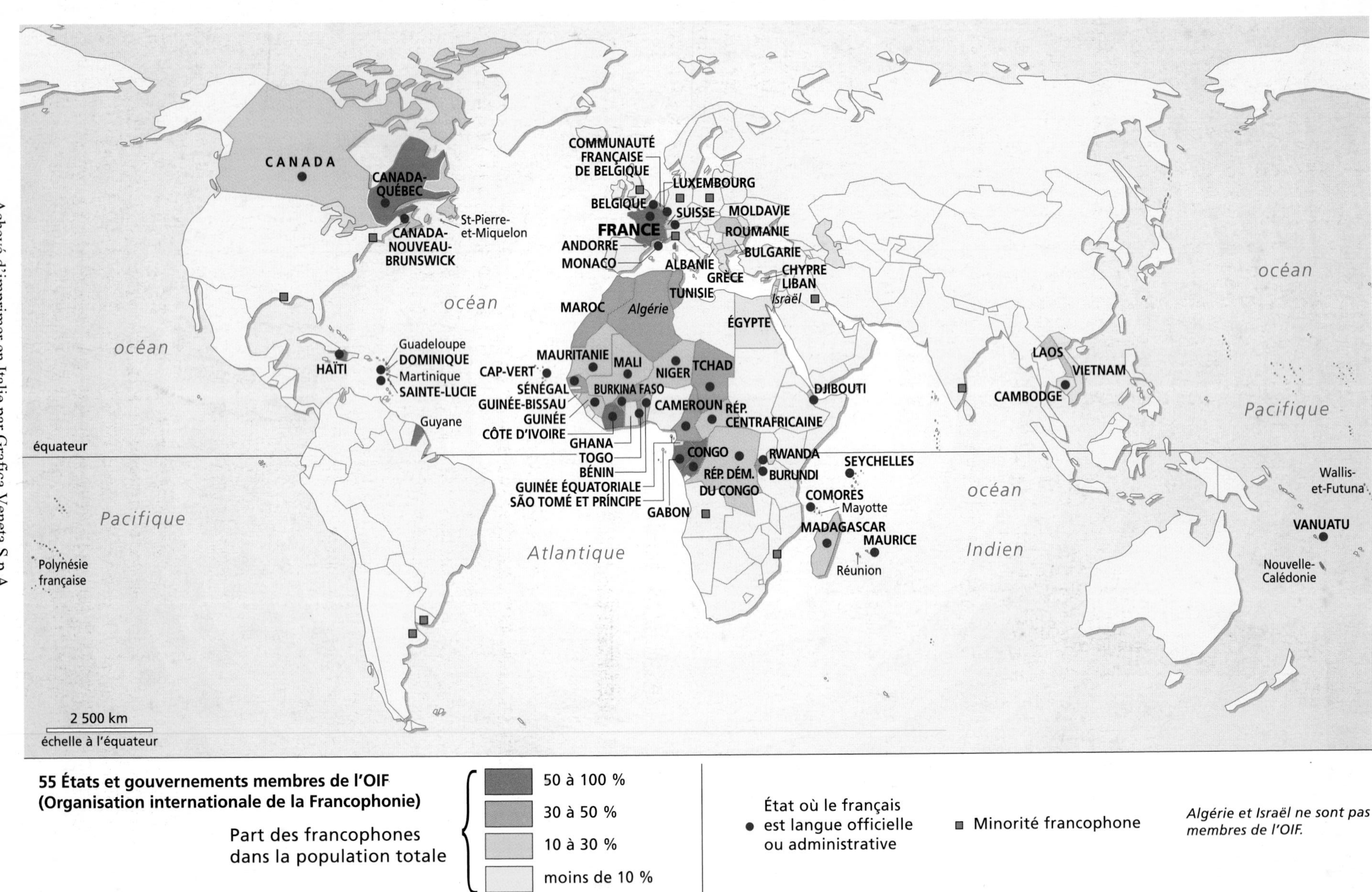

Achevé d'imprimer en Italie par Grafica Veneta S.p.A.
Depôt légal : 02/2012 - Collection N° 31 - Edition 05
15/5561/4